岩 波 文 庫

34-145-1

雇用，利子および貨幣の一般理論

（上）

ケ イ ン ズ 著
間 宮 陽 介 訳

岩 波 書 店

John Maynard Keynes

THE GENERAL THEORY OF EMPLOYMENT, INTEREST AND MONEY

1936

訳者序文

ケインズの『雇用、利子および貨幣の一般理論』が刊行されてから七〇年の歳月が流れた。人間の人生に喩えれば還暦を迎えてさらに一〇年を生きたわけである。しかしその後半生は必ずしも幸福なものではなかった。この書物の「人生」を振り返ってみると、前半生と後半生はその経験した生において際立った対照をなしている。

一九三六年に刊行されるや、本書はまたたく間に経済学者を捉えた。ポール・サミュエルソンの言葉を借りれば、南海の小島を疫病が襲うように、経済学の世界を席巻したのである。古典派経済学という免疫をもたない若手経済学者はたちまちケインズ経済学に感染し、免疫をもつ経済学者でさえ宗旨替えするものが続出した。経済学者ばかりではない、政治家もまたケインズ理論を経済政策の指針とした。『一般理論』は不況克服の処方箋を与え、動学化されたケインズ理論は経済成長の武器となった。われわれはいまやすべてケインジアンである——、こう言い放ったのは、アメリカのニクソン大統領であった。

しかし「黄金の」六〇年代が終焉し、低成長の七〇年代が始まると、事態は一変した。こんどは小さな政府への回帰を標榜する新自由主義の疫病が政治、経済、社会を席巻し、新自由主義が政治、経済、その他あらゆる分野で政策の指針とされ、そして今日に至っている。その及ぶ範囲は南海の小島にとどまらず、グローバル化する世界にあって、新自由主義の疫病は地球全体に蔓延しているのである。

「ケインズは死んだ」と言われて、すでに久しい。かつては、大学で講義されるマクロ経済学といえばケインズ経済学そのものであり、ゼミナールでは『一般理論』の逐語的読解が行われたものであるが、いまではマクロ経済学とケインズ経済学を等値することは難しい。実践世界でも、理論世界でも、ケインズが死んだというのはある意味では当たっていよう。だが、本当にケインズは死んだのだろうか。

たしかに、一世を風靡した書物の中には、一時代が過ぎ去るとその活動的役割を終え、あとは博物館の中でひっそりと別の人生を送るものがある。われわれは過去の遺品としてそれを眺め、もし可能なら学説史の中にふたたびその居場所を与えてやる。このような書物はその生命を終えた、すなわち死んだと言っていいかもしれない。しかしまた、書物の中には、はっきりと目にすることはできないにせよ、他の書物、他の理論の中においても自らの生を生き続けるものがある。プラトン以後の西洋哲学はプラトン哲学の註解である、と言われるときのプラトン哲学とはそのようなものであろう。プラトンの哲学はすがたかたちを変えながら現代にまで生きている。すがたかたちを変えるということは、肯定と否定の相互作用の中で後の哲学を形成していったということであり、否定もまた哲学の発展に寄与したということである。註解とはまるまる肯定することとはかぎらず、否定という形をとることもある。しかしその場合でも、書物は後世に生き続ける。生き続けることによって理論を発展させていくのである。

ケインズの場合も同じではないのだろうか。彼の理論もまた決して死んではいない。時代環境に適応できずに自然死したわけではなく、もしも死んでいるように見えるとするならば、それは「殺意」をもって「殺された」のである。ケインズ理論は、新しい理論によって棄却された(この場合にも理論は死んではいない)のではなく(いったい新自由主義の理論とはどのようなものだろう)、新自由主義的世界とそのイデオロギーにとって不都合だから葬り去られたのである。このイデオロギーにとっては、ケインズ理論は大きな政府による経済管理の理論であり、個人の自助自律をないがしろにする福祉国家の理論ということになる。つまりケインズ理論の理論としての性格が忘却され、新自由主義と同じイデオロギーに格下げされて、みずからに敵対するイデオロギーとして排斥されたのである。マルクスの理論は社会主義という超管理国家を基礎づける理論だから、社会主義の崩壊とともに、マルクスは死んだ、というのと同じ論法である。いずれの場合にも理論は資本主義経済の分析だという面が忘れ去られてしまう。

『一般理論』は、象牙の塔の学者が静謐な環境の中で十分な時間をかけて練り上げた書物ではない。前著『貨幣論』とのあいだにはわずか五年の隔たりしかなく、しかもそれは『貨幣論』の自然な延長線上に位置するのではない。『一般理論』に寄せられたケインズ自身の序文、三二年から三五年にかけての大学での講義(複数の学生による講義ノートから講義内容を窺い知ることができる)、そして諸家による『一般理論』形成史が明らかにしているとおり、『貨幣論』から『一般理論』への道は成長の過程というよりは脱皮の過程である。三三年に書かれた『一般理論』のごく初期の目次案は章別構成も内容も完成版とは大きく異なっている。つまりケインズは、多忙な時間の中、『一般理論』を一気に、時間を圧縮して練り上げていったのであり、出来上がった作品でさえ、完成品というより、未だ完成の途上にある未完の作品と言ったほうがいい。

このような成立事情もあってか、『一般理論』はきわめて難解である。実質的な第一章ともいうべき第二章には非自発的失業の定義が与えられているが、この定義からして人の頭を抱えさせるに十分である。有効需要の原理を説く第三章も難解で、とりわけ総供給関数は、これをめぐって後にいくつかの論文が書かれたほど、理解するのが難しい。

第四章から第七章に至る「定義と概念」はさらに読む人を悩ませる。これらの諸章を読み抜くのは並大抵ではあるまい。冒頭に遊びの章を配置し、読み進んでいくうちに自然と核心に至るという書き方ではなく、土台をしっかり固め、その土台の上に建物を構築するというやり方をとっているから、頭の部分が非常に重くなっている。概念規定では厳密さを追求するあまり、議論の末梢部分が異常に肥大化し、議論の筋道を見えにくくさせている。不必要に深入りしている箇所があるかと思えば、謎めいた判じ物のような箇所もあり、読む者に過重な負担を強いる。しかも苦労が報われるという保証はないのである。

しかし『一般理論』は無機的、無味乾燥な書物ではない。そこには現代の資本主義経済に関するケインズの豊かなヴィジョンが埋め込まれている。長期期待を論じた第一二章は、カーンに言わせると、諸概念の入り組んだ藪の中からやっと抜け出し、広々とした大地を「全力疾走する喜びを味わっている」かのような章である。後にしばしば引用されることになる比喩や警句が散りばめられ、創造力が自由に飛翔している。また貨幣の本性を論じた第一七章は、貨幣という水晶玉の中に貨幣経済の隠された像を映し出そうとする。ここには直感の閃きに苦心して形を与えようとするケインズ特有の思考態度が垣間見え、ある見方をすれば、『一般理論』の白眉の章といっていいかもしれない。

時代を画する革命的な書物にかぎらず、一般に古典と呼ばれる書物の生命は、その大胆なものの見方よりはむしろその細部に、あるいは行間に宿っている場合が多い。『方法序説』のデカルトと『パンセ』のパスカルを対比させて、一方を幾何学的精神(デカルト的精神)、他方を繊細の精神(パスカル的精神)と呼ぶことがあるが、俗に古典といわれる書物にはこれら二つの精神が同居し、分かちがたく結びついているであろう(このことは当のデカルトとパスカルについても言えることである)。後者はいわば皮膚感覚とでもいえるものを構成して対象の新しい像を生み出し、前者はこの像に輪郭のはっきりした論理的な形式を与える。ケインズの場合も同じであって、『一般理論』のケインズは経済学の数理的思考方法に異を唱え、日常言語のもつ豊穣さによって自己のヴィジョンに形を与えようとする。しかしその彼も、厳格さを追い求め、みずからの思考を体系化しようとする点ではデカルト的精神の持ち主なのである。

たしかにケインズは、後のケインズ解釈の規範となったヒックスのケインズ・モデルに是認を与えた。だが、マルクスが自分はマルクス主義者ではないと言ったのと同じように、ケインズは自分はケインジアンではないと思ったことであろう。これはたんなる想像ではなく、ケインズ自身、そのような不満をもっていたことが、カーンの『一般理論』形成史においても示唆されている。にもかかわらず、ヒックス以後のケインズ解釈

において は、ケインズの体系化する精神だけが独り歩きさせられ、彼の「理論」はいわゆるIS-LMの体系に集約させられてしまう。あまつさえ彼は、福祉国家論者、介入主義者という、ケインズにとってはおそらく不本意なレッテルを貼られてしまうのである。

『一般理論』の翻訳を試み、この書物をはじめて一語一句に至るまで読み込む機会を与えられたことは、私にとって貴重な体験であった。いまにおいても不明な箇所は多々あるが、これまで軽んじていた章句、あるいは筆がすべって書いたと思っていた箇所が、深い洞察に裏づけられていることもある程度は理解することができた。しかも、形式化された「ケインズ経済学」においては見向きもされない小さな箇所に、意外とケインズの見方が凝縮されている。

ケインズの経済理論を理解するためには、何よりもまず、彼が何を言ったかを理解しなければならない。そのためには、彼の著書を一字一句に至るまで読み解かなければならない。この翻訳はいわば『一般理論』の逐語訳、『一般理論』に対する自分なりのコンメンタールである。といって、独りよがりの理解では困る。訳業において最も苦心したのは、ケインズの書いていることをケインズの立場に立って考え、それをできるだけ平明な日本語に換えるということであった。

凡例

一、本書は、John Maynard Keynes, *The General Theory of Employment, Interest and Money* (Macmillan, 1936) の全訳である。翻訳にさいしては、一九三六年の第二刷を底本として使用した。

一、第一刷と第二刷とのあいだには、わずかな相違点があり、さらに第二刷を底本としたケインズ全集(*The Collected Writings of John Maynard Keynes*, 30 vols., Macmillan and Cambridge University Press for the Royal Economic Society, 1971–1989)第七巻の『一般理論』には、編者による誤植一覧表が掲載されている。多くは数詞や名詞の単複に関するものであるが、訳出に影響を及ぼすものについては、当該箇所に訳注を付して訂正内容を示した。

一、原書では、第六章、第一四章、第一九章に対する三つの付論は、小さな文字で組まれているが、本訳書では、本文、付論とも同じ大きさの文字で組んだ。

一、原文のイタリック表示の語や文章は圏点で、大文字で書き始められている語は圏点によって示した。ただし、ラテン語やフランス語などの外国語を表すイタリックはこの限りでない。大文字あるいはイタリックで書かれた固有名詞や書名、雑誌名、論文名も同様である。書名と雑誌名は『　』、論文名は「　」で示してある。

一、原文の箇条書き番号(1)(2)および(i)(ii)は(一)(二)で示し、(a)(b)は(イ)(ロ)で示した。

一、原注(脚注)は、段落ごとに(1)(2)の番号でその箇所を示し、各段落の直後に訳出した。訳注は、ページごとに*、**の記号を付し、巻末におさめた。

一、(　)内は原著者の補足、〔　〕内は訳者が挿入した補足である。

序　文

本書の主たる読者はわが経済学者諸氏である。他の人々に読んでもらいたいのはやまやまであるが、本書の主要な目的は理論上の難題を論じることにあり、理論を実地に移すことは副次的な問題にとどまる。全体、正統派経済学に誤りがあるとしたら、その誤りは、論理的整合性に心を砕いて構築された上部構造ではなく、その前提が明確さと一般性を欠如させている点にあるはずである。私の目的は経済学者に彼らの基本的仮定の若干のものを批判的に再検討してもらうことにあり、この目的を達するためには、どうしても高度に抽象的な議論と、そしてまたいくつもの論争によらざるをえないのである。論争は控えられたらそれに越したことはない。だが私自身の見解を明らかにするのはもちろん、それがどの点で従来の理論と異なるかを示すためにも、論争は重要だと考えた。私のいわゆる「古典派理論」に強く泥《なず》んでいる人たちは、私の言っていることはとんだ見当違いだと決めつけるかと思えば、私の言うことにはなんの新味もないと決めてかかるというふうに、おそらくこれら二つの信念のあいだを揺れ動くことであろう。そのいずれが正しいのか、それとも正しいのは第三のものか、判定は第三者に委ねることにしよう。本書の論争的な箇所は答えを出すための判断材料となるはずである。違いを際立たせようとするあまり肝腎の議論があまりに過激になっているとしたら寛恕願いたい。私自身、いま私が攻撃している当の理論を長いあいだ確信をもって奉じてきたし、それが強みをもっていることは心得ているつもりである。

争われている事柄は掛け値なしに重大である。しかしもし私の説明が正しいとしたら、私がまず最初に説得にとりかからなければならないのはわが経済学者諸氏であって、一般大衆ではない。議論に加わってもらいたいのはやまやまだが、この場面では、一般大衆には、このごろ経済学の実際的影響力をほとんど破壊し、それが修復されるまではこれからも破壊し続けると思われる経済学者内部の深い意見の亀裂に一人の経済学者が止めを刺そうとするのを、そっと見守るだけにしてもらわなくてはならない。

本書と五年前に刊行された『貨幣論』とのかかわりは、おそらく誰よりも私自身がいちばんよく知っている。だが、私にとっては数年来追究してきた思考の道筋における自然の成り行きにすぎないものでも、読者の目にはあるいはわけのわからぬ見解の変化と映るかもしれない。やむなく用語を変えてはみたものの、用語を若干変えてみたところでこの困難が軽減されるわけではない。用語の変更点については以下の本文中で随時指摘しておいたけれども、二書の全体的関係〔はそんなものではない。その関係〕は簡単に言えば次のようになろう。『貨幣論』を書き始めたころ、私はまだ、貨幣の作用を需要・供給の一般理論とはいわば別個のものと見なす伝統的な考え方に沿って思索を進めていた。それでも本を書き終えたときには、貨幣理論を産出量全体の理論に連れ戻す方向へ歩を踏み出していた。しかし先入見から解き放たれていなかったために、産出量水準の変化の及ぼす効果をとことんまで究めることができず、書物の理論篇（第三篇と第四篇）はいまから見るとひどく欠陥のあるものになってしまった。私のいわゆる「基本方程式」は産出量一定という仮定の下で撮られた瞬間的映像であった。産出量を一定と仮定したとき、利潤を不均衡ならしめる諸力がどのような展開をたどるかを示そうとしたのが基本方程式であり、そうであれば基本方程式は産出量水準の変化がなくてはすまないものであった。にもかかわらず瞬間的映像とは別物の動態的展開は不完全ですこぶる混乱したものであった。それに比べると本書は、何よりもまず、全体としての産出量と雇用の規模を決定する諸力に関する研究となっている。また、貨幣はその本質的かつ特有の属性をとどめたまま経済体系に組み入れられることになった半面で、貨幣にまつわる瑣末な技術的事項は背景に退いている。これから見ていくように、貨幣経済とは、本質的には、将来についての見解の変化が雇用の方向のみならずその量にも影響を及ぼす可能性をもつ経済のことである。将来についての見解が変化すれば現在の経済行動はその影響を免れない。しかしこのような経済行動を分析するわれわれの方法はあくまでも需要と供給の相互作用に依拠するものであり、このようにしてそれは基本的な価値理論に結びつけられる。かくてわれわれは、お馴染みの古典派理論を特殊事例として包摂する、もっと一般的な理論へと誘われることになる。

本書のように不案内の道を踏み進んでいく書物の著者は、もし彼が法外な誤りを回避しようと思うなら、批評と会話にとことん頼らざるをえない。あまりにも長いことひとりで考えをめぐらせていると、まあくだらないことでも平気で信じられる時があるのは呆れるばかりである。自分の考えを形式的、実験的のいずれかの最終テストにかけることが多くの場合不可能な経済学(他のモラル・サイエンスも同様)においては、特にその傾向がある。本書では、おそらく『貨幣論』のときにも増して、R・F・カーン*氏の絶えざる助力と建設的批評に負うところ大であった。氏の助言がなかったらとても現在のような形はとりえなかったであろうと思われる箇所が本書の処々にある。ジョーン・ロビンソン**、R・G・ホートレー***、R・F・ハロッド****の諸氏からも多くの助力をたまわった。彼らには校正刷の全体にわたって目を通していただいた。索引の作成には、ケンブリッジ大学キングス・カレッジのD・M・ベンスザン＝バット*****氏の手を煩わせた。

著者にとって、本書を編むことは慣習的な思考・表現様式から逃れ出ようとする長い闘いにほかならなかったし、大方の読者にとってもまた、それらに対する著者の攻撃が功を奏したとするなら、本書を読むことはそのようなものであるに違いない。苦心惨憺して本書に示された見解は単純そのもの、まぎれはないはずである。困難があるとしたら、それは新しい考えの中にではなく、われわれのように育ってきた者たちの、精神の隅々にまで染みわたっている古い考え方から逃れ出ることにある。

J・M・ケインズ

一九三五年一二月一三日

目次

下巻

雇用、利子および貨幣の一般理論

第一篇　序　論

第一章　一般理論

私は本書を、一般理論の一般に力点をおいて、『雇用、利子および貨幣の一般理論』と名づけた。このような表題を付したのは、私の議論と結論の性格を、同じ主題をめぐる古典派[1]の理論――私を育み、そして過去一〇〇年がそうであったように、現代においても、統治階級と学者階級の経済的思考を理論、実践の両面において支配している古典派理論のそれに対比させるためである。古典派理論の公準が妥当するのは特殊な事例のみで一般的には妥当せず、その想定する状態はおよそ考えうる均衡状態の中の極限状態であると主張するつもりである。そればかりか古典派理論の想定する特殊な事例はあいにくわれわれが現実に生活を営んでいる経済社会の実相を映すものではない。それゆえ古典派の教えを経験的事実に適用しようとするならば、その教えはあらぬ方向へ人を導き、悲惨な結果を招来することになろう。

（1）「古典派経済学者」とは、リカード、ジェームズ・ミル、および彼らの先行者たち、すなわち、リカードの経済学において最高潮に達する理論の創設者たちをひっくるめて言うために、マルクスがひねり出した呼称である。通常の用法には外れるかもしれないが、私は私なりに、リカードの追随者、すなわちリカードの経済理論を採用し完成させた人たち、(たとえば)J・S・ミル、マーシャル、エッジワース、それにピグー教授も一緒に「古典派」に含めることにしている。

第二章　古典派経済学の公準

価値と生産の理論に関するたいていの論考は、所定量の生産諸資源が種々の用途間にどのように配分されるか、そしてこの量の資源が雇用されるとしたとき、これら諸資源の相対報酬とその生産物の相対価値はどのようにして決まるか、といったことに関心を寄せている(1)。

(1)　これはリカード以来の伝統であって、国民分配分の分配とは異なる量そのものへの関心をリカードはきっぱりと拒絶した。この点、彼はおのが理論の性格をよくわきまえていた。しかし才に劣る彼の後継者たちは、富の原因に関する議論に古典派理論を用いた。次の、一八二〇年一〇月九日付、リカードのマルサス宛書簡を参照。「経済学は富の性質と原因に関する研究だとあなたはお考えですが、私に言わせれば、経済学は、産業の生産物がその生産にともに当たった諸階級のあいだにいかに分配されるか、その分配を決定する法則に関する研究にほかなりません。量に関する法則を定立することはできないとしても、割合についてなら、まあまあ正しい法則を打ち立てることができるでしょう。量に関する研究は空理空論、科学の真の対象たりうるのはただ割合に関する研究のみ。私は日ごとこの感を深めています」。

労働力人口規模、自然の富の大きさ、蓄積された資本装備の量といった、利用可能な資源量に関する問題も、これまでたびたび論述の対象とされてきた。しかし利用可能な資源の現実の雇用を決める要因が純粋理論として精査されることはめったになかった。むろん、まったく検討されなかったといえばうそになる。というのは、雇用変動をめぐる議論はこれまでにも数多く存在したが、そのどれ一つとしてこの点に関心を寄せないものはなかったからである。言いたいのは、問題が視野になかったということではない、その根底にある基本理論はいたって単純、判明と見られていたために、余程のことがなければ話題にのぼることとさえなかった[1]、ということである。

(1)　たとえばピグー教授は『厚生経済学』(第四版、一二七ページ)でこう書いている。「本論の全体を通して、特に断りのないかぎり、ある資源がその所有者の意に反して全般的に不雇用の状態にあるという事実はこれを無視する。このようにしても議論の実質にはなんの影響もなく、半面、説明は単純化される」(強調点は筆者)。このように、リカードが国民分配分全体の量を論じることを拒絶したのにひきかえ、ピグー教授は、国民分配分にまつわる問題を直接論じた書物において、完全雇用の場合と同一の理論が、非自発的失業のごときが存在するときにも成り立つと主張している。

一

単純、判明と見られている古典派の雇用理論も、私の見るところ、ほとんど議論抜きにではあるが、二つの基本公準に基礎をおいてきた。

I　賃金は労働の限界生産物に等しい。

すなわち、被用者の賃金は雇用が一単位減少したときに失われる価値(生産物の減少によって浮く他の諸経費はすべて控除済み)に等しい。ただし、競争と市場が不完全なら、この均等は一定の原則に従って攪乱を被るかもしれない。

II　労働雇用量が与えられたとき、その賃金の効用は、その雇用量の限界不効用に等しい。

すなわち、被用者の実質賃金は現在雇用されている労働量を引き出すのに(被用者自身の評価で)ちょうど過不足のない大きさになっている。ただしこの場合にも、ちょうど第一公準が競争の不完全性によって修正を被るように、各個別労働単位について見たこの均等は、働く意思をもつ単位間の団結によって攪乱を受けるかもしれない。不効用という言葉は、ここでは、一人あるいは一団の人間に、ある最低限の効用すら与えない賃金を受容するくらいなら働かないほうがましだと思わせる理由のいっさいを含む、と解さなければならない。

第二公準はいわゆる「摩擦的」失業とは矛盾しない。公準を現実的に解釈すれば、それが完全雇用の持続を妨げるさまざまな調整の不備を織り込んでいると考えてもおかしくないからである。たとえば、用途が定まっている資源の相対的な数量関係が見込み違いや需要の間歇性などのために一時的に均衡を失することから生じる失業。予期せぬ変化が起こって時間にずれが生じることから発生する失業。あるいはまた、雇用から雇用への転職にはある程度の時間を要せざるをえず、そのため非静態的な社会ではいつでも「仕事と仕事のあいだに」一部未雇用資源が存在するという事実による失業。第二公準は「摩擦的失業」だけでなく、立法や社会的慣行、団体交渉のための団結、変化への対応の遅れ、あるいは単なる人間の頑なさなどの結果として、労働単位が限界生産物価値に見合った報酬を受け取るのを拒むかまたは受け取ることができないことによる「自発的失業」とも両立可能である。しかし、「摩擦的」失業と「自発的」失業、これら二種類の失業ですべてである。古典派の公準には、以下私が「非自発的」失業として定義する第三の部類の失業が入りうる余地がない。

以上のような修正を施せば、雇用される資源量は、古典派理論によれば、二つの公準によって滞りなく決定されることになる。第一公準は雇用の需要表を与え、第二公準はその供給表を与える。そして、雇用量は限界生産物の効用と限界雇用の不効用とが釣り合う点で決まるのである。

そうだとしたら、雇用を増加させるために取りうる手段はわずかに四つしか存在しないことになる。

(イ)「摩擦的」失業を減らすために、組織や先見力を改善すること。

(ロ)「自発的」失業を減らすために、労働の限界不効用――追加労働を得るための実質賃金で表示される――を引き下げること。

(ハ) 賃金財産業(賃金財というのは貨幣賃金の効用がその価格に依存している諸財を指す言葉で、ピグー教授の用いた便利な用語)の物的限界生産力を引き上げること。

(ニ) 非賃金稼得者の支出を賃金財から非賃金財へ移し替え、もって非賃金財価格を賃金財価格に比べて割高にすること。

以上は、私が理解するかぎりでの、ピグー[*]教授の『失業の理論』[1]――古典派の雇用理論に関するこれまでで唯一の詳細な解説――の骨子である。

（1）　ピグー教授の『失業の理論』は以下、第一九章への付論でもっと詳細に検討される。

二

現行賃金の下ですべての労働者が働きたいだけ働いているという例はそうざらにあるものではない。これが現実であるのに、失業が上の部類で尽きているなんて話があるだろうか。というのも、需要さえあればふつうは現行貨幣賃金の下でも雇用量は増えるものだからである。(1) 古典派はこのような現象を第二公準と調和させようとするのだが、その論法はこうである。なるほど現行貨幣賃金の下で働く意思をもっている人が一人残らず雇用される以前に労働需要が満たされてしまうことはありうる。しかしこれは、それより低い賃金では働かないという労働者間の公然または暗黙の協調の結果であって、労働者がこぞって貨幣賃金の切り下げに同意するなら、雇用量の拡大が実現するだろう。──もしこれが事実だとしたら、このような失業は見た目には非自発的失業であっても、厳密な意味ではそうではない。それは、団体交渉その他の帰結である先の「自発的」失業の部類に入ってしまうのである。

（1）　上の八ページ注（1）におけるピグー教授からの引用を参照。

このことを見るには二つの観察が必要である。そのうち第一のものは労働者が実質賃金と貨幣賃金のそれぞれに対してとる現実の態度にかかわるものであり、こちらは理論的にはさほど重要ではない。しかし第二のものは理論的に見て重要である。

労働者はいまより低い貨幣賃金で働く気はなく、現行の貨幣賃金水準を切り下げると、ストライキその他の手段に訴えて、現在雇用されている労働を市場から引き揚げる、としばらく仮定しておくことにしよう。このとき、現行実質賃金水準は労働の限界不効用を測る正確な尺度になっているかといえば、必ずしもそうではない。なぜなら、現行貨幣賃金の切り下げはなるほど労働の引き揚げを招くとしても、賃金財で測った現行貨幣賃金価値の下落は、その下落が賃金財価格の上昇によるかぎりは、労働の引き揚げを招くことはないだろうから。換言すれば、ある範囲内では、労働者が求めるのは最低限の貨幣賃金でこそあれ、最低限の実質賃金などではない、というのが真相かもしれない。古典派は、たとえこれが本当だとしても、そのために理論が重大な変更を被ることはこれっぽちもない、とひそかに想定している。しかし、そんなことはない。もし労働供給が実質賃金を唯一の変数とする関数ではないとしたら、彼らの主張は全面的に崩壊し、現実の雇用を決めるのは何かという問題は全く未解決のまま残るからである[1]。*労働供給が実質賃金のみの関数ではないとしたら、彼らの労働供給曲線は物価変動のたびに曲線ごと移動することになろう。彼らはこのことをわきまえていたとは思われない。要するに、彼らの方法は彼らのきわめて特殊な仮定と一体となっており、工夫次第でもっと一般的な場合を取り扱うことができるといった底のものではないのである。

（1）この点は以下、第一九章への付論で詳しく論じられる。

ところで、平生の経験の教えるところでは、労働者が実質賃金よりも（ある範囲内では）むしろ貨幣賃金で賃金契約を結ぶのは一つの可能性どころか、常態でさえある。このことに疑問の余地はない。労働者は貨幣賃金の切り下げには通常抵抗するものだが、賃金財価格が上昇したとき必ず労働を引き揚げるかというと、そうはしないものである。労働者が貨幣賃金の切り下げに抵抗して実質賃金の切り下げに抵抗しないのは論理性に欠けると言われることがある。後ほど（二一ページ）理由を述べるが、このようなふるまいは見た目ほど非論理的ではない。やがて見るように、さいわいにしてそうなのである。論理的か非論理的かはともかく、これが労働者の現実の行動であることは経験が示している。

そのうえ、不況を特徴づける失業が労働者の貨幣賃金切り下げの拒否に起因しているという主張には確たる事実の裏付けがあるわけではない。一九三二年の合衆国の失業は、労働者が貨幣賃金の切り下げを頑なに拒んだためだとか、労働者が経済構造の生産性に見合わない不相応に高額の実質賃金を執拗に要求したためだとか、まことしやかな説がささやかれているが、とてもそうは思われない。労働者の譲らないぎりぎりの実質賃金やその生産性にこれといった変化がなくても、雇用量が大きく変化することは、経験の示すとおりである。労働者は不況時には好況時よりもいっそう偏屈になるとでも言うのか……とんでもない話である。不況になると物的生産性が低下するということもない。これらの経験的事実は古典派の分析が十分とは言えないことを示す明白な証拠である。

貨幣賃金の変化と実質賃金の変化との現実の関係を調べた統計調査の結果を見ると、面白いことがわかる。ある特定の産業を選んでそこだけの変化を見た場合には、実質賃金が貨幣賃金と同一方向に変化することはおおよそ察しがつく。しかし一般賃金水準の変化を見た場合には、貨幣賃金の変化に付随して起こる実質賃金の変化は、方向を同じくするのが通例であるどころか、決まったように逆方向であるのがわかるだろう。*すなわち、貨幣賃金が上昇しているときには実質賃金は下落し、貨幣賃金が下落しているときには実質賃金は上昇しているのである。なぜそうなるのか。短期的に見ると、貨幣賃金の下落も実質賃金の上昇も、理由は別々だが、どうやらいずれも雇用の低下にともなって起こるらしい。雇用が落ち込んでいるときには労働者は賃金削減に応じやすくなる。**では同じ状況の下で実質賃金のほうはどうかといえば、産出量が減少している折りには、所定の資本装備に対する〔労働の〕限界収穫が増大しているために、実質賃金は必ず上昇するのである。

現行の実質賃金がそれ以下ではどんなことがあっても現在の雇用量を超える労働供給は起こらない最低水準であるというのがはたして事実なら、そのときには、摩擦的失業はともかく、非自発的失業のほうは存在しないことになろう。だがこれを常態だと考えるのはばかげている。*なぜなら、現行貨幣賃金下の労働供給は、たとえ賃金財価格が上昇し、その結果実質賃金が下落しているとしても、現在雇用されている労働を上回っているのがふつうだからである。だとしたら、現行貨幣賃金の賃金財等価物は労働の限界不効用の正確な指標とはなりえず、第二公準も成立しないことになる。

しかしこれとは別にもっと根本的な問題がある。第二公準は、実質労働賃金が労働者と企業者との賃金交渉によって決まるという考えから派生している。なるほど交渉は現実に貨幣表示で行われるし、労働者に受け入れられる実質賃金がそのときの貨幣賃金からまったく独立というわけでないことも認めていい。「だが、このことと実質賃金の決定は労働者の手中にあるという考えとのあいだには大きな懸隔がある」にもかかわらず、実質賃金を決定すると考えられているのはこのようにして決まる貨幣賃金なのである。こうして古典派理論は、労働者はいつでも自由に実質賃金を切り下げることができ、そうするためには貨幣賃金の切り下げに応じるだけでいい、と想定していることになる。

実質賃金は労働の限界不効用と均等になる傾向をもつという公準の裏には、労働者は労働の対価である実質賃金を——さすがにこの賃金で与えられる雇用量をとまではいかないが——みずからの手で決定しうる立場にあるという想定が潜んでいるのは明白である。かいつまんで言えば、伝統的理論は、企業者と労働者との賃金交渉が実質賃金を決定する、と主張している。だから、雇用者のあいだで自由競争が行われ、労働者の競争制限的な団結がないとしたら、労働者は、そうしようと思えば、彼らの実質賃金を、その賃金の下で雇用者が提供する雇用量の限界不効用と一致させることができることになる。もしも賃金交渉で実質賃金が決まるというのが事実でないとしたら、そのときには実質賃金と労働の限界不効用が一致に向かうと期待すべき理由はもはや何もない。

肝に銘じておくべきは、古典派の結論は労働者全体について言われているのであって、個々の労働者は仲間の拒否する貨幣賃金削減を受け入れることにより職を得ることができるといった、そんな単純な話ではないということである。それらは閉鎖体系にも開放体系にも等しく妥当すると見なされていて、開放体系に特徴的な事柄すなわち一国における貨幣賃金切り下げの海外貿易に及ぼす影響には左右されない。もとより、こうしたことはここでの議論の埒外にあるのだけれども。あるいはまた、古典派の結論は、貨幣表示の賃金総額の縮小が銀行体系や信用状態にある作用を及ぼすことによる間接的効果にもとづいているのでもない。これらの効果については、第一九章で詳しく検討するつもりである。古典派の結論の基礎にあるのはひとえに、閉鎖体系においては、一般貨幣賃金水準の切り下げがあると、それにともなって実質賃金は必ずしも比例的にではないにせよなにほどかは減少する、ささいな条件を付しさえすれば、ともかく短期的には減少する、という信念である。

だが、一般実質賃金水準が雇用者と労働者の貨幣賃金交渉によって決まるという仮定は必ずしも自明の妥当性をもつわけではない。この仮定を立証したり反証したりする試みがほとんどといっていいほどなされてこなかったのは実に不思議である。というのもこの仮定は、価格は貨幣表示の限界主要費用に支配され、しかもその限界主要費用をもっぱら支配するのは貨幣賃金だとわれわれに信じ込ませてきた古典派理論の一般的趣旨とは到底相容れないからである。因みに、貨幣賃金が変化したとしてみよう。そのとき古典派は、価格もほぼ同じ割合で変化し、その結果実質賃金と失業水準は実質的には以前と変わらず、労働者にいくばくかの得失があるとすれば、それは、以前と変わらない限界費用の他の費目の得失と引き換えに得られる(1)、とこのように論じるかに思われよう。ところが豈図らんや、そうではないのである。一部は、労働者はみずからの手で実質賃金を決定する立場にあるという不抜の信念により、また一部は、たぶん、物価は貨幣量によって決まるという想念に取り憑かれているために、このような思考の筋道から逸脱してしまったものと見える。そして労働者はいつでもみずからの実質賃金を決定しうる立場にあるという信念命題は、ひとたびそれが受け入れられると、こんどは、労働者はいつでも実質賃金を完全雇用水準、つまり所与の実質賃金と両立しうる雇用量のうちの最大量に対応する水準に意のままに決定できるという命題と一緒くたにされて、維持されることになった。

（1）　私見では実際、この議論には大いなる真理要素が含まれている。もっとも、以下、第一九章で見るように、貨幣賃金変化の全帰結はもっと複雑であるが。

要約しよう。古典派理論の第二公準には二つの点で問題がある。一つは労働者の現実の行動に関係している。貨幣賃金は変わらず物価だけが上昇することによって実質賃金が下落した場合、そのせいで、その賃金の下で買い手を待っている有効労働供給量が物価上昇以前の実際の雇用量を下回ることは一般にはないと言ってよい。そのようなことがありうると考えるのは、現行賃金で働く意思をもっているにもかかわらず現在失業を余儀なくされている労働者が、生計費がわずかでも上昇したら一人残らず労働供給を引き揚げる、と考えるに等しい。しかしこの奇妙な想定はまぎれもなくピグー教授の『失業の理論』の根底に横たわっており[1]、正統派に属する経済学者のすべてが暗々裏に仮定しているものである。

（1）第一九章への付論を参照。

しかしこれとは別のもっと根本的な問題――これについては続く諸章でさらに敷衍するつもりである――がある。そのよって来たるところは一般実質賃金水準は賃金交渉の当事者によって直接決定されるという想定へのわれわれの疑念である。賃金交渉が実質賃金を決定すると想定する古典派はあらぬことを想定する羽目に陥っている。というのは、労働者を全体としてみた場合、彼らが一般貨幣賃金水準の賃金財等価物を現行雇用量の限界不効用と一致させるためにとりうる方法など何も存在しないかもしれないからである。企業者との貨幣〔賃金〕交渉を改定することによって労働者の全体が実質賃金を所定の水準にまで切り下げることができる、そうした便法は、なんら存在しないかもしれない。これがわれわれの主張である。一般実質賃金水準を決定するのは、第一義には、なにか他の諸力であることを示すようつとめたい。この問題を解明しようとする試みは本書の主題の一つである。われわれが現実に生活を営んでいる経済がこの点に関してどのようなはたらき方をしているか、これから論じていこうとするのは、このことについてこれまで根本的な思い違いがあったということである。

三

貨幣賃金をめぐって個人や集団が闘争するのはしばしば一般実質賃金水準を決定するためだと信じられているけれども、実を言えば、その目的は別のところにある。労働者の移動が不完全で、異なる職業の賃金が純収入に関して正確に均等化することはない以上、いかなる個人や集団も、貨幣賃金の相対的な切り下げに同意すれば、実質賃金の相対的な切り下げを被ることになり、そしてこのことは彼らが貨幣賃金の切り下げに抵抗する十分な理由を与える。これにひきかえ、すべての労働者に等しく影響を及ぼす、貨幣の購買力の変化による実質賃金の切り下げの場合には、実質賃金の切り下げに逐一抵抗するのは不可能である。実際、このような形で起こる実質賃金の切り下げに対しては、それが極度にまで進まないかぎりは、抵抗しないのがふつうである。さらに、特定産業でのみ実施される貨幣賃金の切り下げに対する抵抗は、実質賃金が切り下げられるたびに行われる類似の抵抗と違って、総雇用の増加にはどうしようもない障害とはならない。

換言すれば、貨幣賃金をめぐる闘争は相異なる労働者集団間の総実質賃金の分配に主として影響を及ぼし、雇用一単位あたりの平均額に対してではない、ということである。雇用一単位あたりの平均額を決めるのは、後に見るように、それとは別の一団の諸力である。労働者集団が一致団結することの意味は彼らの相対的な実質賃金を守ることである。一般実質賃金は経済体系の他の諸力によって決定される。

さいわいなことに、労働者は、たとえみずからは意識しなくとも、天性、古典派よりはずっと分別のある経済学者である。なぜなら彼らは、貨幣賃金の切り下げ――切り下げは産業全般にわたることはほとんどあるいは全くない――には、これら賃金の現行実物等価物が現行雇用の限界不効用を超過しているときでさえ抵抗を示すが、それに反し、総雇用を増加させ相対貨幣賃金はそのままにしておくような実質賃金の切り下げに対しては、切り下げが進んで実質賃金が現行雇用量の限界不効用を下回るおそれが生じるのでもないかぎり、抵抗することはないからである。いかなる労働組合も、貨幣賃金の削減には、その額がいくら小さくても、抵抗を示すものである。しかし生計費が上昇するたびにストライキを起こそうなどとは夢にも思わない。古典派は、労働組合は総雇用増加に対する障害になっていると言うが、そんなことはないのである。

四

いまや第三の部類の失業、すなわち、古典派理論にはその可能性を容れる余地がない、厳密な意味での「非自発的」失業を定義すべきときである。

われわれの言う「非自発的」失業とは、むろん、単に使い尽くされていない労働能力が存在しているということではない。一日八時間の労働は人間の一〇時間の労働能力に満たないからといって失業となるわけではない。実質報酬がある一定水準を割ったとき、この報酬を受け入れるくらいなら働かないほうがましだというので、労働者が一体となって労働を引き揚げる、これも「非自発的」失業と見なすべきではない。さらに、「摩擦的」失業もわれわれの定義する「非自発的」失業から除外するのが妥当であろう。私の定義はそれゆえ次のようなものになる。* 賃金財価格が貨幣賃金に比べて相対的にわずかばかり上昇したとき、この貨幣賃金と引き換えに働こうとする総労働供給とその賃金の下での総労働需要とが、ともに現在の雇用量よりも大きいなら、そのとき人々は非自発的失業の状態にある。これとは別の定義が次章で与えられる(三八ページ)が、これも実質的には上の定義と変わりない。

この定義で行くと、第二公準の想定する実質賃金と雇用の限界不効用との均等は、現実的に解釈すれば、「非自発的」失業の不在を言っていることになる。「非自発的」失業の存在しない状態を「完全」雇用と定義することにしよう。そうすると、「摩擦的」失業も「自発的」失業も、ともにこのように定義された「完全」雇用と両立することになる。完全雇用は、後に見るように、古典派理論の他の特徴とも符合している。古典派理論は完全雇用状態下の分配の理論と見なすのが最もふさわしい。古典派理論の公準が成り立つかぎり，先に定義した意味での非自発的失業は起こりえない。それゆえ失業と見えるものも，その実は，「転職」型の一時的失職によるか，あるいは高度に専門化された〔労働〕資源への需要が間歇的であることによるか，あるいはまた労働組合の「クローズド・ショップ」制が非組合員労働者に及ぼす影響によるか，そのいずれかの結果だということになる。こうして古典派の伝統につらなる著述家たちは，理論の基礎にある仮定が特殊であることも顧みず，見た目には失業と見えるものも（明らかな例外を除くと）もとをただせば失業労働者が彼らの限界生産力に見合わない報酬の受け取りを拒んでいるために起こったという結論——彼らの想定に依拠するかぎりでは文句なしに論理的であるところの結論に，いやおうなく駆り立てられてしまった。なるほど古典派経済学者は，労働者が貨幣賃金の削減を拒むことに同情を寄せるかもしれず，いっときの事態に妥協して切り下げに応じるのは賢明ではないと認めもしよう。しかし彼は，科学者としての良心にかけて，にもかかわらずこの拒否は災いの種だと断言してはばからないのである。

だが，もしも古典派理論の妥当するのが完全雇用の場合だけだったとしたら，それを非自発的失業の問題——そのようなものが存在するとして（その存在を誰が否定できよう)――に適用するのは明らかに誤りだということになる。古典派の理論家たちは、見た目には平行な直線も経験的にはしばしば交わる場合のあることを発見して、そうなるのは直線が真っ直ぐになっていないせいだと文句を言う、非ユークリッド世界のユークリッド幾何学者に似ている。これこそまさに、現に起こっている不幸な不調和に対して彼らの与えうる唯一の救済策なのである。だが本当は、平行公理を棄却して非ユークリッド幾何学を打ち立てる以外に救いはない。今日、経済学に必要なのも似たことである。古典派の教義の第二公準を棄却し、厳密な意味での非自発的失業が起こりうる体系のはたらきを理論化すべきである。

五

古典派体系との相違点を強調するあまり、重要な一致点のあることを看過してはならない。第一公準のほうは、古典派理論と同様の但し書きを付けるだけで、そのまま保持してもかまわないのである。第一公準が何を意味するか、ここで小休止して、考えてみることにしよう。

第一公準が意味するのは、組織、装備、そして技術を所与とすれば、実質賃金と産出量(したがって雇用量)とは一意の関係をもち、それゆえ雇用の増大が起こりうるのは、一般には、実質賃金率の低下に付随する場合に限る、ということである。そうだとしたら、私は古典派経済学者が(正当にも)疑問の余地なしと断ずるこの決定的事実に異議をさし挟もうとは思わない。組織、装備、技術が所与の状態の下では、一単位の労働が稼得する実質賃金は産出量と一意の(逆)関係をもっている。だから雇用が増加すれば、短期的には、賃金財で測った労働一単位あたりの報酬は一般には低下し、利潤は増加するはずである。[1] これは、産業はふつう装備その他が一定と仮定される短期においては収穫逓減の下で操業を行っており、それゆえ(実質賃金の決定因である)賃金財産業の限界生産物も雇用が増えるにつれて必ず減少するというお馴染みの命題を、単に言い換えただけのものである。なるほどこの命題が成り立つかぎり、雇用を増大させる手段はそれが何であれ、同時に、限界生産物を、したがってまたこの生産物で測った実質賃金率を、減少させずにはおかない。

(1)　議論は次のようになる。n 人の人が雇用されていて、n 番目の人は一日あたり一ブッシェルを収穫に付け加え、賃金は一日一ブッシェルを買うことのできる購買力をもっている。だが $n+1$ 番目の人は一日あたり〇・九ブッシェルを付加するにすぎず、それゆえ、小麦価格が賃金に比べて上昇し日賃金の購買力が〇・九ブッシェルになるのでないかぎり、雇用が $n+1$ 人に増加することはありえない。$n+1$ 人が雇用されるときの総賃金は、以前のnブッシェルに対して、$\frac{9}{10}(n+1)$ブッシェルになる。こうして、一人の追加雇用がある場合には、それにともなって、これまで雇用されていた人々から企業者への所得移転が必ず起こることになる。

[*]しかし第二公準を棄却してしまうと、雇用の減少は労働者が以前よりも多くの賃金財を要求する結果だとは必ずしも言えず――もっとも雇用が減少すれば、労働者は必ず以前よりは多くの賃金財等価物を賃金として受け取る――労働者側が以前よりも少ない貨幣賃金を進んで受け入れることが失業の救済策になるとも必ずしも言えないことになる。これまで下ごしらえをしてきた雇用にまつわる賃金理論を完全に究明するためには、しかしながら、第一九章とその付論を待たなければならない。

六

セーやリカードの時代このかた、古典派経済学者は供給[**]はそれみずからの需要を創り出すと説いてきた。何やらいわくありげな、とはいえ明確に定義されているわけではないこのような言い回しで彼らが言わんとしたのは、生産費の全額は直接・間接、必ずその生産物の購入に支出されるということである。

この教義はJ・S・ミルの『経済学原理』の中で明快に述べられている。

商品を買うための支払い手段となるのは端的に言えば商品である。他人の生産物を買うために各人が用いる支払い手段は彼自身が保有している商品から成り立っている。すべての売り手は定義上、必ず買い手である。一国の生産力を突然二倍にすることができたら、どの市場においても商品の供給は二倍になるが、同じ調子で購買力も二倍になる。供給も二倍、需要も二倍。交換に提供できるものを二倍もっているわけだから、買うことができるものも二倍になる。(1)

(1)『経済学原理』第三篇第一四章第二節。

同様に、消費をさし控える行為は何であれ、消費財の供給から解き放たれた労働と商品を必ず資本資産の生産のために投下させずにはおかず、つまるところ二つの行為は同じことになると想定されてきたが、(1)これは先の教義の系である。マーシャル*の『国内価値の純粋理論』から引かれた次の一節は伝統的な思考態度の一例である。

個人の所得は全額、サーヴィスや商品の購入に支出される。たしかに、個人は所得の一部は支出し、他の一部は貯蓄にまわす、とはよく聞く言である。だが、人が所得のうちの貯蓄部分で労働や商品を購入するのは彼のいわゆる支出部分でそうするのとなんら選ぶところがないというのは、経済学のお馴染みの公理である。購入するサーヴィスや商品から現在の享楽を得ようとするとき、人は支出すると言われる。購入する労働や商品を将来の享楽手段を得ることを期待して富の生産に振り向けるとき、人は貯蓄すると言われる。

(1)　三四ページ。

マーシャルの後期の著作(1)あるいはエッジワース*やピグー教授の著作からこれに類した章句を引用するのはたしかに容易なことではない。この教義は今日では決してこれほど粗雑な形では述べられていない。にもかかわらず、それはいまでも古典派理論全体の基底に横たわっており、それがないと古典派理論は倒壊してしまうだろう。現代の経済学者はさすがにミルには賛同を躊躇するであろうが、その彼らも、ミルの教義を前提要件とした結論部については、なんのためらいもなくこれを受け入れている。貨幣**は摩擦が生じた場合を除くと実質的にはなんの重要性ももたず、生産と雇用の理論は(ミルの理論がそうであったように)「実物***」交換を基礎にして構築することができる――貨幣は章を追って、取って付けたように導入される――という確信、これはたとえばピグー教授のほとんどすべての著作を流れている確信だが、このような確信は古典派的伝統の現代版である。現代の思考には、貨幣がある方面に支出されなければそれは別の方面に支出されるという考えがいまなお深く染みついている。[2] とはいえ、戦後の経済学者たちがこの見地を首尾一貫して維持しおおせたためしはめったになかった。というのも、今日の彼らの思考には反対の〔思考〕傾向が大量に浸み込み、従来の見解とは明らかに矛盾する経験的事実があまりにも多くまぎれ込んでいるからである。[3] しかし、彼らは〔これらの矛盾を解消するに足る〕十分に包括的な結論を引き出したわけではなく、基本理論の改訂を行ったわけでもなかった。

(1)　J・A・ホブソン氏は彼の『産業の生理学』(一〇二ページ)で上のミルの一節を引用し、そのうえで、マーシャルが『産業の経済学』一五四ページで、この一節についていち早く次のように論評していたことを指摘している。「しかし人々は購買力をもってはいても、それを使おうとはしないかもしれない」。「だが」、とホブソン氏は続けている、「彼はこの事実のもつ決定的重要性を十分に把握しておらず、その作用を「恐慌」の時期に限っているように思われる」。この論評はマーシャルの後期の著作に照らしてもなお公正さを失っていないと思われる。

(2)　マーシャル(アルフレッドとメアリー)夫妻『産業の経済学』一七ページ参照。「すぐに擦りきれる素材で衣服を作って儲けようとしてもなんの得にもならない。なぜなら、新しい衣服にお金を投じなくとも、人々は何か他の形で、労働者に仕事を与えることにお金を支出するであろうから」。また初期マーシャル〔『産業の経済学』〕からの引用かと読者は思うかもしれない。たしかに〔後期における〕『経済学原理』のマーシャルは〔こうした見解には〕だいぶ疑問を感じていたらしく、慎重で、迂闊なことは言っていない。しかし、旧来の考えは決して撤回されたわけではないし、彼の思考の根本的想定からそれが一掃されたわけでもない。

（3）一貫した思考体系を維持し続け、実際的提言を行うさいにも、それが自己の理論と同一の体系に属しているのはほとんどロビンズ教授ただ一人であって、この点はロビンズ教授の特徴をなしている。

そもそもこれら古典派の結論は、生産活動の結果として人々が消費しまた留保する所得が実のところはもっぱらその活動の生産物そのものであるような、交換のない、ロビンソン・クルーソー経済のような経済を、誤った類推によってわれわれが現実に生きている経済にあてはめたものかもしれない。が、それはともかく、生産物の費用は需要の結果として生じる売上収入によって必ず全額回収されるという結論は、それがいま一つの似通った外見をもつ命題、すなわち、生産活動に関与する社会の全生産要素の所得は集計すれば必ず生産物の価値に寸分違わず等しくなるという有無を言わさぬ命題と区別しがたいこともあって、いかにももっともらしく思われる。

同様に、他者から明らかに何も奪い取ることなくおのれを富ませる個人の行為は、同時に社会全体をも富ませるに相違なく、個人の貯蓄行為は(たったいま引用した、マーシャルの一節に見られるように)必ずそれに見合った投資行為につながると想定されるが、それも当然である。なぜなら、ここでもまた、個人の富の純増分を総計した額は社会の富の純増分全体と寸分違わず等しくなることは有無を言わさないからである。

それにもかかわらず、このように考える人たちは目の錯覚——二つの本質的に異なる活動を同一の活動と見る目の錯覚に欺かれている。彼らは現在の消費を手控える決意と将来の消費を準備する決意とを結びつける連結体があると誤って想定している。ところが、後者を決定する動機を前者を決定する動機と結びつける単純な連結体などどこにも存在しないのである。

かくして、生産物全体の需要価格はその供給価格に等しいとする想定こそ、古典派理論の「平行公理」とも称すべきものである。いったんこれを認めてしまうと、あとのすべては芋蔓式に導かれる。民間の節倹と国家の節倹の社会的利益、利子率に関する伝統的態度、古典派の失業理論、貨幣数量説、外国貿易における自由放任の無条件の利益、そしてその他これから問題にする多くの事柄。

七

本章の処々で、われわれは古典派理論が次の諸仮定に依存していると考えた。順に言うと、

(一)　実質賃金は現行雇用の限界不効用に等しい。

(二)　厳密な意味での非自発的失業は存在しない。

(三)　産出量と雇用がどのような水準にあったとしても総需要価格と総供給価格は等しくなるという意味で、供給は需要を創り出す。

といっても、これら三つの仮定は、立つも一緒、倒れるも一緒、それらのいずれをとっても論理的に他の二つを包含しているという意味で、実質的には一に帰す。

第三章　有効需要の原理

一

その厳密な定義は後回しにして、まず最初に、二、三の用語を導入しておく。技術、資源、費用が所与の状態にあるとき、所定量の労働を雇用する企業者には二種類の費用がふりかかって来る。第一のものは、生産要素(他の企業者を除く)の当期の用役に対して支払われる額で、これをその雇用の要素費用と呼ぶことにする。第二のものは、他の企業者に対し彼らから購入しなければならない財貨への対価として支払われる額と、装備を遊休させる代わりに雇用することで要する費用とを合わせたもので、これをその雇用の使用費用と呼ぶことにしよう。(1) 産出された生産物の価値が要素費用と使用費用の合計額を超過する額が利潤、われわれの言い方に従えば企業者の所得である。要素費用は企業者の側から見れば費用であるが、もちろんそれは、生産要素の側から見ればその所得である。こうして、要素費用と企業者の利潤は、二つが合わさって、企業者の提供する雇用から発生するところの総所得とわれわれが定義するものを構成することになる。

このように定義された企業者の利潤は、当然のことながら、どれだけの雇用を提供すべきかを決めるにさいして彼が最大化しようとする量である。所定量の雇用から発生する総所得(すなわち要素費用プラス利潤)を企業者の側から見る場合には、それをその雇用の売上収入と呼ぶのが時として便利なことがある。*他方、所定量の雇用が産出する生産物の総供給価格(2)は、その雇用量を企業者にとっての最適雇用量とする期待売上収入である(3)。

(1)　使用費用の正確な定義は第六章で与えられる。

(2)　語の通常の意味での、生産物一単位の供給価格と混同してはならない(次を見よ)。

(3)　読者にはお気づきのことと思うが、私は所定量の生産物の売上収入と総供給価格のいずれにも使用費用を含ませていない。したがって、これら二つの概念は使用費用を含まない正味額と解さなければならない。一方、購買者の支払う支払総額は、いうまでもなく、使用費用を含んだ粗の額である。このようにするのが便宜である理由は第六章で与えられている。要点をいえば、使用費用を含まない総売上収入と総供給価格は一意にまぎれなく定義することができるのに対し、購買者の支払う、使用費用を含んだ支払総額のほうは、使用費用が明らかに産業の統合度と企業者間で行われる売買の程度との双方に依存しているために、これらの要因から独立に定義することはできない、ということである。個々の生産者にとっての通常の意味での供給価格を定義する場合にさえ同様の困難があるし、生産物全体の総供給価格の場合には、これまでは必ずしも直面することのなかった、二重計算にまつわる重大な困難が発生する。もし総供給価格の概念を使用費用を含むものと解するなら、困難を克服するには、特別な仮定を設けて諸企業を消費財生産企業と資本財生産企業の二グループに集約する以外途はないが、こうした仮定はそれ自体が曖昧かつ複雑であり、とても事実に合致するものではない。しかし、総供給価格を上述したように使用費用を含まない形で定義した場合には、これらの困難は起こらない。因みに、この点についてもっと完全な議論が第六章とその付論で行われているから、読者にはそれまでお待ち願いたい。

それゆえ、技術、資源、それに雇用一単位あたり要素費用が所与の状態にあるとすれば、雇用量は個々の企業や産業においても経済全体においても、企業者が〔その雇用量に〕対応する産出量から得られると期待する売上収入の大きさに依存することになる。[1]なぜなら企業者は雇用量を、売上収入が要素費用を超過する額〔すなわち利潤〕が最大になると期待される水準に設定しようとするからである。

(1)　生産規模に関して実際に決定を下さなければならない企業者は、むろん、所定の生産物の売上収入がどれくらいになるかについて、単一で疑いようのない期待を抱いているわけではなく、蓋然性と確実性の度合いを異にしたいくつかの仮説的期待を抱いている。私の言う売上収入に関する期待とは〔なかんずく確信をもって抱かれた期待のことであり〕、もしそれが確信をもって抱かれた期待であるならば、この期待を導き手とする行動が、決定を下すさいに彼の期待の状態を実際に作り上げている、漠然としてもっと多様な可能性の束がとらせる行動となる、そんな期待のことである。

N人を雇用することによる産出量の総供給価格をZとすれば、ZとNの関係は、$Z=\phi(N)$と書くことができる。これを総供給関数と呼ぶことにする。(1) 同じく、企業者がN人の雇用から得られると期待する売上収入をDとすれば、DとNの関係は、$D=f(N)$と書くことができ、これは総需要関数と呼んでいい。

（1）上の関数と密接に関係した関数が、第二〇章では雇用関数と呼ばれている。

ところで、Nの所定の値について、そのときの期待売上収入が総供給価格よりも大きい、すなわちD*がZよりも大きい場合には、雇用をN以上に増やそう、必要なら費用を競り上げてでも生産要素を獲得しようという誘因が企業者に生じ、ZとDが等しくなるまで、この誘因は続く。このようにして雇用量は総需要関数と総供給関数の交点で与えられることになる。というのも、この点こそは企業者の利潤期待が最大となる点だからである。総需要関数と総供給関数の交点におけるDの値を有効需要と呼ぶことにする。以上が雇用の一般理論の中味であり、それを詳論するのがわれわれの目的であるから、引き続く諸章は、主としてこれら二つの関数が依拠するさまざまな要因を検討することに充てることにしよう。

ひるがえって，かつて「供給はそれみずからの需要を創り出す」という言い回しで定言的に表現され，いまでも正統派経済理論全体の背後に横たわっている古典派の教義は，これら両関数間の関係について，ある特殊な仮定を設けている。「供給はそれみずからの需要を創り出す」というのだから，$f(N)$ と $\phi(N)$ は N のすべての値つまり産出量と雇用のすべての水準について均等化する。N が増えて $Z(=\phi(N))$ が増加すれば，$D(=f(N))$ も必ず，Z と同量，増加しなければならない。換言すれば，総需要価格（あるいは売上収入）はいつでも総供給価格に順応し，それゆえ，N がどのような値をとっても売上収入 D はその N に応じた総供給価格 Z に等しい値をとる，と古典派理論は想定しているのである。つまり，有効需要は唯一の均衡値をもつ代わりに，その範囲は無限，すべてが許容可能であり，雇用量は，労働の限界不効用が上限を画す場合を除いて，不定となる。*

これが事実なら，企業者間の競争は，産出量全体の供給が非弾力的になるところまで，すなわち有効需要の値がさらに増加しても産出量の増加がもはやこれ以上は望めなくなるところまで，雇用を拡大させずにはおかないだろう。明らかにこれは完全雇用と同じである。前章においてわれわれは，完全雇用を労働者の行動に即して定義した。われわれがいましがた到達した基準、すなわち総雇用がその生産物への有効需要に対して非弾力的になった状態という基準は、完全雇用のいま一つの、とはいえ同値であるところの、基準である。こうして、生産物全体の総需要価格は産出量がどのような大きさであってもその総供給価格に等しくなるというセーの法則は、完全雇用に対する障害は何もないという命題と同値になる。だが、もしこれが総需要関数と総供給関数を結びつける真の法則でないとしたら、経済学にはいまだ書かれざる、そしてそれなくしては総雇用量に関するいかなる議論も無駄骨に終わる、死活的に重要な一章が存在することになる。

二

この段階で、やがて章を追って彫琢を加えていくことになる雇用の理論を簡単に要約しておくのが、たとえその一部始終を理解するのは難しいとしても、おそらく読者の手助けになるかもしれない。関係する用語はそのうちもっと綿密に定義するつもりである。この要約では、雇用労働一単位あたりの貨幣賃金その他の要素費用は一定であると仮定しよう。もっとも、このような単純化を設けるのはひとえに説明を簡単にするためであって、やがてお払い箱にする。貨幣賃金が変化してもしなくても、議論の本質的な性格に変わりはない。

理論は概略次のようなものである。雇用が増加すると、実質総所得も増加する。実質総所得が増加すれば総消費も増加するが、総消費の増加は所得の増加ほどではないというのが社会の心理である。だから、増加した雇用の全部が直接の消費需要を満たすため〔の生産〕に振り向けられると、雇用者は損失を被ることになろう。かくして、雇用量がいかなる水準にあっても、その雇用量が正当化されるためには、総産出量のうちその雇用水準において社会が消費しようとする量を上回る部分を吸収してやるだけの投資が当期に存在しなくてはならないことになる。というのは、これだけの量の投資が存在しないと、企業者の収入は、その雇用量を提供しようという誘因を彼らに与える額を下回ってしまうからである。それゆえ、われわれの言う社会の消費性向が与えられると、均衡雇用水準、すなわち雇用者が全体としてもはや雇用を拡大したり縮小したりする誘因をもたないような水準は、当期の投資量に依存することになろう。当期の投資量はというと、われわれのいう投資誘因に依存し、さらに投資誘因は資本の限界効率表とさまざまな満期と危険をもつ貸付の利子率複合体との関係に依存することがわかるであろう。

こうして、消費性向と新規投資率が与えられると、唯一の均衡雇用水準が決まることになる。なぜなら、それ以外の水準では、生産物全体の総供給価格とその総需要価格は一致することがないからである。均衡雇用水準は完全雇用〔水準〕より大きくなることはありえない。ということは、実質賃金は労働の限界不効用よりも小さくなることはありえないということである。しかし均衡雇用水準が完全雇用に等しいと期待する理由は一般には全く存在しない。完全雇用をともなう有効需要は特殊な場合であり、わずかに消費性向と投資誘因が互いにある特別な関係をもつ場合に限って実現されるにすぎない。古典派理論の諸仮定に相当するこの特別な関係は、ある意味では最適な関係である。しかしそれが存在しうるのは、偶然か、はたまた計画的にか、当期の投資需要が、完全雇用生産物の総供給価格が完全雇用状態にある社会の消費支出額を超過する部分にちょうど等しくなるときだけである。

この理論は次の諸命題に要約することができる。

(一)　技術、資源、費用の状態を所与としたとき、所得(貨幣所得と実質所得の両方)は雇用量Nに依存する。

(二)　社会の所得とそこから消費支出に充てられると期待される額——D_1と記す——との関係は、われわれが消費性向と呼ぶ社会の心理的特性に依存する。すなわち、消費は、消費性向になんらかの変化がないかぎりは、総所得水準、したがって雇用水準Nに依存する。

(三)　企業者が雇用しようと決意する労働量Nは、二つの量、すなわち社会が消費支出に充てると期待される額D_1と新規投資に振り向けると期待される額D_2との合計(D)に依存する。Dは先に有効需要と呼ばれたものである。

(四)　ϕを総供給関数とすると、$D_1+D_2=D=\phi(N)$、そして上記(二)で見たように、D_1は消費性向に依存するNの関数――$\chi(N)$と書いてよい――であるから、$\phi(N)-\chi(N)=D_2$となる。

(五)　それゆえ、均衡雇用量は、(イ)総供給関数ϕ、(ロ)消費性向χ、および(ハ)投資額D_2、に依存する。これが雇用の一般理論の核心である。

(六)　任意のNにつき、賃金財産業では一つの労働限界生産力が対応している。実質賃金を決定するのはこの限界生産力である。したがって(五)は、Nは実質賃金を労働の限界不効用と均等化せしめる値を超えることができないという制約条件に服する。これは、Dのすべての変化が貨幣賃金一定という当面の仮定と必ずしも両立するわけではないことを意味する。よってわれわれの理論を完全な姿で叙述しようとすれば、この仮定を取り払うことが不可欠となる。

(七)　古典派理論においては、Nのすべての値について$D=\phi(N)$が成立し、雇用量は、それがその最大値を超えさえしなければ、Nのすべての値について中立均衡の状態にある。だからこそ企業者のあいだの競争の力が雇用量をこの最大値にまで押し上げると期待されているのである。古典派理論では、この点でのみ、安定均衡が存在しうることになる。

（八）　雇用が増えるとD_1も増えるが、その増え方はDほどではない。なぜなら、所得が増加すると消費は増えるが、その増え方は所得ほどではないからである。現実問題への鍵を握るのはこの心理法則である。というのも、この心理法則があるために、雇用量が増えれば増えるだけ、その生産物の総供給価格（Z）と企業者が消費者の支出から取り戻せると期待できる総額（D_1）との開きはますます拡大していくことになるからである。だから、消費性向になんら変化がないとしたら、同時にD_2も増えて、ZとD_1の拡大していく開きを埋め合わせるのでないかぎり、雇用を増加させることはできない。こうして、雇用が増えるときにはいつでも、ZとD_1の拡大する開きを埋めるに十分なだけD_2を増大させるなんらかの力がはたらくという古典派理論の特殊な仮定に立脚しない場合には、完全雇用以下の水準、すなわち総需要関数と総供給関数の交点で与えられる水準Nで、経済体系が安定均衡状態に入る可能性も出て来るのである。

　要するに、所定の実質賃金に対応した〔労働供給曲線上の〕労働供給は雇用の最大水準を画すにすぎず、雇用が実質賃金で測った労働の限界不効用によって決定されるわけではない。消費性向と新規投資率とが相俟って雇用量を決定し、その雇用量は所定の実質賃金水準に一意に関係づけられている。これが真相であり、その逆ではありえない。消費性向と新規投資率が十分な有効需要を与えない場合には、現実の雇用水準は、現行実質賃金下の潜在的な〔最大〕労働供給量に満たず、均衡実質賃金は均衡雇用水準の労働の限界不効用より大きくなるであろう。

以上の分析は豊富の中の貧困というパラドクスに説明を与える。というのは、有効需要が不足しているというただそれだけの理由で完全雇用水準に到達する以前に雇用の増加が止むかもしれないし、またしばしばそうなるものだからである。有効需要不足は、労働の限界生産物価値が雇用の限界不効用をまだ上回っている場合でも、生産の続行を制止するであろう。

そのうえ、社会が豊かになればなるほど、その現実の生産と潜在的生産〔能力〕との開きはますます大きくなる傾向がある。その結果、経済体系の欠陥はいよいよ顕わに、そしてますます法外のものとなろう。貧しい社会は生産物のはるかに大きな割合を消費しがちだから、ごく控えめの投資でも完全雇用を与えるには十分であろう。しかし富裕な社会は、豊かな成員の貯蓄性向を貧しい成員の雇用と両立させようとするなら、もっと十分な投資機会を見つけ出さなくてはならない。社会が潜在能力の面で富裕であっても、投資誘因が弱ければ、有効需要の原理がはたらいて現実の産出量を減少させずにはおかず、最後には、その潜在的な富にもかかわらず、消費を上回る余剰が弱い投資誘因に見合う水準に減少するまで、貧しくなってしまうだろう。

もっと悪いことがある。富裕な社会では、限界消費性向[1]が相対的に弱いだけではない。資本蓄積がすでにかなり進んでいるために、これ以上の投資機会は、利子率が十分な率で急降下するのでないかぎりますます魅力の乏しいものとなる。こうした考察はわれわれを利子率の理論に、そしてなぜそれが自動的に適切な水準まで下がることがないかという理由の考察に誘うことになる。これらは第四篇で考察することにしよう。

（1）以下、第一〇章で定義される。

以上見てきたように、消費性向の分析、資本の限界効率の定義、利子率の理論は、われわれの現在の知識にぽっかり空いた三つの主要な空隙であり、その空隙を埋めてやる必要がある。それが成し遂げられたとき、物価の理論はわれわれの一般理論にとっては補助的問題であるというそれ本来の場所に落ち着くことになろう。しかし貨幣はわれわれの利子率理論においては本質的な役割を演じる。貨幣を他の物から分かつ特性は何か、われわれはその解明につとめるつもりである。

三

総需要関数はこれを無視してさしつかえないとする発想はリカード経済学に根本的なものであり、一世紀以上ものあいだ、われわれが教えられてきた経済学の背後に横たわっているものである。なるほどマルサスは有効需要不足が起こり得べくもないリカードの教義に激しく異を唱えたけれども、所詮は無駄であった。というのもマルサスは、どのようにして、またなぜ有効需要が不足したり過剰になったりしうるかについては(ありきたりの観察にもとづく事実に訴えるほかは)明確な説明を行うことができず、そのためそれに代わりうる理論体系を構築することができなかったからである。こうしてリカードは、神聖異端審問*がスペインを征服したのと全く同様に、イギリスを征服したのである。彼の理論はシティ、政治家、学界に受容されたにとどまらない。論争は止み、他の見地はあとかたもなく消え失せ、そして話題にのぼることさえなくなった。マルサスが格闘した有効需要の大いなる謎は経済学の文献から姿を消した。古典派理論に最も完成した表現を与えたマーシャル、エッジワース、ピグー教授のあらゆる著作をくまなく捜してみても、有効需要については一言の言及さえないことに気づくだろう。わずかに、カール・マルクス、シルヴィオ・ゲゼル、ダグラス少佐という地下世界で、表面下、ひっそりと生き延びることができただけである。

リカードが完膚無きまでの勝利を得たのはなにやら奇妙でもあれば不可解でもある。おそらくそれは、この教義が投入された環境にしっくり来るものを幾重にももっていたからに相違ない。無学な庶民の考えるところとははるかかけ離れた結論に到達していること、思うにそれは、この教義の知的威信を高めるのにあずかって力あった。その教えは実践に移されると禁欲的となり、多くの場合、苦みさえともなったこと、それはこの教義に徳性を添えた。壮大で首尾一貫した論理的上部構造をもつように仕立て上げられていること、それはこの教義に美を与えた。進歩を旨とする体制では数々の社会的不正義も無慈悲と見えるものもそれらはなべて必要悪にほかならず、これらを変革しようとする試みはつまるところ善よりはむしろいっそうの悪をなすと説明して見せたこと、それはこの教義を権力の覚えめでたきものとした。資本家個人の自由な活動を正当化する方便を提供したこと、それはこの教義に、権力の背後にいる支配的社会勢力の支持を引きつけた。

教義それ自体は正統派経済学者から問題視されることなくいまに至っているが、科学的予見という点では大失敗で、時が経つにつれて経済学者の威信はひどく損なわれていった。というのは、マルサス以後の職業経済学者たちは理論の帰結が観察された事実に合わなくてもいっこうに動じるふしはなかったけれど、世間の人々がこの齟齬を見逃すわけはなく、そのため彼らは、他の科学者集団——彼らにあっては、理論の真偽は観察を行い事実と照合することによって確証される——に払うほどの敬意を経済学者にはしだいに払わなくなってしまったからである。

伝統的経済理論のなんともおめでたき楽天主義！　この楽天主義のゆえに経済学者は、世間を離れて畑仕事をし、現状に満足すれば何事も考えうるかぎり最善の世界の最善の状態に向かうと説くカンディード*にも擬せられてきたほどであるが、この楽天主義もまたそのもとをたどっていくと、彼らが有効需要の不足が繁栄の足を引っ張る可能性をもつことを端から考慮しなかったことに帰着するように思われる。なにしろ、古典派の公準に従って動いている社会では、資源を最適雇用の状態に向かわせる自然の傾向がまぎれもなく存在するというのだから。古典派理論は、人々が経済はこのようにふるまって欲しいと願うそのあり方を体現しているといっていい。だが現実もそうだと仮定するのは、われわれにはなんの困難もないと最初から決めてかかるも同然である。

第二篇　定義と概念

第四章　単位の選定

一

本章と次の三つの章では、いくつかの厄介な問題を片づける仕事に専念するつもりである。とはいえ、この難題はわれわれが検討しようとしている本来の問題とはことさらに深い関係をもつものではない。したがってこれらの諸章は脱線ふうの章であり、中心課題を追究する仕事はひとまずお預けということになる。こうした主題を論じるのは、ただ単に、これまで誰も、それを私独自の研究が必要とするのにふさわしい形では論じて来なかったからにすぎない。

私が本書を執筆するさい、議論の進捗を図るうえで最も障害になり、そのためなんらかの解決を見るまでは自分の考えを適切に表現することができないと思われた難題として、次の三つのものがある。すなわち、第一に、経済体系全体に関する問題〔を扱うの〕にふさわしい単位の選定。第二に、経済分析において果たす期待の役割。そして第三に、所得の定義。

二

経済学者がふつう仕事をするさいに用いている単位が満足のいくものでないことは、たとえば、国民分配分、実物資本ストック、一般物価水準といった概念を見てもわかる。

（一）マーシャルとピグー教授[1]の定義にかかる国民分配分は当期生産物の数量あるいは実質所得を表すものであって、産出量価値あるいは貨幣所得を表すものではない。[2]しかもそれは、ある意味で、純産出量に依拠している。すなわち国民分配分が依拠しているのは、当期の経済活動と支払われた犠牲によって生み出され、生産開始時点で存在している実物資本ストックの損耗を控除した後に得られる、消費用あるいは資本ストックの留保のための社会の諸資源への純付加分である。このような基盤のうえに、数量科学を打ち立てようとする試みがなされるのである。だが、さまざまな財・サーヴィスから成る社会の生産物は計量不可能な――厳密に言うと、ある特殊な場合、たとえば、ある生産物のすべての構成項目が別の生産物にもそっくり同じ比率で含まれているような場合を除けば計量不可能な――非同質的複合体である。この事実は、上の定義によって数量科学を打ち立てようとすることへの重大な異議申立となる。

（1）ピグー『厚生経済学』の処々、中でも特に第一部第三章を参照。

（2）ただし、国民分配分を構成するとされる実質所得は、通常は便宜的妥協として、貨幣で購入することのできる財・サーヴィスに限定されてはいるけれども。

（二）　純産出量を算出するために資本装備への純付加分を計量しようとするとき、困難はさらにいっそう大きくなる。なぜなら、期間中に生産された装備の新項目と期間中に損耗によって消失した旧項目とを量的に比較するためのなんらかの基礎を見出さなければならなくなるからである。純国民分配分を算出するために、ピグー教授[1]は、「「正常な」とでも言いうる」陳腐化など〔の損耗〕を控除する。そのさい「正常性の具体的な目安は、その損耗が十分に規則的で、一部始終とは言わないまでも、少なくともたいがいは予見できる、ということである」。しかしこの控除は貨幣表示の控除ではない。だから彼は、物理的にはなんら変化がなかったにもかかわらず、物的数量には変化がありうると想定する羽目に陥っている。すなわち価値の変化をこっそり招き入れているのである。しかも彼は、技術変化によって新装備と旧装備が〔物理的に〕同一ではなくなったときにこれら二つの装備を比較考量するための満足のいく計算法を考案することができない[2]。ピグー教授が目指している概念は経済分析にとって正しくもあれば適切でもあると私は信じている。しかし、満足のいく単位の体系を採用するまでは、その〔国民分配分の〕正確な定義は不可能である。一つの実物産出量を別のそれと比較するとか、それから装備の新項目と旧項目の損耗分とを差し引き計算することによって純産出量を計算するとか、そういった問題は、はっきり言って答えのない空の問題《コナンドラムズ》である。

(1)「資本をもと通りに維持することの意味」について論じた『厚生経済学』第一部第四章。この点は最近の論文〔"Net Income and Capital Depreciation"〕(『エコノミック・ジャーナル』一九三五年六月、二三五ページ)において修正されている。

(2) ハイエク教授の批判(『エコノミカ』一九三五年八月、二四七ページ)を参照。

(三)　第三に、一般物価水準という概念には周知のように曖昧なところがあって、正確を期すべき因果分析にとってこの概念はきわめて不満足なものとなっている。とはいえ、これら〔国民分配分、実物資本ストック、一般物価水準といった概念〕にまつわる問題は「空の問題《コナンドラムズ》」と見るのが相当である。それらは事業上の意思決定を当惑させることはないし、そもそも意思決定に入り込むことさえなく、経済事象の因果連関とも無関係である。経済事象はたとえこれらの諸概念が量的に不決定であったとしても、明快で確固としている。その意味で、これらの困難は「純理的」なものである。だとしたら、これらの概念は正確さを欠いてもいいし、そもそも必要なものでもない、と結論づけるのが理屈である。むろん〔われわれの分析はそうはいかない〕、われわれの量的分析は曖昧な量的表現を用いることなく表現されなければならない。事実、そのようにしてやってみるが早いか、曖昧な表現を用いないほうがずっとうまくやっていけることがわかる。私が示したいのはこのことである。

種々雑多な物から構成された二つの通約不能の集合体はそのままでは量的分析の素材とはなりえないという事実を杓子定規にとって、厳密な計算でなくとも何か大雑把な判断要素に頼ればすむ近似的な統計比較まで排除する必要はもちろんない。これはこれなりに、一定の範囲内では意義と有効性をもっている。実物産出量や一般物価水準といった概念にしても、それらの本来占めるべき場所は歴史的、統計的記述の領域にあり、その目的は歴史や社会についての知的興味を満足させることにあるはずである。このような目的のためだったら、完璧な正確さ――関連した数量の現実値に関するわれわれの知識が完全か否かあるいは正確であるか否かにかかわりなくわれわれの因果分析に必要とされるような正確さ――は通例でもなければ必要でもない。今日の純産出量は一〇年前あるいは一年前よりも大きいが、物価水準のほうは低い、という言明は、ヴィクトリア女王はエリザベス女王よりも立派な女王であったが、いっそう幸福とはいえなかったという言明と選ぶところのない性格の命題である。このような命題が無意味というわけではないし、興味を欠くわけでもないが、それは微分計算の素材としては不向きである。このようななにやらぼんやりとした非数量的な概念を数量分析の基礎として用いようとすれば、われわれの正確さは見かけ倒しとなるであろう。

三

忘れてならないのは、企業者はいついかなる場合にも与えられた資本装備をどのような規模で操業したらいいかについての意思決定にかかずらっているということである。だから、需要の増加すなわち総需要関数の上方へのシフトの期待は総産出量の増加につながると言うとき、その言わんとするところは、資本装備を所有している企業はその装備に全体として以前よりも多くの労働雇用を結びつける誘因をもつ、ということにほかならない。同質的な生産物を生産している個々の企業や産業についてなら、産出量が増えた、減った、という言い方をしても問題はない。しかし、すべての企業活動を集計しようとするときには、所定の装備にあてがわれた雇用量によって表示するのでなければ、正確な言い方をしたことにはならない。全体としての〔実物〕産出量、全体としての産出量の価格水準といった概念は、この文脈では不要である。すなわち、当期の総産出量を測定する絶対的基準、つまり、当該産出量を、異なる資本装備と異なる雇用量との結合によって生み出される産出量と〔物的に〕比較することを可能ならしめる基準は全くもって必要とされないのである。産出量の増加を記述したりその大雑把な比較を行ったりしたいときには、われわれは、所定の資本装備と結びつけられた雇用量はそこから生み出される生産物の満足のいく量的指標になるという一般的推定に依拠しなければならない。二つの量はたとえ確定した数値比率をもつのでないとしても増減をともにすると推定されるからである。

それゆえ雇用理論を論じるさいには、たった二つの基本的な数量単位、すなわち貨幣価値量と雇用量だけを利用するよう、提案したい。このうち第一のものは厳密に同質的であるが、第二のものもそうすることが可能である。たとえば、労働や給与払い事務職の等級や種類が異なっていても、相対報酬がある程度固定されているなら、通常労働の一時間の雇用をわれわれの単位とし、特殊労働の雇用についてはその報酬に比例して重みをつける、すなわち特殊労働一時間の報酬率が通常労働の二倍なら、その一時間を二単位と勘定することによって雇用量を定義してやれば、われわれの目的には十分かなうのである。雇用量を測る単位を労働単位と呼び、一労働単位の貨幣賃金を賃金単位と呼ぶことにしよう。(1) こうして、Eを賃金(および給与)総額、Wを賃金単位、Nを雇用量とすれば、$E=N \cdot W$となる。

(1)　Xが貨幣表示の量を表すとしたら、同じ量を賃金単位で測ったものはX_wと書くのが多くの場合、便利であろう。

労働供給が同質的だというこの仮定は、労働者一人一人の特殊技能や各種職業への彼らの適合性には大きな違いがあるという明白な事実によって覆されたりはしない。労働者の報酬が彼らの能率に比例しているなら、これらの相違は、労働者は彼らの報酬に比例して労働供給に寄与しているという先の想定によって対処することができるし、一方、産出量が増加するにつれて、ある企業が、支払われる賃金単位が同じでもしだいに能率の低下していく労働者を特定用途のために雇い入れざるをえなくなるというのであれば、それは所定の資本装備の下で雇用量を増やしていったときに発生する生産物表示での収穫逓減の、いま一つの要因であるにすぎない。同じ報酬をもらう労働単位の非同質性をいってみれば装備の側に組み入れて、利用可能な労働単位が同質的な資本装備の使用にますます不適合になると見る代わりに、資本装備のほうが、生産物の増加とともに、利用可能な労働単位の雇用にますます適合しなくなると見るのである。要するに、特殊労働や熟練労働に全く余剰がなく、適合性の劣る労働を使用すると生産物一単位についてより多くの労働費用がかかるならば、それは、装備からの収穫が雇用の増加とともに逓減する率は、〔労働に〕余剰がある場合よりも〔余剰がない場合のほうが〕いっそう急になるということである。(1) 労働単位がそれぞれ高度に特殊化され、相互代替が全く効かないという極限的な場合でも、ひるむことはない。それは単に、特定タイプの資本装備が生み出す生産物の供給弾力性が、その装備の使用に特化した利用可能労働がすでにすべて雇用されているときには、突然ゼロに下がるというにすぎないからである。(2) こうして、相異なる労働単位の相対報酬に大きな変化がないとしたら、労働単位は同質的であるというわれわれの仮定にはなんの問題もないし、仮に問題が生じたとしても、その場合には、労働供給や総供給関数の形状が〔相対報酬の変化に応じて〕速やかに変化すると仮定してやれば、それに対処することができるのである。

(1)　これは、使用中の装備と同一タイプの装備にまだ余剰があるときですら需要の増加につれて生産物の供給価格が増加することの主たる理由である。余剰労働力がすべての企業者に利用可能な共同供給源を成しており、そして所定の目的のために雇用される労働への報酬がそこで実際に発揮される能率に厳密に相関するのでなく、少なくとも部分的には、努力一単位当たりで支払われると想定するならば(たいていの場合、これは現実的な想定である)、このことは、雇用される労働の漸次的な能率低下こそが産出量の増加にともなう供給価格上昇の原因であり、内部不経済によるのでないことの格好の例を与える。

(2)　通常用いられている供給曲線が上の困難をどのように処理しようとしているのか、私にはわからない。というのも、この曲線を用いている人たちは自分たちの拠って立つ諸仮定をあまり明確にして来なかったからである。おそらく彼らは、ある所定の目的のために雇用されている労働はいつでもその目的のための能率に厳密に相関して報酬を受ける、と想定している。だが、これは現実離れのした想定である。労働のさまざまな能率をあたかもそれが装備に帰属するかのように扱う本質的な理由は、おそらく、産出量の増加にともなって生じる剰余の増加は能率の高い労働者には帰属しないで(もっとも彼らは、常時雇用されたり、早期の昇進にあずかったりすることで、利益を得るかもしれない)、実際には主として装備の所有者の懐に入る、という事実にある。すなわち同じ職務に就いている労働者が能率を異にしている場合、支払われる報酬が能率にぴったり比例していることはめったにないのである。だが高能率には高支払という場合があったとしても——このようなことがあったとしての話だが——私流儀のやり方はこのことをすでに織り込み済みである。というのは、雇用されている労働単位数を計算するさい、個々の労働者は彼らの受ける報酬に比例してウェイトづけられているからである。私のような想定に立つと、個々の供給曲線を問題にする場合には明らかに奇妙な錯綜が生じる。なぜなら、個々の供給曲線の形状は他の企業や産業において適合的な労働への需要がどれほどあるかということに依存しているからである。このような事情を無視するのは、先述したように、非現実的であろう。けれども雇用全体を扱っている場合には、所定量の有効需要が異なる生産物間に特定の形で一意に分割されるかぎり、このような事情を考慮する必要はない。けれどもこのことは需要に変化をきたす原因の如何では成立しないこともある。たとえば、消費性向の増大によって有効需要が増加した場合の総供給関数は、投資誘因の増大によって有効需要が同量増加した場合の総供給関数とは異なるであろう。もっともこうしたことすべては、ここで論じた一般的な考え方をさらに敷衍するものであり、これらを追究するのは当面の目的から外れる。

経済体系全体の動きを論じる場合、単位を貨幣と労働の二つの単位にしっかり限定すれば、多くの要らざる混乱を避けることができるというのは、私の信念である。個々の生産物や装備を単位として用いるのは、個別の企業や産業を孤立させて分析する場合にとっておけばいいし、全体としての〔物的〕産出量、全体としての〔物的〕装備量、一般物価水準といった漠然とした概念を用いたいなら、ある(おそらくはかなりの)程度まではどうしても不正確で近似的たらざるをえない歴史的比較のごときを試みる場合にとっておけばいい。

このような次第で、今後は、当期産出量の変化を、現在の資本装備の下で(消費者の欲求を満たすためであれ、新しい資本装備を生産するためであれ)〔雇用され〕報酬を受ける労働時間数に関連づけて示すことにする。そのさい熟練労働の時間はその報酬に比例して重み《ウェイト》が付されている。この産出量を、別の一組の労働者と別の資本装備との結合から生み出された産出量と、量的に比較する必要など全くない。一定の装備を保有する企業者が総需要関数のシフトにいかに反応するかを予測するには、シフト後の産出量、生活標準、そして一般物価水準が、別の日あるいは別の国で実現したそれらの数値と比べてどうだといったことを知る必要はないのである。

四

供給曲線によってふつう表示される供給の条件や産出量を価格に関連づける供給の弾力性は、問題にしているのが個々の企業や産業であれ、あるいは経済全体の活動であれ、選定された二つの単位と総供給関数とを用いれば産出量の数量によることなく処理しうることは、簡単に示すことができる。なぜなら、所定の企業（所定の産業、あるいは産業全体についても同じ）にとっての総供給関数は、

$$Z_r = \phi_r(N_r)$$

で与えられるからである。ただしZ_rは売上収入（使用費用は含まない）で、それがどれくらいになるかという期待が雇用水準N_rを決める。それゆえ、もしも雇用と産出量の関係が雇用Nが産出量O_rを決める、すなわち $O_r = \Psi_r(N_r)$ という関係にあるとしたら、

$$p = \frac{Z_r + U_r(N_r)}{O_r} = \frac{\phi_r(N_r) + U_r(N_r)}{\Psi_r(N_r)}$$

は通常の供給曲線となる。*ただし、$U_r(N_r)$ は雇用水準N_rに対応する（期待）使用費用で

ある。

このように、$O_r = \Psi_r(N_r)$ がそれぞれ確とした意味をもつ同質的な商品の場合には、$Z_r = \phi_r(N_r)$ は通常のやり方で評価することができる。O_r を集計することは $\sum O_r$ が数量でないために不可能であるが、N_r であればそれが可能である。さらに、与えられた環境において所定の総雇用は相異なる産業のあいだに一意に配分され、それゆえ N_r は N の関数であると仮定できるならば、なおいっそうの単純化が可能になる。

第五章　産出量と雇用の決定因としての期待

一

あらゆる生産の目的は究極的には消費者の欲望を満たすことにある。けれども生産者が(消費者に代わって)費用を負担し、そして最終消費者がその生産物を購入するまでのあいだには、ふつうは時間を、時には長い時間を要する。この間、企業者(この場合、生産者と投資者の双方を含む)は、やがて時間が経ち、消費者に(直接・間接)供給する手はずが整ったとき、彼らがいったいどれくらい支払ってくれるものか、能うかぎり最善の期待(1)を形成しなければならない。企業者が一切合財を時間を要するプロセスによって生産しなければならないとしたら、彼はこのような期待を道案内とするほかない。

(1)　このような期待が売上収入に関する期待という形をとって形成される場合、その形成方法については、上述三六ページ、注(1)を参照。

事業の意思決定を左右するこれらの期待は二つのグループに分かたれる。個人や企業の中には第一のタイプの期待形成を事とする者もあれば、第二のタイプに専念している者もある。第一のタイプは製造業者が生産プロセスを開始するにあたって、「完成」生産物から獲得できそうだと考える価格にかかわるものである。ここで「完成」（製造業者の見地から見て）と言うのは、生産物が使用あるいは他人への販売を待つばかりになっている状態のことである。第二のタイプは、企業者が「完成」生産物を資本装備への追加として購入する（あるいはおそらく、製造する）場合、どれくらいの利益を将来収益という形で獲得できそうかということにかかわっている。われわれは、第一のタイプを短期期待、第二のタイプを長期期待と呼ぶことにする。

こうして、日々の[1]産出量を決めるさいに個々の企業がとる行動は、短期期待、すなわち操業規模をあれこれ変えていったとき生産費はどうなるか、この産出量では売上収入はいかほどか、というような事柄に関する期待によって決定されることになる。もっとも、〔他企業の〕資本装備への追加のために生産を行う場合、そして〔生産物を〕卸売業者に販売する場合でさえも、これらの短期期待は他の当事者〔他企業・卸売業者〕の長期（あるいは中期）期待に大きく左右されるであろうが。企業が提供する雇用量を決めるのは、これらさまざまの期待である。生産の実際に実現した結果や生産物の〔現実の〕販売が雇用にかかわりをもつのは、それらが今後の期待に修正を迫るかぎりにおいてである。他方、資本装備と中間財・半完成財の在庫をいまここにあらしめている原初の期待も、翌日の産出量を決めなければならないときには、雇用とはかかわりをもたない。雇用を決めるときには意思決定はなるほどこの装備や在庫を参照して行われるが、いついかなる場合でも、それは費用や売上収入がどれほど見込まれるか、その見込額についての現在の期待に照らしてなのである。

（1）　ここで、日々のという言葉は、その期間を過ぎれば提供する雇用について企業が自由に意思決定を改訂することができる、そうした期間のうちの最短のものを表している。言ってみれば、それは経済的時間のうちの最小有効単位である。

ところで、（短期期待にしろ、長期期待にしろ）期待の変化が雇用に対して完全に効果を発揮しつくすには、一般には、かなりの期間を要する。雇用の変化は期待の変化後一日目と二日目とでは同じではないだろうし、二日目と三日目とでもそうであろう、そして……〔というふうに、雇用量は徐々に変化していくものだ〕。たとえ期待にこれ以上の変化がないときでもそうなのである。なぜかというと、期待の変化は、それが悪い方向への変化である場合には、たとえ改訂された期待に照らすと生産を開始したのは間違いであったとしても、その生産プロセスすべてにおいて作業を中止に追い込むほど急激でないのがふつうだからである。一方、期待の変化が良い方向への変化である場合には、雇用が、期待の状態がもっと早く改訂されていたならすでに到達していたはずの水準に至るまでには、どうしても若干の準備期間を経なければならない。では長期期待の場合はどうかというと、〔変化が悪い方向への変化である場合には〕更新する予定のない装備はそれが消耗しつくすまで雇用を提供し続けるだろう。*一方、長期期待の変化が良い方向への変化である場合には、雇用は最初のうちは、装備を新たな状況に適合させるための時間が経過した後よりも高い水準にあるかもしれない。

期待の雇用に及ぼす効果がすっかり出つくしてしまって、雇用には総じてなんの進展も見られない——それくらい長く期待の状態が持続している事態を考えた場合、こうして到達された定常的雇用水準を、その期待の状態に対応する長期雇用[1]と呼ぶことにしよう。新たな期待の状態が絶えず生起しているときには、このようなことは起こり得べくもない。長期雇用をこのように定義すれば、たとえ期待がめまぐるしく変化して現実の雇用水準がいま現在の期待の状態に対応する長期雇用に到達するいとまがなかったとしても、それでもやはり、どのような期待の状態にも、それに対応する長期雇用の水準が確実に存在することになる。

(1)　長期雇用水準は必ずしも一定である必要はない、すなわち長期の状態は必ずしも静態的とはかぎらない。たとえば、富や人口の一定率の増加も不変の期待の一部を成しているかもしれない。長期の条件はただ、現在の期待が十分早くから見越されていたということである。

まず最初に、期待が変化し、そしてそれ以上の期待の変化によってプロセスが攪乱されたり中断されたりすることがない場合、このことによって長期的な位置へ向かう移行のプロセスがどうなるかを考えてみることにしよう。始めに、変化は新しい長期雇用を以前のそれよりも高めるようなものだと仮定しよう。さてそうすると、当初いちばん影響を被るのは一般には投入率、すなわち新しい生産プロセスの初期段階で投入される労働量のみであり、変化前に生産が開始されたプロセスの後半段階にある消費財の産出量と雇用量のほうは、以前と全く変わりないだろう。半完成財の在庫がある場合にかぎりこの結論は修正を被るかもしれないが、初期の雇用増加はそれほどでもないという結論を覆すほどではない。とはいえ、やがて日が経つにつれて、雇用はしだいに増加していくであろう。そればかりか、ある段階では雇用が新長期雇用水準を上回るという事態を考えてやるのも容易である。というのは、新しい期待の状態を満たすための資本構築の過程は長期地点に到達したときよりももっと多くの雇用を、そしてまたもっと多くの当期消費をもたらすかもしれないからである。こうして、期待が変化すると、雇用水準がしだいに高まり、やがて頂点に達して、その後は新長期水準に至るまで下降を続けるということになるかもしれない。同じことは、たとえ新長期水準が旧水準と同一であったとしても、期待の変化が、現行のいくらかのプロセスとそこで用いられている装備とを陳腐化させるような消費傾向の変化を反映したものであるなら、起こりうる。一方、新長期雇用が旧長期雇用よりも低い場合には、移行の途中で雇用水準がしばらくのあいだ、来るべき新長期水準を下回ることも考えられる。このように、単に期待が変化しただけで、その効果が出つくすまでのあいだ、循環変動と同種の形状をもつ振動が生み出される可能性がある。私が『貨幣論』の中で、〔期待の〕変化に引き続いて生じる経営資本と流動資本の在庫の蓄積や損耗に関連して論じたのは、この種の運動であった。

このような、攪乱を被ることなく新しい長期地点へ向かう移行のプロセスは、細部をもっと複雑にすることが可能である。しかし現実の事の成り行きはなおさら複雑である。期待の状態は絶えず変化し、前の変化が効果を発揮しつくすはるか以前に、新たな期待が重ね合わされるからである。そのために、経済という機械はどんなときでも数多くの重複した活動にたずさわることになる。活動の重複性は過去の期待の状態が多様であることの結果なのである。

二

以上の議論はここに至ってわれわれの現在の目的とかかわりをもつことになる。これまで述べてきたことから明らかなように、どのような時点の雇用水準も、単に現在の期待の状態のみならず、ある程度までは、過去の一定期間にわたって存続してきた期待の状態にも依存している。それにもかかわらず、まだ効果を出しつくしていない過去の期待は、それを参照して企業者が今日の意思決定を行わなければならないところの今日の資本装備に体化されており、過去の期待は現在の装備に体化されているかぎりで彼の意思決定に影響を及ぼすにすぎない。そうだとしたら、上述した議論にもかかわらず、今日の雇用は今日の資本装備に結びついた今日の期待に支配されると言っても間違いはないことになる。

　現行の長期期待についてはどうしても正面切った言及を避けるわけにはいかない。しかし短期期待のほうは、あからさまな言及を避けて通ったほうが、多くの場合、無難であろう。短期期待の改訂プロセスは、それが主として実現した結果にもとづいて行われるために、現実には緩慢で連続的であるし、それゆえ期待された結果と実現した結果とは影響の点で相互に貫入し重複するというのが真相だから。すなわち、産出量と雇用は生産者の短期期待によって決定され過去の結果によってではないというのが事実だとしても、ごく最近の結果はこれらの期待の内容を決定するうえで重要な役割を演じているのがふつうなのである。生産プロセスを開始するたびに期待を一から作り上げるのはたいそう面倒なことであろうし、事態の大部分はふつうは日々たいして変わるわけでもないのにそうしようと企てるのは、あまつさえ時間の浪費でもあろう。それゆえ、変化が起きそうだというはっきりした理由がないかぎり、ごく最近実現された結果は今後も持続するという仮定に期待をもとづかせるのが、企業者の分別というものであろう。このように現実には、最近の生産物がもたらした売上収入が雇用に及ぼす影響と、当期の投入物から期待される売上収入が雇用に及ぼす影響とのあいだには大きな重なりがあり、生産者の期待は、将来の変化に関する予想よりは〔実現された〕帰結に照らして、徐々に修正を受けるのがたいていなのである。(1)

(1) 生産の意思決定時に抱かれる期待〔の役割〕をこのような形で強調することは、ホートレー*氏の主張、すなわち、投入と雇用は、価格が下落したり産出量に関する期待はずれが予想外の損失となって表れたりする以前に、まず在庫の累積によって影響を受ける、という主張とも合致しているように思われる。というのは、未販売在庫の累積（あるいは予約注文の減少）という事態は、〔新規の〕投入を、生産物のこれまでの売上収入実績をそのまま次期に外挿した場合の投入から背馳させる可能性はきわめて低いからである。

とはいえ、耐久財の場合には、生産者の短期期待は投資者の現行の長期期待に基礎づけられていることは忘れてはならない。実現された結果に照らして日を経ずに修正することができる、というわけにいかないのが長期期待の本質である。しかもやがて第一二章――そこでは長期期待についてもっと詳細に論じるつもりである――で見るように長期期待は突発的な改訂を受けやすい。このように現行の長期期待という要因は、たとえ近似のつもりでも、それなしですませたり、あるいは実現した結果で代用したりしてはならないのである。

第六章　所得、貯蓄および投資の定義

一　所　得

どのような期間をとってみても、その期間中、企業者は完成生産物を消費者または他の企業にある額で販売しているであろう。この額をAとしよう。彼はまた、他の企業者から完成生産物を購入するためにある額を支出したであろう。これをA_1としよう。そして彼は、期末には、ある価値Gをもった資本装備を保有しているだろう。* この資本装備という言葉には、半完成財あるいは経営資本と完成財の双方の在庫を含ませている。$A+G-A_1$の全部が当期の活動に由来するかといえばそうではなく、その一部は彼が期首に保有していた資本装備に帰せられるべきものである。したがって、われわれの考えている当期の所得に到達するためには、$A+G-A_1$からある額、すなわちその価値のうち前期から引き継いだ装備が(なんらかの意味で)寄与した部分を控除してやらなければならない。所得を定義するという問題は、この控除額を算出するための満足のいく方式を見つければ、たちどころに解決される。

控除額を算出するための可能な原理としては二つのものがあり、いずれもそれなりの意義をもっている。一つは生産に関連したもの、いま一つは消費に関連したものである。これらを順に見ていくことにしよう。

（一）　期末における資本装備の現実の価値Gは、一方では企業者がその期間を通して他の企業者からの購入とみずからの働きとの双方によって資本装備を維持し改善させたこと、他方では生産を行うために装備を使用することによってその価値を消耗あるいは減価させたこと、これら双方の差し引き正味の結果である。仮に彼がそれを生産を行うために使用しないと決意したとしても、それを維持し改善するために支出したほうが有利になる、ある最適額が存在する。いま、資本装備の維持と改善のためにB'を支出したとし、さらにこの支出のおかげで、資本装備は、期末には、G'の価値をもつことになった、と仮定することにしよう。すなわち$G'-B'$は、資本装備がAの生産のために用いられなかった場合の、前期から保守された最大正味価値である。この潜在的装備価値の$G-A_1$に対する超過はAを生産するために（なんらかの形で）犠牲にされた額を表している。この量、すなわち、Aの生産にともなって犠牲にされる価値の量、

$$(G'-B')-(G-A_1)$$

を、Aの*使用費用と呼ぶことにしよう。使用費用はUと表示される。[1] 企業者が他の生産

要素に彼らの用役の対価として支払った額、これは彼らの側から見ると所得なのであるが、われわれはこれをAの要素費用と呼ぶことにする。要素費用Fと使用費用Uの合計額は産出量Aの主要費用と呼ばれる。

（1）使用費用については本章の付論でもう少し突っ込んだ検討が行われている。

そうすると、企業者の所得は、[1] 期間中に販売された完成生産物の価値が主要費用を超過する額〔$A-(U+F)$〕だと定義することができる。つまり企業者所得は、彼が生産規模を増減させることによって最大化しようとする量、すなわち彼の、言葉の通常の意味での粗利潤に相当すると考えられ、またそう考えるのは常識にも合致している。社会のその他の所得は企業者の〔支払った〕要素費用に等しいから、*所得の集計額は$A-U$に等しくなる。

（1）後ほど定義する純所得とは異なる。

このように定義された所得の量的概念には微塵の曖昧さもない。それだけではない、企業者がどれくらいの雇用を他の生産要素に提供するかを決めるにあたって最大化しようとつとめるのは、この所得量が他の生産要素への支出を超過する額がいかほどになるかという期待であるから、それは雇用に対して原因としてはたらく重要な量である。

もちろん、$G-A_1$が$G'-B'$を凌駕し、使用費用が負の値をとることも考えられる。

たとえば、投入物はその期間中増え続けているのに、増加した生産物を完成・販売の段階に至らしめるいとまがない、というふうにたまたま期間がとられていたとしたら、このようなことも十分に起こりうる。あるいはまた、産業統合[*]が大いに進んで、企業者が自分の装備の大半を自前で製造するという事態を想定してやれば、正の投資があるときには必ずそうなるであろう。しかし、使用費用が負になるのはせいぜい企業者が資本装備をみずからの労働によって増加させているときくらいだから、資本装備が主としてそれを使用する企業とは別の企業によって製造されている経済では、使用費用はふつうは正になると考えていい。そのうえ、Aの増加にともなう限界使用費用すなわち $\frac{dU}{dA}$ が正以外の値をとることもまず考えられない。

ここで、本章の後半部を先取りして、次のことを指摘しておくのが便宜であろう。すなわち、社会全体としてみると、当期の総消費(C)は $\sum(A-A_1)$ に、総投資(I)は $\sum(A_1-U)$ に等しい。さらに、他の企業者からの購入〔A_1〕がないものとして企業者の保有する装備を見た場合には、U[**]は個々の企業者の負の投資($-U$ は彼の〔正の〕投資)となっている。ここから、完全に統合された体系(この場合、$A_1=0$)では消費は A に、投資は $-U$ すなわち $G-(G'-B')$ に等しくなる。これに A_1 を導入してそれをほんの少しばかり複雑にするのは、非統合的な生産体系の場合を一般化された形で考えたほうがいいという、ただそれだけの理由による。

さらにいえば、有効需要[*]とは、企業者が彼らの決めた当期雇用量から受け取ると期待する総所得(すなわち売上収入[**])にほかならず、これには他の生産要素に手渡される所得も含まれている。総需要関数は、さまざまな雇用量を任意に与えて、その雇用量をそのときの産出量からもたらされると期待される売上収入と関係づけたものである。有効需要[***]はその総需要関数上の特定の一点で、供給条件と込みにすると企業者の期待利潤を最大化する雇用水準に対応しているがゆえに有効となる点である。

これら一組の定義には次のような利点もある。すなわちこれによって限界売上収入(あるいは所得)と限界要素費用の均等を式で表すことが可能になり、かくして、経済学者の従来の命題——彼らは使用費用を無視するか、またはそれをゼロと仮定することにより、供給価格[1]と限界要素費用[2]を均等化させてきた——と同種の命題、つまり私の定義する限界売上収入を限界要素費用に関係づける命題に到達するのである。

(1)　供給価格なる語の定義は何をもって使用費用となすかを定義しないかぎり不完全だと思われる。この点は本章の付論でさらに詳しく論じる予定である。そこでは、総供給価格なら使用費用を供給価格から除外しても妥当性を失わない場合があるが、個別企業の生産物一単位の供給価格は如何という問題になると、使用費用を供給価格から除外するのは不適切であることが論じられている。

(2)* たとえば、総供給関数として、$Z_w=\phi(N)$、あるいは同じことだが、$Z=W\cdot\phi(N)$をとることにしよう(ただしWは賃金単位で、$W\cdot Z_w=Z$)。このとき、限界生産物の売上収入は総供給曲線上のどの点をとっても限界要素費用に等しいから、

$$\Delta N=\Delta A_w-\Delta U_w=\Delta Z_w=\Delta\phi(N)$$

すなわち、$\phi'(N)=1$となる。ただしここでは、要素費用と賃金費用の比率は一定、そして各企業(企業数は一定と仮定する)の総供給関数は他産業で雇用されている労働者数から独立であり、それゆえ各個別企業者について妥当するところの上記方程式の各項は企業者全体について集計することが可能だと仮定されている。以上のことは、賃金が一定で、他の要素費用が賃金総額と一定の比率を保つなら、総供給関数は直線になり、その勾配は貨幣賃金の逆数で与えられることを意味している。

(二)　次に、先に言及した〔二つの〕原理の〔うち、消費に関連した〕第二のものに目を転じることにしよう。これまでは、期首と比較した期末の資本装備価値の変化のうち、利潤を最大化しようとする企業者の自発的な意思決定に起因するものを論じてきた。だがこのような変化のほかに、彼には如何ともしがたい理由で、彼の当期の意思決定にかかわりなく起こる変化、すなわち、(たとえば)市価の変化、陳腐化あるいは単なる時の経過によって生じる損耗、戦争・地震のような大災害による破壊といったもののために

発生する、資本装備価値の非自発的な損失(利得)というものがあるかもしれない。ところで、これら非自発的な損失の中には、避けられないとはいえ、予測できないとは言い切れないものがある。たとえば、使用・不使用にかかわらず時の経過によって被る損失がそうであるし、ピグー教授の言う「正規《ノーマル》の」陳腐化、すなわち「十分に規則的で、たとえその一部始終はわからなくても、少なくとも大体のことは予見することができる」陳腐化もまたそうである。さらに十分規則的で、俗に「保険化できる危険」と言われている、社会全体に降りかかる損失も、これに含めてよかろう。しばらくのあいだ、期待損失の大きさは期待形成がどの時点で行われるかに左右されるという事実は、これを無視することにしよう。そのうえで、非自発的ではあるが予測不可能ではない装備の減価、すなわち期待される減価のうち使用費用を上回る額を、補足費用と呼ぶことにしよう。補足費用はVで表すことにする。この定義がマーシャル*の補足費用の定義と同じでないことは、たぶん、指摘するまでもないだろう。といっても、根底にある発想、つまり使用費用に入らない期待減価を論じている点では、類似しているけれども。

　したがって、企業者**の純所得と純利潤を計算するさいには、通常、先に定義された所得と粗利潤から補足費用の推定額を控除してやる。というのは、意のままに支出し貯蓄することのできる額のいかほどかを企業者が考えているさい補足費用が彼に及ぼす心理的影響は、補足費用を粗利潤から控除したときの影響と実質的には同じだからである。装備の使用・不使用を決める生産者としての企業者の立場に立つと、先に定義された意味での主要費用と粗利潤の概念が重要である。しかし消費者としての企業者の立場においては、補足費用の大小が彼を動かし、補足費用は主要費用のあたかも一部でもあるかのように見なされるのである。それゆえ、全体としての純所得を定義するさい、「Aから」使用費用とともに補足費用を控除して、$A-U-V$を純所得とすれば、通常の用語法に最も近づくだけでなく、消費量に関連をもつ概念にも到達することになろう。

装備価値の変化の中でまだ残っているのが、市場価値の思いもよらない変化、異例の陳腐化、大災害による破壊といった事柄に起因する装備価値の変化、すなわち、非自発的で広い意味で予見不能でもある変化である。この項目に入る現実の損失は意外の損失と呼んでいいだろう。ただしこれは純所得の計算にも入らず、資本勘定に記載される。

因果連関における純所得の重要性はVの大きさが当期の消費量に及ぼす心理的影響にある。世人が当期の消費額を決めるとき、彼がそのための原資と見なすのは純所得のはずだからである。むろん、彼がどれくらい消費するかを決めるさいに考慮するのはこの要因だけではない。たとえば、彼が資本勘定の上でどれほど意外の利得を得ているか、あるいは損失を被っているかということは、彼の消費にかなりの影響を及ぼす。しかし補足費用と意外の損失とのあいだには違いがある。補足費用の変化は粗利潤の変化と全く同じふうに彼に影響を及ぼしがちであり、この点で補足費用は意外の損失とは違うのである。企業者の消費にかかわりをもつのは、当期の生産物から得られる売上収入が主要費用と補足費用の合計を超過する額である。一方、意外の損失(利得)のほうは、たとえそれが彼の決意に入り込むとしても、その程度は〔補足費用と〕同じではない。ある額の意外の損失はそれと同額の補足費用と同一の影響を及ぼすわけではないのである。

とはいうものの、補足費用と意外の損失との境界線、つまり所得勘定の借方に記入するのが相当だと思われる不可避の損失と、資本勘定上の意外の損失(利得)と見たほうが妥当な不可避の損失との境界線は、ある程度までは慣習的、心理的なものであり、前者〔補足費用〕を推計するために広く世に受け入れられている基準の何たるかに依存していることは、これを銘記しておかなければならない。補足費用を推計するための唯一無二の原則を打ち立てることなどとてもできるわけがなく、その推計額はわれわれがどのような計算方法を選択するかで変わって来るからである。補足費用の期待価値は装備が生産された当初の時点ではある確定した量である。しかし、後日再評価を行ったら、その額は、その間の期待の変化の結果として、装備の残余期間全体にわたって変化しているかもしれない。そのとき、資本の意外の損失は、$U+V$の期待系列に関する当初の期待と改訂された期待の差額の割引価値となっている。装備を取得した時点で補足費用と使用費用の合計値を確定しておき、その後は期待の変化があっても、装備の耐用期間中ずっと、その数値を変えないでおくというのは、広く認められ、*内国税歳入庁筋からもお墨付きをもらっている企業会計原則である。この場合、どの〔会計〕期間をとってみても、そこでの補足費用は、最初に確定しておいた〔U＋Vの〕数値が現実の使用費用を超過する額だと見なさなければならない。このようなやり方の利点は、装備全体の耐用期間にわたって、意外の利得・損失をゼロにすることができる、ということである。**しかし場合によっては、補足費用とする額を、たとえば一年なら一年という会計期間をとって、そのときそのときの価値と期待を基礎にして再計算したほうが適切なこともある。どちらのやり方を選ぶかは実際には経営者によりまちまちである。装備が最初取得された時点での当初の期待補足費用を基礎的補足費用、その量を時々の価値と期待を基礎にして最新の状況に即して再計算したものを当期補足費用と呼ぶのが便宜かもしれない。

企業者は配当(法人企業の場合)または彼の当期消費量(個人企業の場合)を確定するために彼が純所得と思うところのものを算定する。だから補足費用を量的に定義しようとしたら、典型的な企業者が純所得を出すために彼の所得から控除する額を補足費用とするにしくはない。意外の損失を資本勘定につけるのは変わらないから、どちらともつかない項目は資本勘定にまわし、紛らわしさの少ないものに限って補足費用に含めるのが明らかに望ましい。なぜなら、そうすることにより資本勘定への負荷が過大になったとしても、その代わり、当期の消費率に対する資本勘定の影響力がそうでなかった場合に比べて増大し、そのことによって過大な負荷は是正されるからである。

マーシャルが*所得税審判委員会の慣行に救いの手を求め、こう言ってよければ、彼らが経験上所得と見なすものはなんでも所得としようと決意したとき、われわれの定義する純所得はマーシャルの定義にかかる所得すれすれのところまで来ていることがわかるだろう。彼らの下した審判結果の積み重ねは、実世間がふつうなにをもって純所得となしているかを調べる、われわれの手にしうる最も周到で包括的な調査の産物だと見なしていいからである。われわれの定義はまた、ピグー教授がつい最近定義した国民分配分を貨幣表示したものとも対応している(1)。

(1)『エコノミック・ジャーナル』一九三五年六月、二三五ページ。

とはいえ純所得は権威筋のあいだでも解釈が一定しないほど不確かな基準に立脚しており、完全に明快な概念とはいかないこと、これまた確かである。たとえばハイエク教授によると、資本財の個人所有者はその所有から得られる所得を一定に保とうとし、そのため彼は、理由が何であれ投資から得られる所得が減少する傾向にあれば、それを埋め合わせるに足るだけの十分な額を確保するまでは、所得を自由に消費しようとは思わないのだそうである。[1] まさかこのような人がいるとも思えないが、それでも、彼の言うことが純所得〔を定義するさい〕の心理的基準を与えると言われれば、理論的には反駁のしようがない。だがハイエク教授が、貯蓄と投資の概念も曖昧さを免れないと言うとき、彼の言っていることは貯蓄と投資が純貯蓄と純投資を意味する場合に限って正当であるにすぎない。貯蓄と投資――こちらが雇用の理論に関連性をもつ――はこのような欠陥を免れており、しかも客観的な定義を与えうることは、先に示したとおりである。

（1）「資本の維持」『エコノミカ』一九三五年八月、二四一ページ以下。

このように、消費に関する意思決定に関与するにすぎず、そのうえ消費への影響という点では他の諸要因と選ぶところのない純所得ばかりを強調して、当期の生産に関する意思決定に関与し明快このうえない本来の所得概念を顧みない(それが通例)のは間違っている。

所得と純所得を上のような形で定義するのはそれらをなるべく通常の用語法に合致させたいと考えるからである。ここで読者には、『貨幣論』では所得はある特殊な意味で定義されていたことをすぐさま思い起こしてもらわなければならない。以前の定義の特殊性は総所得のうちの企業者に帰属する部分に関連している。すなわち、私が考えていた利潤(粗でも純でも)は時々の操業から現実に獲得される利潤でも、時々の操業を行おうと決意するときの期待利潤でもなく、ある意味での正常もしくは均衡利潤(産出量が変化する可能性を考えれば、いまから思うと、十分な定義とは言えない)であった。その結果、この定義で行くと、貯蓄は正常利潤が現実の利潤を超過する額だけ投資を上回ることになった。*このような用語法はかなり混乱を招いたのではないかと思う。とりわけ、それらと相関して用いられている貯蓄の場合には。というのも、用語を私の特殊な意味に限定して解釈した場合にだけ有効性をもつ結論(ことに、貯蓄の投資に対する超過についての結論)が、巷間の議論では、それらの用語がもっとふつうの意味で用いられていると誤解されて取り上げられるのがしばしばだったからである。このようなことから、そしてまた自分の見解を正確に表現するためにはもはや以前の用語は必要とされないという理由で、それらを捨て去ることに決めた。それらが引き起こした混乱を大いに遺憾に思いながら。

二　貯蓄と投資

言葉がいろんな意味に用いられて収拾がつかなくなったときには一つの定点を見出す

ことである。私の知るかぎり、貯蓄を消費支出に対する所得の超過額と考える点では、人々のあいだに意見の相違はない。だから貯蓄の意味についていやしくも疑念があるとしたら、それは所得または消費のいずれかについての疑念に端緒をもっているに違いない。所得については先に定義をすませておいた。消費支出についていえば、いかなる期間の消費もその期間を通して消費者に販売された財の価値を意味するのでなければならない。ここからわれわれは消費者‐購入者という言葉が意味するものは何かという問題に差し戻されることになる。消費者‐購入者と投資者‐購入者の境界線に関する定義は、それが筋の通ったものなら、どれをとっても、首尾一貫して適用されるかぎり、等しくわれわれの用に堪えるであろう。たとえば、自動車の購入は消費者‐購入と見なすべきか、家屋の購入は投資者‐購入と見なしたほうがいいのか、といった問題がしばしば議論されてきたが、このような議論に対して私が実質的に付け加えるべきことは何もない。その基準は明らかに消費者と企業者の線引きに対応しているに違いない。だからA_1をある企業者が別の企業者から購入したものの価値だと定義したとき、われわれはそれと知らず問題を解決していたことになる。A_1がそのようなものだとしたら、*消費支出は$\sum(A-A_1)$とまぎれなく定義することができる。ただし、$\sum A$は期間を通した総販売額、$\sum A_1$は企業間での総販売額である。これから先は、原則として$\sum$を省略し、あらゆる種類の総販売額をA、企業間での総販売額をA_1、企業者の総使用費用をUと表記するのが便宜であろう。

所得と消費の双方をこのように定義すると、所得の消費に対する超過額としての貯蓄の定義はそこからおのずと出て来る。所得は$A-U$、消費は$A-A_1$だから、貯蓄はA_1-Uになる。同様に、純所得の消費に対する超過額である純貯蓄はA_1-U-Vに等しい。

所得をわれわれのように定義すると、当期の投資の定義も直ちに導かれる。当期の投資とは、当期の生産活動の結果として資本装備価値へ期間中に付加された額のことだからである。これは明らかに、われわれがたったいま定義した貯蓄に等しい。なぜなら貯蓄とは消費にまわされなかった当期の所得部分のことだからである。先に見たとおり、どのような期間をとっても、期間中の生産の結果として、企業者は最後にはAという価値をもつ完成生産物を販売し終えるとともに、Aを生産し販売した結果、他の企業者から購入したA_1を加味したうえでUなる量の減価(あるいは$-U$という量の増価、Uは負)を被った資本装備を保有している。同一期間を通して、$A-A_1$の価値をもつ完成生産物が消費にまわされたであろう。$A-U$の$A-A_1$に対する超過額すなわちA_1-Uは当期の生産活動の結果として資本装備に付加された量であり、それゆえその期間の投資である。同様にして、A_1-U-V、すなわち、使用にともなう損耗でも資本勘定に記入されるべき不測の変化でもない正常な資本価値の損耗〔補足費用〕を〔A_1-Uから〕控除した資本装備への正味の付加が、当期の純投資である。

それゆえ、貯蓄額は個々の消費者の集合行動の結果であり投資額は個々の企業者の集合行動の結果であるにもかかわらず、これら二つの額は、いずれも所得の消費に対する超過額と同等であるから、必ず等しくなる。あまつさえこの結論は、先に与えた所得の定義の微妙さや特殊性には少しも左右されない。所得は当期生産物の価値に等しいこと、当期の投資は当期生産物のうち消費されない部分の価値に等しいこと、そして貯蓄は所得の消費に対する超過額に等しいこと、これらはすべて常識にも合致し、大多数の経済学者の伝統的な用語法とも合致している。これらが同意されれば、貯蓄と投資の均等は必然的に導き出される。簡略化すると——

所得＝生産物価値*＝消費＋投資

貯蓄＝所得－消費

したがって

貯蓄＝投資

こうして、どのような定義の一組をとってみても、それらが上の諸条件を満たすかぎり、結論は同じになる。それらのどれか一つでも否定されれば、結論は成り立たなくなる。

貯蓄量と投資量の均等は、一方の生産者、他方の消費者あるいは資本装備の購入者、これら両者の取引が二方向的な性格をもつところから生じる。所得は生産者が生産物の販売から得た使用費用を超過する価値によって創り出される。ところがこの生産物価値の全体は明らかに消費者あるいは別の企業者のいずれかに販売されたに違いない。そして各生産者の当期の投資は、彼が他の企業者から購入した装備が彼自身の使用費用を超過する額に等しい。よって集計すると、われわれが貯蓄と呼ぶ所得の消費に対する超過額は、同じくわれわれが投資と呼ぶ資本装備への付加と相違することはない。純貯蓄と純投資についても同様である。貯蓄は実のところは残余にすぎない。消費決意と投資決意が相俟って所得を決定するのである。投資決意が実現すれば、そのときその決意は消費を〔投資の増加分だけ〕削減するか〔――所得が一定の場合〕、または所得を拡大するか〔――貯蓄性向が一定の場合〕、そのいずれかでなければならない。要するに投資活動は本性上、われわれが残余や残差と呼ぶ貯蓄を、投資の分だけ増加させずにはおかないのである。

人々がそれぞれ貯蓄額と投資額を決めるさい、頭に血がのぼり、そのため取引を遂行する価格の均衡点が存在しないということもむろんありえない話ではない。このときには生産物はもはや確固たる市場価値をもたず、諸価格はゼロと無限大のあいだで不定となるであろうから、われわれの〔投資と貯蓄は等しいという〕表現は妥当性を欠くことになろう。だが、経験の示すところでは、このようなことは実際には起こらない。経験は、購入予定量と販売予定量との均衡を実現させる心理的反応習慣が存在することを示しているのである。生産物が〔確固とした〕市場価値をもつこと、このことは貨幣所得が確定的な価値をもつための必要条件であるとともに、貯蓄者が決める貯蓄総額が投資者の決める投資総額と均等化するための十分条件でもある。

この問題について頭をすっきりさせようと思うなら、貯蓄の決意よりもむしろ消費の決意（あるいは消費を手控えようとする決意）に拠って考察を進めるのが、おそらくいちばんである。消費するかしないかの決意は、正真正銘、個人の力の及ぶ範囲内にあるし、投資するかしないかの決意もそうである。総所得額や総貯蓄額は、消費するかしないか投資するかしないかについての個人の自由な選択の帰結であって、いずれも、消費や投資の決意とは別個の意思決定群に起因する独立した値をとることはできない。このような理由により、これから先は、消費性向の概念を貯蓄性向ないし傾向の代わりに用いることにしよう。

付論　使用費用について

一

使用費用は古典派の価値理論にとって重要な意味をもっているように思われる。にもかかわらずその重要性はこれまで見過ごされてきた。それについては、この場に関連したことあるいはふさわしいことにかぎらず、もっと論じてみたいことがある。しかしこの付論では余談として使用費用についてもう少し検討を加えるにとどめたい。

企業者の使用費用は、定義により、

$$A_1+(G'-B')-G$$

に等しい。ただし、A_1はその企業者の他の企業者からの購入額、Gは期末において彼の資本装備がもつ現実の価値、G'は装備を使用せず、装備の維持・改善のためにB'という最適額の支出があったとしたならば、彼の資本装備が期末において有するはずの価値である。ところで、$G-(G'-B')$、すなわち前期より引き継いだ純価値を上回る企業者の資本装備の増加分は、装備に対する企業者の当期の投資を表し、これをIと書くことができる。こうして、A_1を他の企業者からの購入額、Iを装備に対する当期の投資額とすれば、売上高Aの使用費用Uは、A_1-Iに等しくなる。ちょっと考えてみればわかるように、以上のことは常識以外の何物でもない。他の企業者に支払った額の一部は装備への当期の投資と見合い、残りは販売した生産物のために費やさなければならなかった犠牲のうち、生産要素への支払総額以外のものを表している。読者が同じことを違った形で表現しようとしたら、彼は、われわれのやり方の利点が会計上の解決し難い（しかも不必要な）問題を回避している点にあることを得心するであろう。生産物の期間売上収入をまぎれなく分析しようとしたら、まずこれ以外の方法は考えられない。産業が完全に統合されているか、あるいは企業者が外部から購入するものが皆無で、$A_1=0$となる場合には、使用費用は装備の使用にともなって発生する当期の負の投資そのものになってしまうが、それでもなお、分析のどの段階においても、要素費用を販売される財と留保される装備のあいだに割り振らなくてもすむという利点は残るのである。こうして、統合された企業であれ、個別の企業であれ、一つの企業によって与えられる雇用は、単一の統合された意思決定に従っていると見なすことが可能となる。因みにこのような処理法は、現実には期間内に販売される生産物の生産と〔在庫投資などを含む〕すべての生産とが、性質上、互いに絡み合っているという事実に対応している。

そのうえ、使用費用という概念を用いると、企業の販売可能生産物一単位あたりの短期供給価格に関して、通常採られているものよりもっと明確な定義を与えることが可能になる。すなわち短期供給価格は限界要素費用と限界使用費用の合計として定義できるのである。

ところが、現代の価値理論では、短期供給価格を限界要素費用のみとすることが通例となっている。しかしこれが正当であるのは、限界使用費用がゼロか、あるいは、ちょうど私が総使用費用を含ませずに「売上収入」と「総供給価格」を定義したように（上述三五ページ）、供給価格が限界使用費用を含まない特殊な形で定義されている場合に限られることは言うまでもない。生産物全体を取り扱うさいには使用費用を除外したほうが便利なこともままあるかもしれないが、このようなやり方をだらだらと（わけもなく）単一産業あるいは単一企業の生産物に対して適用し続けるなら、商品の「供給価格」から「価格」という言葉が通常担っている意味を剥奪し、その結果、われわれの分析からいっさいの現実性を剝ぎ取ってしまうことになる。混乱のいくらかはこうした費用計算の慣行に端を発しているかもしれないのである。「供給価格」は個々の企業の販売可能生産物一単位に適用される場合には意味明瞭だと考えられていたようで、この件は議論を要するとは認められて来なかった。しかし限界的な生産物を生産するために要する他の企業者からの購入費と、同じくそのために自己の装備が被る損耗とを、二つながらどのように取り扱うか、その取り扱いに所得を定義するさいのいっさいの難題が凝縮されている。というのも、われわれの言う企業の供給価格を得るために、〔要素費用だけでなく〕生産物を追加一単位〔生産しかつ〕販売するさいに要した他企業からの限界購入費用を一単位あたりの売上収入から控除したとしても、われわれはなお限界生産物の生産にともなう企業自身の装備の限界負投資を考慮に含めざるをえないからである。たとえすべての生産が完全に統合された企業によって行われるとしても、限界使用費用がゼロ、すなわち限界生産物の生産による装備への限界負投資を一般には無視することができる、と想定するのはやはり無理である。

さらに、使用費用と補足費用の概念によって、長期供給価格と短期供給価格の関係をいっそう明確にすることもできる。言うまでもないことだが、長期費用は、装備の耐用期間にわたって適切に均された期待主要費用と並んで、基礎的補足費用を償う額を含んでいなければならない。すなわち、生産物の長期費用は主要費用と補足費用の期待合計額に等しい。さらに、正常利潤を生むためには、長期供給価格はこのようにして算出された長期費用を、同程度の期間と危険をもつ貸付に対して課される現行利子率によって決まるある額、すなわち装備原価に〔この利子率相当の〕百分率を掛けた額だけ超過していなければならない。あるいは、〔現行利子率の代わりに〕標準的な「純粋」[*]利子率を用いたいのであれば、現実の収益が期待収益とは異なる不測の可能性を償うための危険費用とでもいうべき第三の項目を長期費用に含めてやらなければならない。こうして、長期供給価格は主要費用、補足費用、危険費用、そして利子費用の合計額に等しくなり、長期供給価格はこれら数種の構成要素に分解することができる。他方、短期供給価格は限界主要費用に等しい。このようなわけで企業者は、装備を購入あるいは建造するときには、補足費用、危険費用、および利子費用を、限界主要費用が平均主要費用を超過する額から償えるかどうかを予想しなければならず、それゆえ長期均衡においては、限界主要費用の平均主要費用に対する超過額は〔平均〕補足費用と〔平均〕危険・利子費用との合計額になる。(1)

(1)　このようなことが言えるのは、限界主要費用曲線が産出量の変化する全域で連続であるという都合のいい仮定をおいているからである。実際にはこの仮定はしばしば非現実的であり、いくらかの不連続点があるかもしれない。特に、装備が技術的に能力の限界に達したときの産出量水準ではそうである。この場合には、限界分析は妥当性を失い、価格は限界主要費用――産出量をわずかに減少させたときの限界主要費用――を上回るかもしれない(同様に下方、すなわち産出量をある点以下に減少させようとしたときにも、不連続点のあることがしばしばである)。以上のことは長期均衡における短期供給価格を考察している場合には重要になる。というのはその場合には、技術的な能力限界点に対応した不連続点は実際に操業している点だと考えなければならないからである。このようにして、長期均衡における短期供給価格は限界主要費用(産出量をわずかに減少させたときの限界主要費用)を上回らざるをえないかもしれない。

限界主要費用が平均主要費用と平均補足費用との合計額にちょうど等しくなる産出量水準は特別の重要性をもっている。なぜならその点は企業者の損益勘定がとんとんになる点(損益分岐点)だからである。つまりその点では純利潤がゼロ、産出量がこの点より少しでも少なくなれば、彼の経営は純損失を被ることになる。

主要費用に加えて補足費用をどれだけあてがうかは、装備の種類によって千差万別である。次の二例はその極端な事例である。

(一)　装備維持のある部分は必ず装備を使用する活動と一体となっているに違いない(たとえば機械への注油)。このための出費(外部からの購入分は考えない)は要素費用に含められる。*仮に、物理的理由により当期の全減価額が必ずこのような形で償われなければならないとしたら、そのとき、使用費用の額(外部からの購入分は考えない)は補足費用の額に等しくなり、かつ正負の符号は反対になるであろう。そのさい、**長期均衡においては、限界要素費用は危険費用と利子費用に等しい額だけ平均要素費用を超過することになる。

（二）*　装備価値の減価のある部分は装備を使用する場合にのみ生じる。この種の費用が〔機械への注油のように〕その装備を使用する活動と一体で償われるのでなければ、それは使用費用に付けられる。もしも装備価値の減価がこのような形でのみ起こるとしたら、そのとき補足費用はゼロとなるであろう。

企業者は最も古く最も質の劣化した装備を、ただその使用費用が低いという理由だけで用いるのでないことは指摘しておく価値があるかもしれない。というのは、その相対的な効率の悪さ、ということはすなわちその要素費用の高さが、使用費用の低さをしのぐかもしれないからである。要するに企業者は、生産物一単位あたりの使用費用プラス要素費用が最も低い装備を優先して用いるのである。①そうだとしたら、当該生産物の任意の産出量に対してある使用費用が対応する②といっても、**この総使用費用は限界使用費用、つまり産出量の増分に対する使用費用の増分とは一様な関係をもたないということになる。

（1）　使用費用はある程度までは将来の賃金水準に関する期待にも依存するから、賃金単位の切り下げは、それが長く続かないと期待される場合には、要素費用と使用費用を異なる割合で変化させ、そのため、使用される装備に、そしておそらくは有効需要の水準に影響を及ぼす。というのは、要素費用は使用費用とは違った仕方で有効需要の決定に関与するかもしれないからである。

（2）いの一番に使用される装備の使用費用は必ずしも総産出量から独立しているわけではない（後述参照）。すなわち、使用費用は総産出量が変化するたびに影響を被るかもしれない。

二

使用費用は現在と将来をつなぐ環の一つである。なぜなら企業者は、生産の規模を決定するにあたって、いま装備を使い果たすかそれとも後で使うために取っておくかについて、選択を余儀なくされるからである。*使用費用の額を決めるのは、現在装備を使用することによって犠牲にされる将来収益の期待額であり、生産の規模を決めるのは、限界要素費用および期待限界売上収入と並んで、この犠牲の限界額である。それではいったい、どのようにして、企業者は生産活動の使用費用を計算するのであろうか。

われわれは使用費用を、装備の適切な維持改善に要する費用と他の企業者からの購入額とを加減することによって得られる、装備を使用することによるそれを使用しなかった場合と比べての装備価値の減少だと定義した。そうだとしたら、使用費用は、装備をいま使用しなければ将来のとある期日に獲得されると期待される追加期待収益の割引価値を計算することによって得られるに違いない。ところで〔装備をいま使用しない場合には装備の更新時期が延びるが〕、追加期待収益の割引価値は装備を使わずにおくことから生じる更新延期*の現在機会価値に少なくとも等しいものでなくてはならず、もしかしたらそれ以上かもしれない[1]。

(1)　正常収益以上の収益が将来のとある時期に得られると期待されるが、それでも新装備の生産を正当化する(あるいはそのための時間的余裕を与える)ほどには長続きしないと期待されるときには、それ〔装備をいま使用しないことによる追加期待収益の割引価値〕は〔更新延期の現在機会価値よりも〕もっと大きくなるであろう。今日の使用費用は、将来のすべての期日における潜在的期待収益の割引価値の最大のものに等しい。

余剰**すなわち使うあてのないストックが存在せず、それゆえ同じ装備のさらに多くの単位が追加または更新のいずれかのために毎年新たに生産されるものとすれば、そのとき限界使用費用は、装備が使用された場合の耐用年数または能率の減少分と更新期の更新費用とにもとづいて計算しうることは明らかである。しかし、余剰***装備が存在するとしたら、そのときには、使用費用はさらに利子率と、そして余剰が損耗その他によって底をつくと期待される時点が来るまでの期間にわたる当期補足費用(つまり再評価された補足費用)にも依存するであろう。このようにして利子費用と当期補足費用は間接的に使用費用の計算に入り込むことになる。

このような計算は、要素費用がゼロの場合、たとえば銅のような原料に使うあてのない余剰が存在する場合を考えてやれば、私が『貨幣論』第二巻第二九章で行った線に沿って、最も簡明な形で示すことができる。将来のさまざまな期日における銅の期待価値をとってみよう。この期待価値の系列〔の形状〕は、余剰が底をついていき、推定された正常費用にしだいに近づいていく率に左右されるであろう。このとき、余剰の銅一トンの現在価値あるいはその使用費用は、任意の期日における一トンの銅の推定将来価値から利子費用ならびに現在からその期日までの一トンの銅の当期補足費用とを差し引き、そうして得られた値のうちの最大値に等しくなるであろう。

同様にして、船舶、工場、機械などの使用費用は、これらの装備が過剰供給の状態にあるときには、利子率で割り引いたその推定更新費用と余剰がなくなると見込まれる期日に至るまでの当期補足費用とである。

上述した例では、装備はやがて同一の物品によって更新されるものと想定された。しかし問題となっている装備が、それが消耗しつくした折り、同一の物品によって更新されるのではないとしたら、その場合、その使用費用は、それが廃棄されたときに同じ役目を果たすよう構築される新装備の使用費用の一定率によって計算されなければならず、その率は新装備の相対的能率によって与えられる。

三

読者[*]が肝に銘じておくべきは、装備が陳腐化したのでなく、ただ単にしばらくのあいだ装備が過剰になっているにすぎない場合には、現実の使用費用とその正常値(すなわち余剰装備が存在しないときの値)との差は、余剰がなくなるまでに経過すると期待される時間の間隔に応じて変化する、という点である。そのさい、もしも問題となっているタイプの装備がすべての年齢のものから構成されていて、〔その年齢構成が〕「こぶ型」に隆起していず、それゆえ毎年、かなりの割合のものが寿命〔耐用年数〕に達するものとすれば、余剰が異常に過大でもないかぎり、限界使用費用は大きく低下することはないだろう。全般的不況[**]の場合には、限界使用費用は不況がどれくらい長く続くかについて企業者の抱く期待に依存するであろう。こうして事態が好転し始めたときに供給価格が上昇するのは、ある程度までは、限界使用費用が期待の改訂により急激に上昇することによるのかもしれない。

実業家たちの意見に反して、時折、次のように言われることがある。すなわち、余剰装備を廃棄しようとする組織的計画は、余剰装備の全体に適用されるのでなければ、価格を釣り上げるという望ましい効果をもたらすには至らない、と。しかし使用費用の概念は、余剰装備の(たとえば)半分の廃棄がいかにして価格を直接上昇させる効果をもちうるかを示している。[*]というのは、この廃棄政策は余剰がなくなる期日を早めることによって、使用費用を釣り上げ、ひいては現行の供給価格を上昇させることにもなるからである。このように実業家たちは使用費用の観念を、たとえそれをはっきりと定式化するわけではないにせよ、無意識のうちに心にとどめているのである。

[**]補足費用が大きい場合には、余剰装備があると限界使用費用は当然小さくなろう。そのうえ余剰装備が存在する場合には、限界要素費用と限界使用費用がそれらの平均値を大きく上回ることはありそうにもない。これらの条件が二つながら満たされているとしたら、[***]余剰装備が存在するために企業は純損失、それもおそらくははなはだしい純損失の下で操業することになりそうである。このような状態から正常利潤への移行は余剰がなくなったときに突然起こるというものではないだろう。使用費用は余剰が少なくなるにつれて徐々に増大するものだし、限界要素費用と限界使用費用の平均要素費用と平均使用費用に対する超過額もまた徐々に増大していくかもしれない。

四

マーシャルの『経済学原理』(第六版、三六〇ページ)では、使用費用の一部は「設備《プラント》の追加的な損耗」として主要費用に含められている。しかし、この項目をいかにして計算するか、その重要性は何か、という点についてはなんの手掛りも与えられていない。ピグー教授はその『失業の理論』(四二ページ)の中で、限界的な生産物に起因する装備の限界的負投資は一般的にはこれを無視してかまわない、とはっきり想定している。すなわち、「産出量の変化にともなって装備が被る損耗の量的変化と雇用されている非肉体労働の経費の変化は、一般的には二次的重要性しかもたないものとして、これを無視する(1)」。なるほど、装備の負の投資は生産の限界点ではゼロになるという考えは、最近の大方の経済理論に行き渡っている考えではある。しかし個別企業の供給価格が正確には何を意味するか、その説明が必要だと考えるや、問題の全体が明瞭な一点に収斂する。

(1)　ホートレー氏(『エコノミカ』一九三四年五月、一四七ページ)は、ピグー教授が供給価格と限界労働費用とを同一視していることに注意を促し、このためにピグー教授の議論には著しい瑕疵が生じた、と主張している。

たしかに、遊休設備《プラント》の維持費用は、上述した理由により、限界使用費用の大きさを減少させるかもしれない。とりわけ不況が長引くと予想されるときにはその可能性がある。にもかかわらず、〔生産の〕限界点で使用費用がたいそう低くなるのは短期につきものの現象ではない。それは遊休設備《プラント》の維持費用がたまたま大きいという装備の状況や種類の特殊性のなせる業であり、それはまた急激な陳腐化や大きな余剰によって特徴づけられる不均衡状態に特有の現象、比較的新しい設備《プラント》が大きな割合を占める場合にはなおさら顕著になるところの現象なのである。

原料の場合であれば、使用費用を計算に含めなければならないのはむろんである。一トンの銅を今日使い果たせば、明日それを使うことはできない。明日の生産に用いられたはずの銅の価値を限界費用の一部と見なさなければならないのは明らかである。だが銅の例は資本装備が生産に使用されるときにはいつでも起こることの一つの極端な事例にすぎないという事実はこれまで看過されてきた。使用の結果生じる負の投資を考慮しなければならない原料と、それを無視してもかまわない固定資本とのあいだには大きな違いがあると想定されているけれども、このような想定は現実離れしている。毎年、更新期を迎える装備があり、装備を使用すれば更新の時期が早まるという正常な状態においては、なかんずくそうである。

使用費用と補足費用の概念は、固定資本と同じく経営資本や流動資本にも適用できるというのは、それらのもつ利点である。原料と固定資本の本質的な違いは、使用費用と補足費用への負担のかけ方〔の違い〕にあるのではなく、流動資本に対する収穫が一期間かぎりであるのに対して、耐久性をもち徐々に使い果たされていく固定資本の場合には、収穫は継続する期間において発生する使用費用と獲得される利潤の一系列から成り立っているという事実にある。

第七章　貯蓄と投資の意味――続論

一

前章において、貯蓄と投資は量的に必ず等しくなり、社会全体としてみれば、両者は同一の事柄の異なる二つの側面にすぎないと定義された。けれども現代の論者の中には（『貨幣論』での私も含めて）、これらの用語に特殊な定義を与え、両者は等しくならない場合もあるとなす者がいる。かと思うと、議論を始めるにさいしてなんの定義も与えず、それらが必ずしも等しくならないことを当然視して著述している者もいる。事情がこうだから、これまでの議論をこれらの用語をめぐる他の議論と関連づけるべく、現在流布しているさまざまな用語法のいくつかを交通整理しておくのもあながち無駄ではなかろう。

貯蓄という言葉を消費支出に対する所得の超過額と解する点では、私の知るかぎり、意見の不一致は見られない。たしかにこれ以外の意味をもたせるのはたいそう不都合だし、また混乱を招くだけであろう。あるいはまた、消費支出が何を意味するかについても重大な意見の相違は見られない。そうだとしたら、用語法の相違は、投資の定義か、あるいは所得の定義かのいずれかに起因していることになる。

二

最初に投資を取り上げよう。通俗的な用法では、投資という言葉は個人もしくは法人企業が新旧いずれかの資産を購入することを意味するのがふつうである。証券取引所での資産購入に限定して用いられることもままある。しかしわれわれは同じくらいふつうに、たとえば、住宅に投資する、機械に投資する、あるいは完成財・半完成財の在庫に投資する、という言い方をする。〔後者は資本資産への新規の投資であるが〕新規の投資、つまり再投資とは区別されるところの新規の投資とは、大まかな言い方をすれば、所得から種類は何であれ資本資産を購入することを意味している。投資物件の売却を投資の逆、つまり負の投資と見なせば、私自身の定義〔新規資産の購入〕は通俗的用法〔新旧資産の購入〕に合致している。なぜなら旧い投資物件の売買は必ず相殺し合うからである。なるほど、債務の発生と消滅（信用量や貨幣量の変化を含む）を加減してやらなければならないのは確かであるが、社会全体としてみれば、貸方欄全体の増減はどのような場合にも借方欄全体の増減と正確に符合するから、総投資を取り扱っているときにはこのような錯綜した要因もまた相殺されてしまうのである。こうして、通俗的な意味における所得が私の純所得に対応すると仮定すれば、通俗的な意味での総投資は私の純投資に、すなわち、あらゆる種類の資本装備に対する正味の付加——純所得を計算するさいに斟酌される旧資本装備の価値変化は控除済み——に一致することになる。

それゆえこのように定義された投資は資本装備への増加分を包括しており、それが固定資本、経営資本、流動資本のどれから構成されていようと問題ではない。定義に関する重大な相違は(投資と純投資の区別はさておくとして)、投資からこれら諸部類の一つまたはそれ以上を除外するところから生じるのである。

たとえば流動資本すなわち未販売財在庫の意図しない増加分(あるいは減少分)をたいそう重要視するホートレー氏は、このような未販売財在庫の変化を除外して投資を定義する手もあるとしている。このときには、貯蓄の投資に対する超過額は未販売財在庫の意図しない増加分、つまり流動資本の増加分と同じものになるであろう。だがいくらホートレー氏がこの点を力説したところで、私にはそれが強調するに足るほどの要因であるとは思われない。なにぶんそれは、予測しうる変化——といっても当たり外れはあるが——に比べると何よりも予期しえなかった変化とその修正に力点をおきすぎている。ホートレー氏の見るところでは、産出量の規模に関する企業者の日々の意思決定は未販売財在庫の変化を参照することによって前日の規模から変更されるのである。なるほど消費財の場合には、未販売財在庫の変化は企業者の意思決定に重要な役割を演じる。しかし彼らの意思決定において他の諸要因が果たす役割を除外したのはどのようなつもりか、理解に苦しむ。それより私は、有効需要の全体の変化を強調したほうがいいのではないかと思う——前期の未販売財在庫の増減を表す有効需要の変化分だけではなしに。そのうえ固定資本の場合にも、未使用生産能力の増減は、生産決意に対する効果という点では未販売財在庫の増減に匹敵する。ホートレー氏の方式が、この、少なくとも同等に重要な要因を、どのようにして取り扱うことができるか、疑問である。

オーストリア経済学派が用いている資本形成・資本消費という言葉は、おそらく、先に定義された意味での投資・負の投資とも違うし、純投資・負の純投資とも同じではないように思われる。特に資本消費は、先に定義した意味での資本装備の正味の減少が明らかに存在しない状況の下で起こるとされている。けれども私は、これらの用語の意味が明確に説明されている章句が引き合いに出されているのを目にしたことがない。たとえば生産期間を長くしたときに資本形成が起こると言われるが、そう言ってみたところでどうなるものでもない。

三

こんどは、所得の特殊な定義それゆえ所得の消費に対する超過額についての特殊な定義に端を発する、貯蓄と投資の乖離を取り上げることにしよう。『貨幣論』における私自身の用語法もその特殊な定義の一例である。というのは、先に八五ページで説明したとおり、私がそこで用いた所得の定義は、実際に実現した利潤ではなく、(ある意味での)「正常利潤」を企業者の所得と見なした点で、現在の私の定義と異なっていたからである。要するにそこでは、貯蓄が投資を超過するということは、その産出量規模では企業者が現在の資本装備を所有することによって獲得する利潤が正常利潤を下回っているということ、そして貯蓄の投資に対する超過額が増加するということは、現実の利潤が低下し、それゆえ企業者は産出量を収縮させようとする誘因をもつということであった。

現在の私の考えでは、雇用量(したがって産出量と実質所得)を決めるのは、現在と将来の利潤を最大化しようとする企業者である(使用費用をどれくらいにするかは、装備をどのように用いれば耐用期間全体にわたる収穫を最大化することができるかについての企業者の見解によって決まる)。そして利潤を最大にする雇用量は総需要関数に依存し、総需要関数は消費と投資のそれぞれからもたらされる売上収入の期待総額――期待はさまざまな仮説の上に立って形成される――によって与えられる。『貨幣論』では、そこで定義されたところの投資の貯蓄に対する超過額の変化という概念は、利潤の変化を取り扱うための手段であった。もっともその本の中では、期待された結果と実現された結果とをはっきり区別していなかったけれども[1]。私がそこで論じたのは、投資の貯蓄に対する超過額の変化は生産量の変化を決める動因だということであった。要するに、新しい議論は、以前の議論に比べればずっと正確で有用性も高い（いまの私にはそう思われる）とはいうものの、本質的には以前の議論を発展させたものだということである。『貨幣論』の言葉を用いてそれ〔新しい考え〕を表現すると、投資の貯蓄に対する超過額が増加すると期待される場合、雇用量と生産量が以前のままなら、企業者は雇用量と生産量を増加させる誘因をもつ、ということになる。現在の議論も以前の議論も、肝腎なところは、それらが雇用量は企業者が形成する有効需要についての期待によって決められることを示そうとしていることにあり、『貨幣論』で定義された、貯蓄に対する投資の期待増加額は、有効需要増加の一つの目印なのである。しかし、『貨幣論』での解説は、本書で説かれるその後の発展に照らしてみると、当然のことながら、非常に混乱しており、また不完全なものである。

（１）そこでの私の考え方は、当期の実現された利潤が当期に形成される利潤期待を決める、というものであった。

D*・H・ロバートソン氏は、今日の所得は昨日の消費プラス昨日の投資に等しいと定義している。だから彼の言う今日の貯蓄は、昨日の投資プラス昨日の消費の今日の消費に対する超過額に等しくなる。**すなわちこの定義で行くと、貯蓄は投資を、（私の意味での）昨日の所得が今日の所得を上回るぶん、凌駕しうることになる。こうして、ロバートソン氏が貯蓄の投資に対する超過が存在すると言うとき、彼は私が所得が低下していると言うのと文字通り同じ意味のことを言っており、彼の意味での貯蓄の〔投資に対する〕超過は私の意味での所得の低下と全く同等になる。今日の期待はいついかなる場合にも昨日実現された結果によって決まるというのが本当なら、今日の有効需要は昨日の所得に等しくなるであろう。有効需要と所得の違いは因果分析にとってはきわめて重要であり、そのために私は両者の違いを際立たせたのであるが、ロバートソン氏の手法は、要するに、私がなそうとした区別と同様の区別を行おうとする試み、私のやり方に代替されるいま一つの（たぶんそれに対する一次近似の）試みと見なしうるものである[1]。

（１）ロバートソン氏の論文「貯蓄と保蔵」（『エコノミック・ジャーナル』一九三三年九月、三九九ページ）、および、ロバートソン氏、ホートレー氏そして私自身のあいだの討議

(『エコノミック・ジャーナル』一九三三年一二月、六九九ページ)を参照。

四

次に「強制貯蓄」という言葉と結びついた、もっと漠然とした見解を取り上げてみることにしよう。このような見解に何かはっきりした意味でもあるのだろうか。『貨幣論』(第一巻、一七一ページ、脚注)において、私はこの言葉の初期の用法について若干言葉を費やし、それらの用法は投資と私がそこで用いた意味での「貯蓄」との差額にやや近いことを示唆した。はたして当時考えていたほどの親縁性があったものか、いまの私には当時ほどの確信はない。ただこれだけははっきりしている。すなわち、「強制貯蓄」や、ごく最近、(たとえばハイエク教授[*]やロビンズ教授[**]によって)用いられた類似の言葉は、投資と私が『貨幣論』で用いた意味での「貯蓄」の差額とはなんら確定的な関係をもたないということである。これらの論者は自分たちの用いるこの言葉の意味について正確な説明を行っているわけではないが、一つ確かなことは、彼らの意味での「強制貯蓄」は貨幣量や銀行信用量の変化に直接端を発する現象であり、そしてそれらの変化によって示されるということである。

なるほど、〔貨幣量の変化による〕産出量と雇用量の変化は賃金単位表示の所得を変化させ、賃金単位の変化は借り手―貸し手間の所得再分配を引き起こすとともに貨幣表示の総所得を変化させるであろう。しかもいずれの場合にも、貯蓄額に変化が見られるだろう(あるいは、見られるかもしれない)。このように貨幣量の変化は(もっと後になって示されるように)その利子率への影響を通じて所得額と所得分配の変化をもたらすから、この貨幣量の変化は間接的に貯蓄額を変化させるといってよい。しかし、このような貯蓄額の変化が「強制貯蓄」でないのは、状況の変化による他のいかなる貯蓄額の変化も強制貯蓄でないのと同じである。そして、ある特定の状態における貯蓄をわれわれの基準ないし標準と定めるのでなければ、一つの事態と別の事態とを区別するすべはない。しかもやがて見るように、貨幣量の一定の変化によってもたらされる総貯蓄の変化額には大きな幅があり、しかもその変化額は他の多くの要因に左右される。

このように「強制貯蓄」は何か標準貯蓄率のようなものを特に定めるまでは、なんの意味もなさない。仮に〔標準貯蓄率として〕不動の完全雇用状態に対応する貯蓄率を選ぶ(妥当な線であろう)としたら、先の定義は次のようになるだろう。「強制貯蓄とは、現実の貯蓄が、長期均衡状態において完全雇用が成立しているときの貯蓄を超過する額のことである」。この定義ならたしかに意味をなすであろうが、この意味での強制された過剰貯蓄はきわめて異例かつたいそう不安定な現象であって、むしろ強制された過少貯蓄こそが常態であろう。

ハイエク教授の興味深い論文、「強制貯蓄説の発展に関する覚書」[1]を読むと、実際、これが言葉のもともとの意味であったことがわかる。「強制貯蓄」ないし「強制節約」はもともとベンサムが用いた概念であった。「すべての働き手が雇用され、しかも最も有利な形で雇用されている[2]」状況下で、貨幣量の増加(貨幣と引き換えに販売される財の数量と比較して)があるとき、それがどのような帰結をもたらすか、思案をめぐらせている、とベンサムは明言している。このような状況においては——とベンサムは指摘している——実質所得が増える可能性はなく、それゆえ、〔貨幣量の〕変化の結果、追加投資が行われるなら、「国民の安寧と正義を犠牲にして」強制節約が不可避となる。この問題を論じた一九世紀の著述家たちは一人残らず、実質的には同じ考えを抱いていた。だが、この見るからに明快な概念も、完全雇用以下の状態にまで拡張しようとすると、困難が立ち現れる。なるほど、雇用が少しでも増加すれば、(所定の資本装備にあてがわれる被用者数が増加すると収穫逓減が起こるという事実によって)すでに雇用されている人々の実質所得がいくらか犠牲になるのは免れない。けれども投資が増加して雇用が増加する可能性のある場合でも実質所得の減少があると考えるのはいかがなものであろう。いずれにしろ、「強制貯蓄」に関心を寄せている現代の論者たちがこの概念を雇用が増加しつつある状態にまで拡張しようとしている例を私は寡聞にして知らない。彼らは、強制節約というベンサムの概念を完全雇用以下の状態に拡張する場合にはそれなりの説明や限定が必要であることを、概して見過ごしているように思われる。

（1）『クォータリー・ジャーナル・オヴ・エコノミクス』一九三二年一一月、一二三ページ。

（2）前掲論文、一二五ページ。

五

語の素直な意味での貯蓄と投資が互いに異なりうるという見解が広く流布しているのは、思うに、目の錯覚、つまり個々の預金者と彼の取引銀行との関係は現実には二面的な取引であるにもかかわらず、それを一面的な取引だと見る目の錯覚に囚われているからである。そこでは、預金者と銀行が協力してなんとか工夫すれば、貯蓄を銀行体系に閉じ込めその貯蓄を投資にまわらないようにすることができる、あるいは反対に、銀行体系はそれに見合う貯蓄がなくとも投資を引き起こすことができる、と考えられている。しかし貯蓄を行えば、必ず、現金であれ、債権であれ、はたまた資本財であれ、必ず資産を取得することになる。以前には保有していなかった資産を取得すれば、必ず、同一価値の資産が新たに生産されるか、そうでなければ、誰かある人が以前彼の保有していた同一価値の資産を手放すかしていなければならない。第一の場合には資産購入に見合った新規の投資がある。第二の場合には誰かある人が同額の負の貯蓄を行っていなければならない。なぜなら、彼の富の喪失は資本資産の価値の変化によって資本勘定に発生した損失によるものではなく――以前の資産価値が損失を被る場合をいま問題にしているのではない――消費が所得を超過することによって生じたものでなければならないからである。彼はちゃんと資産の時価を〔資産を手放す代償として〕受け取りながら、この価値を富のどのような形態においても保持していない。ということはすなわち、彼はそれを当期の所得を超過する当期の消費のために支出しているに違いない。さらに、資産を手放すのが銀行体系だとしたら、この場合にも誰かが現金を手放しているに違いない。もしそうなら、最初の個人と他の人々を一緒にした場合の総貯蓄は必然的に当期の新規投資額に等しくなっていなければならない。

　銀行体系の行う信用創造は相応の「純正貯蓄」がなくとも投資を生ぜしめるという発想は、ただひとえに、銀行信用の拡張がもたらす結果の一つだけを切り離して、他の諸結果を無視するところから生じる。企業者に対して銀行信用の追加供与がなされ、そのことによりそれがなければ行われなかったはずの当期投資への追加が可能になるとしたら、その結果、所得は必ず増加し、それもふつうは、増加した投資率を上回る率で増加するであろう。そればかりか完全雇用状態にある場合を除くと、貨幣所得とならんで実質所得も増加するであろう。大衆は増加した彼らの所得を貯蓄と〔消費〕支出にどのような割合で振り分けるかについて「自由選択」を行う。そのさい、投資を増やすために借入れを行った企業者の意図が、大衆が貯蓄を増やそうとするより速い速度で実現するのは(その投資がどのみち起こったはずの他の企業者の投資の肩代わりである場合を除けば)不可能である。* さらにいえば、大衆のこの決意によって生じる貯蓄は他のいかなる貯蓄とも同様に純正のものである。誰も新たな銀行信用に対応する追加貨幣を無理やりもたされることはない。彼はみずからの意志で、富の他の形態でなく、より多くの貨幣でもとうと決める。だが、雇用、所得、および物価は、新たな状況の下で誰かある人が追加貨幣をみずから進んで保有したいと思うように変化せざるをえないのである。なるほど、ある方面における投資の思いもよらない増加は総貯蓄率を不規則にし、十分に予見できたなら起こりえなかったはずの〔別の〕投資を惹起するかもしれない。あるいは銀行信用の供与は次の三つの傾向を引き起こすこともあろう。(一)産出量の増加、(二)賃金単位表示の限界生産物価値の上昇(収穫逓減の条件下では、必ず産出量の増加にともなって起こる)、(三)貨幣表示での賃金単位の上昇(雇用が改善するとそれにともなってしばしばこのようなことが起こる)。しかもこれらの傾向は異なる集団間の実質所得の分配に影響を及ぼすこともあるかもしれない。だが、こうしたことは産出量が増加している状態そのものの特徴であって、産出量増加の糸口が銀行信用の拡張以外の要因によって付けられたとしても全く同様に起こりうることである。このような傾向を回避しようとしたら、雇用を改善しうるいっさいの行動方針を手控えなければならない。しかし、上述したことの多くはこれから論じようとする議論の帰結を早々に先取りしている。

こうしてみると、貯蓄は必ず投資をともなうという旧来の見解は、不完全で誤解を招くおそれがあるとはいえ、論理形式面で見ると、投資*がなくとも貯蓄はありうる、あるいは「純正」貯蓄がなくても投資はありうるとする新式の見解よりはよほどまっとうである。誤りは、そこからさらに進んで、個々人が貯蓄を行うと、総投資をそれと同額増加させるという、まことしやかな推論を行うところにある。なるほど個人が貯蓄を行うと彼が自分の富を増加させるのは確かである。しかし、彼はさらに全体の富をも増加させるという結論は、個人の貯蓄行為が他の誰かの貯蓄に、したがって他の誰かの富に影響を与える可能性のあることを閑却している。

貯蓄と投資が恒等的に等しくなること、そして個人が彼または他の人々がどれほど投資するかにかかわりなく自分の思うがままの額を貯蓄する明白な「自由意志」を有していること、この二つが矛盾しないのは、本質的には、貯蓄が支出と同様、二面性をもつものだからである。つまり、彼自身の貯蓄額が彼自身の所得に目立って影響を及ぼすとは考えにくいが、彼の消費額は他の人々の所得に影響を及ぼす、だからすべての個人が所定額の貯蓄を同時に行うのは不可能なのである。消費を減らして貯蓄を増やそうといくらがんばってみても、そのような企図は人々の所得に影響を及ぼし、その結果、その企図は必ず挫折せざるをえないだろう。むろん、社会全体として貯蓄を当期の投資額より少なくするのも同様に不可能である。なぜなら、そうした企図は、人々の望む貯蓄の総額が投資額に等しくなるところまで所得を引き上げずにはおかないからである。

上述したことは、人は誰でも保有する貨幣量を好きなときに変更する自由をもつが、個人残高を総計すると、その総額は必然的に銀行体系が創造した通貨量とぴたり一致するという命題――自由と必然を調和させる命題とうり二つである。この後者の場合、両者の均等は、人々が保有したいと思う貨幣量は彼らの所得や諸資産(主として証券類)――それらの購入は貨幣保有の自然な代替となる――の価格から独立ではないという事実によってもたらされる。要するに、所得と資産価格が変化して、ついには、それらの新たな水準で個々人が保有したいと思う貨幣量の総額が銀行体系が創造した貨幣量に必然的に等しくなるのである。これこそまさに*貨幣理論の根本命題にほかならない。

これら二つの命題は、売り手なくして買い手なし、買い手なくして売り手なし、という単純な事実から導出されたものである。一人の個人であれば、市場全体で見たその取引額は小さいから、需要は一面的な取引ではないという事実を彼が無視してもなんら問題はない。しかし総需要を問題にする段になってそれを無視するのは無茶である。この点は、集合的な経済行動の理論と個々の単位の経済行動の理論――そこでは個々人の需要の変化は彼の所得に影響を及ぼすことはないと想定することができる――との決定的な違いである。

第三篇　消費性向

第八章　消費性向（一）——客観的要因

一

第一篇の終わりあたりで、方法と定義にまつわるいくつかの一般的な問題を取り扱うために本題を離れたけれども、ようやく本題に立ち戻る地点にたどり着いた。われわれの分析の終局の目的は雇用量を決定する要因を見出すことにある。これまでに、雇用量は総供給関数が総需要関数と交わるところで決まるという結論を暫定的に打ち立てておいた。暫定的といっても、供給の物理的諸条件に主として依拠している総供給関数については、これまでの考察で言うべきことはほぼ尽きている。関数の形状は明らかにされていないが、その根底にある要因は目新しいものではない。総供給関数には第二〇章で立ち戻るつもりであり、そこではその逆関数が雇用関数という名のもとに論じられる。しかしこれまで看過されていたのは主として総需要関数の演じる役割のほうであり、第三篇と第四篇で検討に付されるのはこの総需要関数である。

総需要関数は任意に与えられた雇用水準をその雇用水準が実現すると期待される「売

上収入」と関係づけたものである。「売上収入」は二つの量、すなわち雇用が所定水準にあるときの消費支出額と投資に振り向けられる額との合計額である。これら二つの量を決める要因は多くの場合、別物である。本篇では前者、すなわち雇用が所定水準にあるときの消費支出額を決定する要因を考察することとし、投資に振り向けられる額を決定する要因については第四篇に入ってから考察を行うことにする。

ここでの関心事は雇用が所定の水準にあるとき、消費支出額はどれほどになるかということであるから、厳密に言えば、後者の量(C)を前者の量(N)に関係づける関数を考察すべきである。しかし、作業を進めるためには少し違った関数、すなわち賃金単位表示の消費(C_w)を雇用水準Nに対応する賃金単位表示の所得(Y_w)に関係づける関数を用いるほうがもっと便利である。このようなやり方には、Y_wはどんな場合でも不変の、Nの一意の関数とはならないのではないか、という異論もある。Y_wとNの関係は雇用の細部に(おそらく、ごく些細な程度ではあろうが)左右されるかもしれないからである。すなわち、総雇用Nが与えられていて、それが異なる雇用のあいだに二通りのやり方で配分されていたとすると、Y_wは違った値をとるかもしれない(これは個々の雇用関数の形状が異なっていることによる。この点はやがて第二〇章に入ってから議論される)。場合によっては、この要因を特に考慮しなければならないこともあるかもしれない。しかし一般には、Y_wはNによって一意に定まると考えてもそれほど問題はない。したがって、われわれのいわゆる消費性向を、賃金単位表示の所定の所得水準Y_wとその所得水準から消費に支出される額C_wとの関数関係χとして定義することにしよう。すなわち、

$$C_w = \chi(Y_w) \quad \text{あるいは} \quad C = W \cdot \chi(Y_w)$$

社会が消費に支出する額は、明らかに、(一)一部はその所得額に、(二)一部は他の客観的な付帯状況に、そして(三)一部は社会を構成している諸個人の主観的な必要、心理的性向、習慣、および所得が彼らのあいだに分割される諸原理(産出量が増加するにつれて修正を被るかもしれない)とに依拠している。支出の動機は相互に絡み合っており、それらを敢えて分類しようとすれば、誤った分割をしてしまうおそれがある。それにもかかわらず、これら諸々の動機をわれわれのいわゆる主観的要因と客観的要因との二つの項目に大別し、それぞれの項目ごとに考察を行うならば、頭をすっきりさせることができるだろう。主観的要因——これについては次章でもっと詳しく見るつもりである——の中には、人間の心理的特性、社会慣行、および社会制度など、不易とは言えないまでも、異例の事態や革命期を除くと、短期間のうちには大きく変化しそうにもない要因が含まれている。歴史を研究したり社会体制の比較研究を行ったりする場合には、主

観的要因の変化が消費性向にどのような影響を及ぼすか、そのありさまに注意を払う必要がある。しかし一般的にはその必要はなく、これから先は主観的要因は所与として、消費性向はもっぱら客観的要因にのみ依存すると仮定することにする。

二

消費性向に影響を及ぼすと思われる客観的要因の主要なものは次のとおりである。

(一)　賃金単位の変化。消費(C)が貨幣所得よりははるかに(ある意味での)実質所得に依存しているのは明白である。技術、嗜好、それに所得分配を決める社会的条件が所与だとしたら、個人の実質所得は労働単位に対する彼の支配量、すなわち賃金単位で測られた所得額の変化に応じて、増減するであろう。とはいえ、総産出量が変化するときには、彼*の実質所得は(収穫逓減の作用によって)賃金単位で測られた所得に比例して上昇することはないであろうが。それゆえ一次近似としてなら、賃金単位が変化すれば、所定の雇用水準に対応する消費支出も、物価〔が変化して実質所得が変化したとき〕と同様に、同率変化する、と仮定してさしつかえなかろう。もっとも場合によっては、賃金単位の変化は企業者—金利生活者間の実質所得の分配を変化させ、この変化が総消費に反作用する可能性のあることを考慮に入れなくてはならないかもしれない。このような場合を除くと、われわれは、消費性向を賃金単位表示の所得によって定義することで、貨幣賃金の変化〔が消費に及ぼす影響〕をすでに織り込んでいることになる。

(二)　所得と純所得の差分の変化。先に見たとおり、消費額は所得よりはむしろ純所得に依存している。人が消費の規模を決めるさいに主として念頭におくのは定義により彼の純所得だからである。ある特定の状況においては、二つの〔所得の〕あいだには、さまざまの所得水準をそれに対応する純所得水準に一意に関係づける関数が存在するという意味で、いくらか安定した関係があるかもしれない。けれども、このような関係がないとしたら、所得の変化のうち純所得に反映されない部分は、それが消費に影響を及ぼすことは全くないであろうから、これを無視してかからなければならない。同様にして純所得の変化は、それが所得に反映されない場合でも、これを考慮に入れなければならない。とはいえ、例外的な状況を除くと、この要因が事実上の重要性をもつことはないだろう。所得と純所得の差分が消費に及ぼす影響については、本章の第四節であらためて詳細に論じることにしよう。

(三)　純所得を計算するさいに考慮されない資本価値の意外の変化。消費性向に修正を与える要因としては、こちらのほうがずっと重要である。というのもこれらの変化は所得額とは安定的、規則的な関係をなんらもたないからである。資産家階級の消費は資産の貨幣価値の思いもよらない変化に対して著しく感応的であろう。この要因は消費性向に短期的な変化を引き起こしうる主要因の一つに列せられるべきである。

(四)　時間割引率、すなわち現在財と将来財の交換比率の変化。これは利子率そのものではない。なぜなら時間割引率には貨幣の購買力の変化が、それが予測しうるかぎりにおいて、考慮に含められているからである。また、あらゆる種類の危険、たとえば将来財を享受するまで生きていないという見込や没収的課税の見込なども考慮に入れる必要がある。とはいえ、近似としてなら、これを利子率と同一視してもかまわない。

この要因が所定の所得から支出される〔消費〕支出率に影響を与えるかというと、それは大いに疑問である。利子率は貯蓄に対する需要と供給を均衡に導く要因だという発想に基礎をおく古典派の利子率理論[1]にとっては、他の事情が同じであれば消費支出は利子率の変化に対して負の反応を示し、それゆえ利子率が少しでも上昇すれば消費はそれ相応に減少すると想定するのは都合のいいことであった。けれども利子率の変化が消費性向に及ぼす全体的な効果は、それが相反する諸傾向に依存しているために複雑かつ不確かであることは、長いあいだ人々に認められてきた。利子率が上昇すれば、主観的貯蓄動機のあるものはいとも簡単に満たされるし、あるものはかえって弱まるからである。なるほど、利子率が長期間にわたって相当変化すれば社会の習慣も相当の変容を被り、その結果、主観的な支出性向にも影響が及ぶということは考えられる。もっともそれがどのような方向への影響であるかは、実際に経験してみないとわからないけれども。しかし、いずれにせよ、ふつう見られるような利子率の短期変動が支出に対して直接、大きな影響を及ぼすとは考えにくい。総所得が以前と変わらないのに、利子率が五パーセントから四パーセントに下がっただけで、暮らし方を変えようとする人はあまりいないだろう。間接的にならもっと影響はあるだろうが、それでさえ方向が全く同じということはありえない。利子率の変化が所定の所得からの支出性向に対して及ぼす最も重要な影響は、おそらく、その変化が証券その他の資産価格を上下させることによるものである。すなわち、自分の保有している資本の価値が思いもよらず高まっている場合には、たとえその資本が〔それが生み出す〕所得の点では従前どおりの価値しかもっていなかったとしても、現在の支出を増やそうとする動機は強まり、反対に、資本価値の損失を被っている場合には弱まる、というのは自然である。だが、この間接的影響は上の(三)ですでに考察しておいた。〔資産に対する〕この効果を別とすれば、所定の所得からの個人支出に及ぼす利子率の短期的影響は、おそらく異常に大きな変化が問題になっている場合を除けば、副次的で、相対的には重要性をもたないというのが、経験の示唆する主要な結論であると思われる。それればかりか、利子率がきわめて低水準にまで下落したときには、定額で購入できる年金とその金額に対する年利子との比率が〔利子率に比べて相対的に〕上昇し、この上昇は、年金の購入によって老後に備える慣行を促進することにより、かえって*負の貯蓄の重要な原因となるかもしれない。

（1）以下、第一四章を参照。

将来に関する不確実性が極度に強まり、その成り行き〔の不透明さ〕によって消費性向が著しく影響を被る異常な事態も、たぶん、この項目に含められてしかるべきである。

（五）財政政策の変化。個人の貯蓄性向が〔その貯蓄が生むと〕期待される将来の収穫に依存しているとしたら、それは利子率ばかりか、政府の財政政策にも依存していることは明白である。所得税、なかんずく「不労」所得を冷遇するような所得税、資本利得税、相続税などの税金は、利子率と同じくらい、貯蓄性向にかかわりをもっている。一方、財政政策の取りうる変更幅、少なくとも取りうると期待されている変更幅は、利子率そのものの場合よりは大きいかもしれない。もしも財政政策が所得分配を平等化するための手段として意識的に用いられるならば、消費性向を高める効果は、もちろん、それだけいっそう大きくなる。(1)

（1）財政政策の富の成長に及ぼす影響は如何という問題についてはこれまで大きな誤解が見られたが、この点については第四篇で与えられる利子率理論の助けを借りないと十分な議論はできない。このことはついでに指摘しておいてもよかろう。

さらに、債務返済のために一般税収から支出される政府減債基金が総消費性向に及ぼす影響も考慮しなければならない。なぜならこれは一種の法人貯蓄のようなものであって、相当規模の減債基金政策は所与の状況の下では消費性向を低下させると見なさなければならないからである。政府借入れから反対の減債基金創設へ（減債基金創設から反対の政府借入れへ）という政策の方針転換が有効需要の著しい収縮（著しい拡大）を引き起こしかねないのはこのためである。

（六）　現在と将来の所得水準の関係に関する期待の変化。形式上、いちおうこの要因も挙げておかなければならない。しかしこの要因は、特定個人の消費性向にはかなりの影響を及ぼすかもしれないが、社会全体をとると、結局は平たく均されてしまいそうである。しかも、それが目に見えるほどの影響を及ぼすかというと、一般には不確定要素が多すぎる。

したがってあとに残された結論は、所定の状況の下では、貨幣表示された賃金単位の変化を無視するかぎり、消費性向はかなり安定した関数と見なしてもいい、ということである。資本価値の意外の変化は消費性向を変化させかねず、利子率や財政政策の実質的な変化もなにほどか影響を及ぼすだろう。しかし消費性向に影響を及ぼす可能性をもつその他の客観的要因は、それらを見過ごしてはならないとはいうものの、通常の状況では、それほど重要だとは思われない。

経済の全般的状況を所与とした場合、賃金単位で表した消費支出は主として生産量と雇用量に依存するから、他の諸要因はこれを一括して「消費性向」という合成関数*にたたみ込むことができる。他の諸要因も変化しないわけではないにせよ(この点は忘れてはならない)、賃金単位表示の所得こそは、一般には、総需要関数の消費成分を左右する主変数だからである。

三

消費性向がかなり安定した関数で、そのため総消費額は一般には主として総所得額に依存し(いずれも賃金単位で測られる)、性向それ自体の変化の影響は副次的だと見なしていいとしたら、そのときこの関数の正常な形状はいったいどのようなものになるであろうか。

人間性に関するわれわれの先験的知識と詳細な経験的事実とから大なる確信をもって依拠することのできる基本的な心理法則、それは、人間は所得が増えるとおしなべて消費を増やす傾向をもつが、それは所得の増加ほどではない、というものである。すなわち、C_wを消費額、Y_wを所得だとすると(いずれも賃金単位表示)、ΔC_w は ΔY_w と同じ符号をもつが、前者は後者より小さい、つまり $\frac{dC_w}{dY_w}$ は正、かつ1より小さい。

このことは、慣習――永続性のもっと高い心理性向とは区別される――が客観的状況の変化に順応するだけの時間的余裕を与えられていないいわゆる雇用の循環変動のような短期を考えている場合には、とりわけ妥当する。というのは、人間の慣習的な生活標準は所得に対して先取権をもつのがふつうであって、実際の所得と慣習的標準を維持するための支出との差額は貯蓄にまわされる傾向があるからである。また支出を所得の変化に合わせる場合でも、短期においては、そのような調整は所詮、不完全たらざるをえないであろう。このように、所得が増加すれば多くの場合、それにともなって貯蓄も増加し、所得が減少すれば貯蓄も減少する。その変化の度合いは、後よりも最初のほうが大きいと言っていいだろう。

所得水準の短期的変動の場合もそうだが、所得の絶対水準が高度化する場合にもまた、所得と消費の開きが一般には拡大する傾向にあるのは明白である。なぜなら、人とその家族の直接的な基礎的必要を満たそうとする動機は、ふつうは蓄財の動機よりも強く、蓄財動機は生活にゆとりが生じてはじめて効力を発揮するものだからである。このような理由から、実質所得が増加するにつれて、一般には、所得のますます大きな割合が貯蓄にまわされることになる。*しかし貯蓄割合が大きくなろうがなるまいが、実質所得が増加しても消費は絶対額でそれと同額増えるわけではなく、それゆえ、実質所得が増加すると、異例の大変化が同時に他の諸要因に起こっているのでないかぎり、いっそう大きな絶対額が貯蓄にまわされるに違いない。これが現代社会の基本的な心理法則だとわれわれは考える。後ほど見るように[1]、経済体系の安定性は、本質的には実際に広く見られるこの法則に依存している。そしてこのことは、雇用、それゆえ総所得が増加しても、追加雇用のすべてが必ずしも追加消費の必要を満たすために用いられるわけではない、ということを意味している。

(1)　以下、三五三ページを参照。

これに反して、雇用水準の低下によって所得がひどく低下した場合には、消費が所得を超過するという事態さえ起こるかもしれない。このようなことが起こるのは、個人や公共団体の中に好況時に蓄積しておいた資金の蓄えを食いつぶす者が出て来ることに加え、政府が意図的にあるいは意図せざる結果として財政赤字に陥ったり、あるいはまた、借入金を財源にして、たとえば、失業救済事業を行ったりすることによる。こうして、雇用が低水準に落ち込んでいるときには、総消費の低下は、個人の慣習的行動と政府が採ると思われる政策との双方によって、実質所得の低下よりは小さくなるだろう。このことは、新たな均衡の行き着く先がなぜふつうはほどほどの変動幅に収まるかを説明してくれる。このようなことがなければ、雇用と所得がいったん低下し始めると、低下は極端にまで進むであろう。

直ちにわかるように、この単純な原理の行き着くところは以前と同じ結論、すなわち、消費性向に変化がないとした場合、雇用が増加しうるのは投資がそれと歩調をそろえて増加するときのみだということである。雇用が増加しても消費者は総供給価格の増加ほどには支出しないから、その開きを埋めるに足るだけの投資の増加がなければ、雇用を増やしても利益とはならないからである。

四

先に言及しておいた事実、すなわち雇用は期待消費と期待投資の関数であるが、消費のほうは、他の条件に変わりがなければ、純所得の、ということはつまり純投資の（純所得は消費プラス純投資に等しいから）関数になるという事実のもつ重要性を過小評価してはならない。換言すれば、純所得を計算するに先立って設定しておく必要があると考えられている金融的準備が大きければ大きいほど、所定額の投資が消費に、それゆえ雇用に及ぼす効果はそれだけ弱まることになる。

この点は、この金融的準備(すなわち補足費用)の全額が現存資本装備の維持のために、実際、期間中に支出されるのであれば、問題視するには及ばない。だが、金融的準備が当期の装備維持のために現実に支出される額を超過するとき、このことが雇用への効果という点で実際にどのような帰結をもたらすかということは、必ずしも常に正当な評価を受けているとはかぎらない。全体、この超過額は直接当期の投資となるのではないし、消費のための支払いに使用されるわけでもないのである。だからこの超過額は新投資によって埋め合わされなければならず、この新投資に対する需要は、それに対して金融的準備が設定される旧装備の当期損耗とは全く独立に生じたものでなければならない。過剰な金融的準備が設定される結果、当期の所得を生み出すのに寄与する新投資がそのぶん不足するから、所定の雇用水準を可能にするためには、新投資に対するなおいっそうの需要の拡大が必要となるのである。さらに、そっくり同じことが、使用費用に含められる*減価償却費についても、その減価分が実際に補塡されるのでないかぎりは、妥当する。

たとえば、取り壊されるかもしくは廃棄されるまでずっと住み続ける住宅を考えてみよう。その価値のある一定額が減価償却費として借家人の毎年の家賃から積み立てられ、家主はそれを家屋の維持のために支出するでもなく消費に流用しうる純所得と見なすのでもないとしたら、この準備は、それが〔使用費用〕Uの一部であると〔補足費用〕Vの一部であるとを問わず、家屋の耐用期間中ずっと雇用に対する障害となり、住宅を建て直す段になったときに、突然、一括して支出されることになる。

定常的な経済であれば、以上のことは特に問題とするには及ばない。なぜなら、旧家屋のための減価償却費は、毎年、その年に寿命の尽きる住宅の更新用として建設される新家屋によって、きっかり相殺されてしまうからである。だが非定常的な経済、なかんずく耐用年数の長い資本への投資がどっと一どきに行われた直後の時期においては、この要因が重要になることがある。というのは、このような状況の下では、新規投資項目のきわめて大きな割合が、現存資本装備のために企業者が設定している多額の*金融的準備によってその投資効果を殺がれてしまうかもしれず、しかもその装備はといえば、時が経つにつれて損耗していくとはいうもののいまだ日が浅く、そろそろ満額に近づきつつある金融的準備の積み立てを補修や更新のために支出するというところまでは至ってはいない、その結果、所得も、低い純投資総額に見合った水準を超えて上昇することはないからである。このようにして、**償還基金その他は、(これら準備が予定している)更新支出需要が効果を発揮し始めるはるか以前に、消費者から支出能力を取り上げてしまうことになりかねない。すなわちそれらは当期の有効需要を減少させ、更新が現実に行われるときにはじめて、有効需要を増加させるものなのである。このような〔負の〕効果が、「堅実金融主義」、すなわち装備が実際に消耗するよりもっと急速に取得費用を「償却する《ライト・オフ》」のが好ましいという考え方によって強められるならば、その累積された結果は実に深刻なものとなるかもしれない。

たとえば合衆国では、一九二九年までの五年間に資本拡張が急速に進み、その間、更新の必要がない装備のために、償還基金と減価償却費がきわめて巨大な規模で積み増されていったから、これらの金融的準備を吸収するためだけでも全く新しい巨額の投資が必要とされたほどである。しかるに、完全雇用状態にある富裕な社会にして初めて可能となるほどの巨額の新貯蓄を吸収してくれる、さらにいっそうの新規投資を見出すことなど、ほとんど絶望的であった。おそらくこの要因一つをとってみても、不況を引き起こすには十分であった。そのうえ、このような「堅実金融主義」を、不況のさなか、まだそれだけの余裕があった大企業が取り続けたものだから、それがまた早期回復に対する深刻な障害となったのである。

あるいはまた、現在(一九三五年)のイギリスでは、戦争以来、住宅建設その他の新規投資が相当額にのぼった結果、補修と更新のために現在必要な支出額を上回る額の償還基金が設定されるまでになっている。この傾向は、投資が地方自治体や官公庁によるものである場合には、「健全」財政の原則——実際の更新時期がやって来ないうちに取得費用を償却できるほどの償還基金を必要とするのがしばしばである——によっていっそう顕著になっている。その結果、たとえ民間人が純所得のすべてを支出するにやぶさかでなかったとしても、官庁と準官庁の法定準備金がこのように巨額にのぼり、それに見合うだけの新規投資が全くともなわないという状況下では、完全雇用を回復するのは至難の業であろう。推察するに[1]、いまや、地方自治体の償還基金は、年あたりの数字で見ると、新規投資への支出額全体の半分以上[2]にものぼっていると思われる。保健省は地方自治体に償還基金をしっかり積むよう要求しているが、いったい彼らは、自分たちが失業問題をどれほど悪化させているか、気づいているのだろうか。個人の持ち家建設を手助けする住宅金融組合*の融資について言えば、持ち主は住宅が実際に老朽化するよりもっと速い速度で借金を完済してしまいたいとの思いが強く、そのため彼の貯蓄は、そうでなかった場合に比べ、いっそう促進されるかもしれない。もっともこの要因は、たぶん、消費性向を低下させる要因としては、純所得への影響を介するものよりはむしろ消費性向を直接低下させるものに分類されてしかるべきであろう。住宅金融組合の融資した抵当貸付の返済額を実際の数字で見てみると、一九二五年には二四〇〇万ポンドであったものが、一九三三年には新規融資の一億三〇〇〇万ポンドに対して返済額は六八〇〇万ポンドにはね上がり、現在ではおそらくそれよりもっと多いだろう。

（1）現実の数値にはあまり興味がないと見えて、二年あるいはそれ以上経たないと公表されない。

（2）一九二九年度に地方当局は資本勘定の上で八七〇〇万ポンドの支出を行い、うち三七〇〇万ポンドが以前の資本支出にともなう償還基金等から手当てされた。一九三二年度には、これらの数値はそれぞれ、八一〇〇万ポンド、四六〇〇万ポンドであった。

〔通例の〕生産統計に表れているのは純投資でなくむしろ〔粗〕投資であることが、コーリン・クラーク氏*の『国民所得　一九二四―一九三一』の中で、諄々と筋道立てて説かれている。彼はまた、減価償却費その他が、ふつう、投資額のいかに大きな割合を占めているかも示している。たとえば彼の推計によると、イギリスの一九二八年から一九三一年に至る投資と純投資は次表のとおりであった(1)。ただし彼の粗投資は使用費用の一部を含んでいると思われるから、おそらく私の投資よりもいくぶん大きめであろうし、また彼の「純投資」が私の定義する純投資とどこまで対応しているかは定かではない。

（1）前掲書、一一七および一三八ページ。

クズネッツ氏**は一九一九―三三年の合衆国における粗資本形成（彼は私の言う投資を

（単位：100 万ポンド）

	粗投資産出量	「旧資本の物的損耗額」	純投資
1928 年	791	433	358
1929	731	435	296
1930	620	437	183
1931	482	439	43

このように呼んでいる）の統計を作成し、全く同様の結論に到達している。生産統計が表示する物的事実は純投資でなく、どうしても粗投資にならざるをえない。クズネッツ氏はまた、粗投資から純投資を推計するさいの困難を意識している。「困難は」、と彼は書いている、「粗資本形成から純資本形成を推計することの困難、すなわち現存する耐久財の消耗を補正することの困難は、単にデータの欠如に起因するだけではない。何年にもわたって存続している財の年々の消耗という概念そのものが曖昧さを免れないのである(1)」。ここから彼は、「営利企業の帳簿に記載されている減価償却費は、営利企業が使用した完成耐久財の消耗額を正確に表しているという仮定に」最後の拠り所を求めている。それにひきかえ、個人所有の住宅その他の耐久財については、彼は全くなんの控除も行おうとしていない。合衆国に関する彼の非常に興味深い結果は次ページの表のように要約することができる。

（1）この引用文の出所は、ナショナル・ビュロー・オヴ・エコ

（単位：100万ドル）

	粗資本形成（企業在庫の純変化を加減済み）	企業者の手入れ・補修・維持・減価償却費	純資本形成（クズネッツ氏の定義にもとづく）
1925年	30,706	7,685	23,021
1926	33,571	8,288	25,283
1927	31,157	8,223	22,934
1928	33,934	8,481	25,453
1929	34,491	9,010	25,481
1930	27,538	8,502	19,036
1931	18,721	7,623	11,098
1932	7,780	6,543	1,237
1933	14,879	8,204	6,675

ノミック・リサーチの研究所報（第五二号）。本号にはクズネッツ氏の近刊書の予備的結果が与えられている。

この表はいくつかの事実を浮き彫りにしている。純資本形成は一九二五—二九年の五年間にわたってきわめて安定しており、その増加率は上昇運動の後半期にはわずか一〇パーセントにすぎない。企業者の補修、維持、減価償却費のための控除額は不況の底においてさえ高い数値を保っていた。しかしクズネッツ氏の方法だと、どうしても減価償却費等の年増加を低く見積もるきらいがあって、彼はそれを新たな純資本形成の年率一・五パーセント以下だとしている。特筆すべきは純資本形成の低下であって、一九二九年以降、純資本形成はひどい低下を被り、一九三二年には一九二五—二九年の五カ年平均、を九五パーセントも下回る水準にまで低下した。

少し本題から逸れたようである。しかし、すでに資本の大規模なストックを有している社会では、消費のために通常使用することのできる純所得に到達するまでにその所得からいかに大きな額の控除を行わなければならないか、この点を強調しておくことは重要である。というのも、このことを見過ごすと、消費性向の足を引っ張る重し、大衆が純所得の非常に大きな割合を消費する傾向にある場合でさえ存在する重しを、過小評価することになりかねないからである。

消費は、わかり切ったことを繰り返すなら、あらゆる経済活動の唯一の目的であり、目標である。雇用の機会は総需要の程度によって限界を画されている。総需要を生み出すのは現在の消費、あるいは将来の消費に対する現在の備え〔投資〕、ただそれだけである。〔将来の〕消費のために前もって備えをしておくのがいくら利益であるとはいえ、その消費を果てしなく将来に先延ばしすることはできない。社会全体として見ると、将来の消費を準備しうるのは金融的手段ではなく、ただひとえに現在の物的生産物のみである。われわれの社会組織と企業組織が将来用の金融的準備と将来用の物的準備とを区々に引き裂き、その結果、前者を確保しようとする努力が必ずしも後者をともなうものでなくなるとき、そのかぎりにおいて、堅実金融主義は総需要を減少させ、それゆえ福祉を損ねることにもなる。事実、このことを立証する例は山とある。しかも前もって備えをしておく〔将来の〕消費が大きくなればなるほど、なおいっそうの備えをあらかじめしておくのはますます困難になり、需要の源泉としての現在の消費に依存する度合いはますます高くなる。だが具合の悪いことに、所得が増加すると所得と消費の開きはますます大きくなる。後に見るとおり、何か新しい便法でもないかぎり、この難題に対する解決策は存在しない。残るはただ失業――所得と消費の残差〔貯蓄〕が、今日生産するのが有利な将来の消費のための物的準備〔投資〕にちょうど等しくなるまで〔所得を減少させ〕、われわれを貧しくするところの失業である。*

あるいは問題を次のように見ることもできよう。消費は一部は今期に生産された物によって充足され、一部は以前に生産された物すなわち負の投資によって充足される。消費が負の投資によって充足されるかぎり、今期の需要は収縮する。なぜなら、そのぶん、今期の支出の一部分が純所得の一部として還流しなくなるからである。反対に、期間中の物的生産がそれ以後の消費を充足するために行われるときにはいつでも、その期の需要の拡大が起こる。ところで、あらゆる資本投資は、早晩、負の資本投資となる運命にある。したがって、新規の資本投資を、純所得と消費の開きを埋め合わせるに足るだけ負の資本投資をいつも上回った状態にしておくという問題は、資本が増加するにつれてますます厄介な問題となる。当期の負の資本投資を上回る新規資本投資が起こりうるのは、ただ将来の消費支出が増加すると期待されるときだけである。増加した投資によって今日の均衡が得られれば得られたで、明日の均衡を得る困難はますます増大する。今日の消費性向の低下が公共の利益を損なわないのは、いつの日か消費性向が上昇するという期待がある場合だけである。今日の陰気も明日の陽気があればこそ。『蜂の寓話』にはそうあったはずだ。

ついでに言わせてもらえば、道路建設や住宅建設など公共投資の話になると、この究極の問題がにわかに世人の意識にのぼり始めるから不思議である。公共当局主導の投資によって雇用拡大を図ろうとすることへの反論として、よく、それは問題を先送りするだけだと言われる。「将来、人口もすっかり落ち着いて、そのとき必要になると思われる住宅も道路も市庁舎も、送電網や給水施設やその他諸々の施設も、全部建設してしまった——そんな日にゃ、あんた方はいったい何をしようというのかね」というわけである。だが、そのような困難だったら民間投資や産業拡大についても同じだということは、なかなかすぐにはわかってもらえない。とりわけ産業拡大の場合はそうである。一つ一つをとってみるとほんのわずかのお金しかかからない新工場や新規装備への需要のほうがはやく飽和してしまうのは住宅需要の比ではないはずで、このことを理解するほうがずっとやさしいはずである。

これらの諸例を見るとわかるように、明瞭な理解を妨げているのは、資本に関する多くの学者世界の論議の場合と全く同じ、すなわち、資本というものは消費を離れて独り立ちできる実体ではないことがよく呑み込めていないことである。資本と消費は関係がないどころか、変わることのない習慣と見なされている消費性向が弱まると、そのたび、消費需要ばかりか資本需要も弱まらざるをえないのである。

第九章　消費性向(二)──主観的要因

一

所定の所得から支出される消費額に影響を及ぼす要因のうち、第二の部類のものがまだ残っている。すなわち、賃金単位表示の総所得ならびにすでに論じられた消費にまつわる客観的諸要因が所与のときに支出額のいかほどかを決める、主観的・社会的誘因がそれである。といっても、これらの要因を分析したところで何も目新しいことは出て来ないから、比較的重要だと思われるものの目録を、深入りすることなくざっと見ておけばそれで十分であろう。

人々に所得からの支出を手控えようと思わせる主観的な動機ないし目的には、おおよそ八つのものがある。

(一)　予期できない危急の事態に対する備蓄。

(二)　予想される将来の所得と必要との関係に対して備えておくため。個人や家族の所得が現在と比べて今後どうなるか、それに対し必要な出費はどうなるかということは、ある程度予測がつく。たとえば、所得は変わるし、高齢化、子供の教育、扶養家族の維持のために必要な出費も変化する。〔そのさい、収入不足が予想されるときに行われる備えがこの項目である。〕

(三)　利子や資本利得を獲得するため。これは、いま比較的に少ない消費を行うよりも、将来、もっと多くの実質消費を行うことのほうが選好されるからである。

(四)　支出が徐々に増えていくことの楽しみ。たとえ楽しみを享受する能力はしだいに減退していくとしても、支出が徐々に増えていくのは、反対の場合に比べれば、生活標準が向上していくのを待ち望むという人間固有の本能を満足させるものだ。

(五)　何をやろうというはっきりした考えや確固とした意図はなくても、自立しているという感じ、あるいは物事を成し遂げる力量を味わうため。

(六)　投機あるいは事業計画を実行に移すための軍資金を確保するため。

(七)　財産の遺贈。

(八)　金銭欲そのものを満足させるため。非合理ではあるが、お金を使うことそれ自体に対する根っからの拒否反応である。

これら八つの動機はそれぞれ、予備、先慮、計算、向上、独立心、冒険心、自尊心、吝嗇と呼んでいいだろう。これに対応して、享楽、短慮、気前よさ、誤算、見栄、浪費といった消費動機の目録を作ることもあるいは可能であろう。

個人の蓄積する貯蓄に加えて、イギリスや合衆国のような現代の産業社会においては、さらに、中央ならびに地方政府、公共団体、それに営利会社が留保する多額の所得が存在しており、その額はおそらく総蓄積の三分の一から三分の二にものぼる。その動機は個人の動機とだいたい似通っているが、逐一同じというわけではない。その主だったものは次の四つである。

(一)　企業動機――なおいっそうの資本投資を、借金にも市場でのこれ以上の資本調達にも頼らず遂行するために資金を確保しておこうとするもの。

(二)　流動性動機――緊急の事態、難局、不況に対処するために流動資金を確保しておこうとするもの。

(三)　向上動機――所得を段々と増やしていくため。因みにこれは、経営を批判から守ることになろう。なぜなら、蓄積によって所得を増加させることと、〔事業の〕効率化によって所得を増加させることとは、めったに区別されることがないからである。

(四)　堅実金融主義ならびに使用費用と補足費用を超過する額の資金準備を行うことに心を砕く「健全経営主義《オン・ザ・ライト・サイド》」の動機――これは債務を〔早期に〕弁済したり、資産費用を現実の損耗率や陳腐化率に後れをとることなくむしろ先回りして償却しようとしたりするものであり、この動機の強さは主として資本装備の量と性質および技術変化率とに依存する。

以上の諸動機は所得の一部を消費にまわさずに留保しておこうとする動機であるが、反対に、所得以上の消費に向かわせる動機も時としてはたらくことがある。先に個人に影響を及ぼすものとして列挙した、正の貯蓄を生み出す動機の中のいくつかのもの、たとえば家族の必要を満たすため、あるいは老後に備えるためといった貯蓄動機は、後日の負の貯蓄と対になっている。借入れによって資金調達された失業救済〔事業〕も負の貯蓄と見なすのがいちばんいい。

ところで、これらすべての動機の強度はわれわれの考えている経済社会の制度や組織が違えば大きく異なるし、人種、教育、慣習、宗教、当節の道徳などによって形成される〔個人的〕習慣、現在の希望と過去の経験、資本装備の規模と技術、そして富の分配状態や打ち立てられた生活標準によってもまた千差万別であろう。とはいえ本書の議論では、時折本題を離れる場合を除くと、遠い将来に及ぶ社会変化の帰結、あるいは幾世紀も続く進歩の緩慢な影響には立ち入らないことにする。つまり貯蓄と消費、その各々の主観的動機の主要な背景は、これを所与とする。富の分配についても、それが多少なりとも永続性をもつ社会構造によって決定される以上、長期間にわたり緩慢にしか変化しない要因と見なすことが可能で、われわれのいまの文脈ではこれを所与とすることができる。

二

このように主観的・社会的誘因の主要な背景は緩やかにしか変化せず、利子率その他の客観的要因が及ぼす短期的影響も往々にして二次的重要性しかもたないとしたら、残された結論はただ一つ、消費の短期的変化は主として(賃金単位表示の)所得稼得率の変化に依存し、所定の所得から支出される消費性向の変化には依存しないということになる。

だが誤解は禁物である。先のことが意味しているのは、利子率が多少変化しても消費性向に及ぼす影響は通常は小さいということである。利子率の変化が実際の貯蓄額と消費額に及ぼす影響はごくわずかだとは言っていない。全くその逆である。利子率の変化が実際の貯蓄額に及ぼす影響はとてつもなく大きい。だが、その影響は通常考えられているものとは逆方向である。すなわち、利子率が上昇したぶん将来の所得が増えるという魅惑が消費性向を低下させるはたらきをもつ場合がよしあるにせよ、利子率の上昇が実際の貯蓄額を減少させる効果をもつことは間違いない。理由はこうである。総貯蓄は総投資に支配される。利子率の上昇は(投資の需要表がそのぶん変化することによって相殺されないかぎり)投資を減少させる。よって、利子率の上昇は貯蓄が投資と同額減少する水準まで所得を引き下げることになる。所得は投資よりも絶対額ではいっそう減少するから、利子率が上昇するときにはたしかに消費率は減少するであろう。しかしだからといって、貯蓄のための余地がそれだけ拡大するということにはならない。むしろ反対に、貯蓄と支出はともに減少するのである。

所得が一定であれば、利子率が上昇すると社会はその所得からもっと多くの貯蓄を行おうとするであろうが、実際には、利子率の上昇は(投資の需要表に都合のいい変化がないものとすれば)〔所得を減少させ〕貯蓄総額を間違いなく減少させる。同じ伝で、他の事情に変わりがなければ、利子率の上昇が所得をどの程度減らすかを知ることさえ可能である。というのは、現行の資本の限界効率の下、利子率の上昇によって投資が減少すると、同じ額だけ貯蓄も減少しなくてはならないが、そのためには現行の消費性向に応じて決まった額の所得の低下が(あるいは所得再分配が)起こらざるをえないからである。この点についての立ち入った検討は次章で行うつもりである。

われわれの所得が不変であるならば、われわれは利子率が上昇すると貯蓄をさらに増やそうとするかもしれない。しかし上昇した利子率が投資を阻害すればわれわれの所得は不変ではすまないし、またそうなるはずもない。所得は必ずや、減退していく貯蓄能力が上昇した利子率の貯蓄刺激効果を十分に相殺してしまうまで低下するであろう。われわれが高潔な人間になればなるほど、われわれが倹約に徹すれば徹するほど、そしてわれわれが正統的な国家財政や個人財政に執着すればするだけ、われわれの所得は、利子率が資本の限界効率の割に上昇したときには、ますます低下せざるをえない。頑迷固陋がもたらすものは懲罰のみ、断じて褒賞などではない。すなわち上の結果は不可避なのである。

このように現実の総貯蓄率と総消費率は、結局のところ、予備、先慮、計算、向上、独立心、冒険心、自尊心、そして吝嗇には左右されない。美徳と悪徳はなんの役割も演じない。それはひとえに、資本の限界効率に徴して、利子率がどこまで投資を有利にするか〔すなわち、利子率と資本の限界効率とのかねあい〕にかかっているのである。[1] いや、これは言いすぎである。利子率が持続的な完全雇用を維持するよう制御されることがいやしくもあるとすれば、そのあかつきには〔節欲の〕美徳はふたたび支配権を取り戻し、資本蓄積率は消費性向の弱さに依存することになるであろう。このようにまたしても、古典派経済学が〔節欲の〕美徳に捧げる賛辞は彼らの隠された想定――利子率はいつも完全雇用を維持するように制御されているという想定にもとづいているのである。

(1)　本節のところどころで、やがて第四篇で導入される諸概念がこっそり先取りされている。

第一〇章　限界消費性向と乗数

第八章でわれわれは、消費性向に変化がないとしたら、雇用の増加はただ投資の増加にともなってのみ起こりうることを確認した。ここまで来れば、この線に沿った考え方をもう一段階推し進めることができる。すなわち、所与の状況の下で、乗数と呼ぶことのできるある定まった比率を、所得と投資とのあいだに、そしていくつかの単純化を設けてやれば、総雇用と投資〔財〕生産のために用いられる雇用（一次雇用と呼ぶことにしよう）とのあいだにも、打ち立てることができるのである。この進んだ段階はわれわれの雇用理論全体の要衡をなす。というのもそれは、消費性向が与えられたとき、総雇用・総所得と投資率とのあいだに正確な関係を打ち立てるからである。乗数という概念をはじめて経済理論に導入したのは*R・F・カーン氏で、彼の「国内投資と失業の関係」（『エコノミック・ジャーナル』一九三一年六月）という論文はその嚆矢をなす。この論文での彼の議論は、経済環境のさまざまな変化にもかかわらず、消費性向（と他のいくつかの条件と）を所与とすることができ、通貨当局その他の公共当局が投資を刺激あるいは抑制する方策を採ると考えられる場合には、雇用量の変化は投資額の純変化の関数になる、という基本的着想に依拠している。そしてその目的とするところは、純投資の増加とそれにともなって起こる総雇用の増加とのあいだの実際の量的関係を推定するための、一般原理を構築することであった。〔この一般原理こそ乗数理論であるが〕ただ、乗数に入るに先立って、限界消費性向の概念を導入しておくのがよかろう。

一

本書で考察している実質所得の変動は、所定の資本装備にさまざまな雇用量(すなわち労働単位量)をあてがうところから生じ、実質所得は雇用される労働単位数に応じて、増えもすれば減りもする。所定の資本装備に雇用される労働単位数が増加するにつれて限界的収穫が逓減していくとしたなら——われわれは一般的にはこのように仮定する——*賃金単位で測った所得は雇用量の増加率以上の割合で増加するだろうし、ひるがえって雇用量のほうは生産物で測った(それが可能だとして)実質所得額の増加率以上の割合で増加するであろう。しかし、生産物表示の実質所得と賃金単位表示の所得とは(資本装備を不変だと見なしていい短期においては)増減をともにする。実質所得を生産物表示しようとしても正確な数値表示を与えることはできないであろうから、多くの場合、賃金単位表示の所得(Y_w)をもって、実質所得の変化の適切なる作業指標と見なすのが便宜である。文脈の如何によっては、Y_wは一般には実質所得より大きな割合で増減するという事実を看過してはならないこともある。しかしそれ以外の文脈では、それらは、いつも増減をともにするという事実によって実質的には互換的とすることができる。

人間の標準的な心理法則、すなわち社会の実質所得が増減すれば消費もそれに応じて増減するがその増減は所得の増減ほどではないという心理法則は、それゆえ、C_wを賃金単位表示の消費としたとき、ΔC_wとΔY_wは同一の符号をもつが、$\Delta Y_w > \Delta C_w$である、という形の命題に――完璧にとまではいかなくとも、判明かつ形式的にも完備した形で難なく記述できる限定条件を付してやれば〔ほぼ正確に〕――翻訳することができる。これは、先の四三ページですでに確立しておいた命題を、もう一度繰り返しただけのものである。というわけで、$\frac{dC_w}{dY_w}$を限界消費性向と定義することにしよう。

この量は小さからぬ重要性をもっている。なぜなら、それは産出量の次の増加分がどのように消費と投資のあいだに分割されなければならないかを教えてくれるからである。すなわち、ΔC_wとΔI_wをそれぞれ消費と投資の増加分とすると、$\Delta Y_w = \Delta C_w + \Delta I_w$となり、それゆえ、この関係は$\Delta Y_w = k\Delta I_w$という形に書くことができる。〔限界消費性向を$k$を用いて表すと〕$1-\frac{1}{k}$が限界消費性向となる。

kを投資乗数と呼ぶことにしよう。それは、総投資の増加があると、所得は投資の増加分をk倍した額だけ増加することを教えてくれる。

二

カーン氏の乗数はこれとはやや異なっている。それは、投資財産業で一次雇用の所定の増加があったとき、それにともなって総雇用がどれだけ増加するか、その比率をとったもので、雇用乗数k'とでも呼べるものである。すなわち、もし投資の増加 ΔI_w が投資財産業で ΔN_2 の一次雇用の増加を生み出すとすれば、総雇用の増加は $\Delta N = k'\Delta N_2$ となる。

一般には、$k=k'$と想定すべき理由は何もない。というのは、産業種別総供給関数の当該部分の形状を見比べたとき、雇用増加とそれを刺激した需要増加との比率が、ある産業種と他の産業種とのあいだで同一になる〔たとえば $\frac{\Delta N_1}{\Delta C_w}=\frac{\Delta N_2}{\Delta I_w}$〕と想定すべき理由はどこにも存在しないからである。[1] 実際、たとえば限界消費性向が平均消費性向から大きく乖離する場合がそうであるように、消費財需要と投資財需要それぞれの変化率がまちまちで、そのため、$\frac{\Delta Y_w}{\Delta N}$ と $\frac{\Delta I_w}{\Delta N_2}$ のあいだに乖離が生じる、というような事例を考えてやるのは容易である。総供給関数の当該部分の形状がそれぞれに異なっている場合を考えたいのなら、以下の議論をもっと一般的な形で書き直すのはなんの造作もないことである。しかし議論の含意を浮き彫りにするためには、$k=k'$ という単純な場合を考えるのが便宜であろう。

（1）もっと正確に言うとこうなる。e_e と e'_e をそれぞれ産業全体の雇用の弾力性と投資財産業における雇用の弾力性、N と N_2 をそれぞれ産業全体の被用者数と投資財産業における被用者数とすると

$$\Delta Y_w = \frac{Y_w}{e_e \cdot N} \Delta N$$

および $\Delta I_w = \dfrac{I_w}{e'_e \cdot N_2} \Delta N_2$

したがって $\Delta N = \dfrac{e_e}{e'_e} \cdot \dfrac{I_w}{N_2} \cdot \dfrac{N}{Y_w} k \cdot \Delta N_2$

すなわち $k' = \dfrac{I_w}{e'_e \cdot N_2} \cdot \dfrac{e_e N}{Y_w} k$

しかるに、もし産業全体の総供給関数と投資財産業の総供給関数の形状が基本的に大きく異なっていると考える理由が何もなく、それゆえ、$\dfrac{I_w}{e'_e \cdot N_2} = \dfrac{Y_w}{e_e \cdot N}$ ならば、$\dfrac{\Delta Y_w}{\Delta N} = \dfrac{\Delta I_w}{\Delta N_2}$、したがって $k=k'$ となる。

そうすると、仮に社会の心理法則が所得の増加のうちたとえば一〇分の九を消費にま

わすようなものであるとしたら、[1] 乗数kは一〇となり、（たとえば）公共事業によって生じた総雇用の増加は、他の方面での投資の減少がないとすれば、公共事業それ自体によって与えられる一次雇用の一〇倍になるであろう。雇用が増え実質所得が増加しても消費を変えようとはしない社会の場合にのみ、雇用の増加は公共事業の与える一次雇用に限られることになろう。逆に、所得が増えるとそのぶんまるまる消費してしまうという場合には安定点は存在せず、物価は際限なく上昇することになるだろう。標準的な心理的仮説の下では、雇用の増加とともに消費の減退が生じるのは、たとえば戦時期の消費抑制を訴える宣伝活動の結果がそうであるように、同時に消費性向に変化がある場合のみであろう。そして、投資財産業では雇用の増加が起こっているのに消費財産業では雇用に好ましくない反動が生じているということが起こりうるのは、わずかにこのような事態においてのみである。

（1）　われわれが用いる数量は一貫して賃金単位で測られている。

以上のことは、いまの読者にはとうにわかっていることを、一般的見地から一つの定式にまとめ上げたにすぎない。大衆の側に賃金単位表示の貯蓄を増やす用意がなければ賃金単位表示の投資の増加は起こりえない。ふつうにいえば、賃金単位表示の総所得が増加しているのでなければ、大衆は貯蓄を増やそうとはしないであろう。かくして、増加した所得の一部を消費しようとする彼らの努力は、新たな所得水準(および分配)が増加した投資に見合うだけの貯蓄の余地を生むまで、生産を刺激することになる。乗数がわれわれに告げるのは、〔新たな投資に〕必要とされる余分の貯蓄を彼らに誘発するだけの実質所得の増加を生むためには、どの程度、彼らの雇用が増加しなければならないかということであり、そしてその程度は彼らの心理性向の関数だということである。(1) 貯蓄を〔苦い〕丸薬、消費を〔甘い〕ジャムだとしたら、丸薬を追加するにはその大きさに比例した余分のジャムが存在していなければならない。大衆の心理性向がわれわれの仮定しているものと違わないとしたら、われわれはここで、投資財産業での雇用の増加は必ず消費財産業に刺激を与え、その結果、雇用全体の増加は投資財産業そのものが必要とする一次雇用のある倍数になるという法則を確立したことになる。

(1)　もっとも、より一般化された場合には、それはまた投資財、消費財それぞれの産業の物的生産条件の関数でもある。

こうして、もし限界消費性向が一をさほど下回ることがなければ、投資のわずかな変動でも雇用に大幅な変動をもたらす。反面、投資の増加が比較的わずかであっても完全雇用が達成されることになろう。これに対し、限界消費性向がゼロをさほど上回っていない場合には、投資の変動が小さいと雇用の変動もそれに応じて小さくなる反面で、完全雇用を達成するためには投資の大幅な増加を必要とするだろう。前者の場合であれば、非自発的失業という慢性的疾患を治癒するにはそれほど手がかからないであろう。もっともそれをなすがままに放置しておくと、厄介なことになりかねないけれども。後者の場合には雇用の変動幅は小さいが、雇用はともすれば低位の水準に落ち着きかねず、大胆な荒療治を施すのでないかぎり、どんな救済策も焼け石に水となろう。現実には、限界消費性向は両極端のどこか中間あたり、それもゼロよりはもっと一に近いところにあるように見える。そのため、われわれはある意味で、二つの世界の最悪のものを併せもつことになる。すなわち雇用の変動は並大抵ではなく、同時に完全雇用を達成するために必要な投資の増加量はおいそれとはいかぬほど大きなものである。あいにくなことに、この変動の激しさたるや疾患の本性を見えなくさせるほどのものであり、疾患の苛烈さはというと、その本性を知らなければ治癒すること能わずといった底のものなのである。

完全雇用が達成されると、投資をさらに増やそうとする試みは、限界消費性向の如何にかかわりなく、名目物価を果てしなく上昇させる傾向を引き起こすだろう。つまりわれわれは真性インフレーションの事態に立ち至る[1]。しかしここに至るまでは、物価上昇は実質総所得の増加をともなうであろう。

(1) 以下、第二一章を参照。

三

これまでわれわれは投資の純増加〔の効果〕について論じてきた。当然、上述したことをそっくりそのまま(たとえば)公共事業拡大の効果に対して適用したいと思うだろう。もしそうしたいなら、その場合には、他の方面で投資を減少させる減殺要因はなく、むろん、公共事業の拡大にともなう社会の消費性向の変化もないと想定しなければならない。カーン氏は先に言及した論文では、どのような減殺要因を重要な要因として考慮に入れなくてはならないかを考え、その量的推計を行うことに主として関心を寄せた。というのは、実際には、かくかくしかじかの投資がかくかくしかじかの量増加したということのほかにも、いくつかの要因が最終の結果に入り込むからである。たとえば、政府が一〇万人を公共事業に追加雇用した場合、(先に定義した)乗数が四であったとしても、総雇用が四〇万人増加するとは必ずしも言い切れない。なぜならこの新政策は他の方面において、投資に逆効果を及ぼすかもしれないからである。

現代の社会では(カーン氏に従えば)次の諸要因が見逃してはならない最重要の要因だということのようである(そのうち最初の二つのものは第四篇まで行かないと十分に理解することはできないであろう)。

（一）　政策資金を調達するための〔公債発行という〕方式ならびに雇用拡大とそれに付随する物価上昇によって必要となる活動現金の増大は利子率を上昇させる結果を招き、通貨当局が相殺策を採らないかぎり、他方面での投資を阻害する可能性がある。一方、資本財コストの上昇によって民間〔企業の〕投資者にとっての資本の限界効率も同時に低下するから、それを埋め合わせるためには利子率が現実に低下することが必要となる。

（二）　一貫性に欠けるのがしばしば見られる人間の心理というものであって、政府の計画は「確信」への影響を通じて、流動性選好を増大させたり、資本の限界効率を低下させたりするかもしれない。だから、この影響を相殺する策が採られなかったならば、それもまた他の投資〔民間投資〕を阻害することになるかもしれない。

（三）　外国との貿易関係をもつ開放体系においては、投資が増加したとき、乗数効果の一部が〔漏出して〕外国の雇用を利することになろう。というのは増加した消費の一定割合は〔輸入の増加によって充足され〕自国の対外収支を悪化させるであろうから。したがって、世界全体の雇用ではなく、国内の雇用に及ぼす影響だけを考える場合には、そのぶん乗数全体の値を低めに見積もらなければならない。反対に、外国で経済活動が拡大して乗数効果がはたらくと、それが自国にはね返って収支を改善するから、自国は〔逆の場合の〕漏出分を取り戻すことになろう。

〔上記三要因に加えて〕さらに、〔投資が〕相当額変化する事態を考えている場合には、消費の限界点がしだいに移動するにつれて限界消費性向が、それゆえ乗数が、しだいに変化することも頭に入れておかなければならない。限界消費性向はあらゆる雇用水準で一定というわけではなく、一般には雇用の増加とともに逓減する傾向にあると言ってよい。すなわち実質所得が増えると、社会がその中から消費しようとする割合はしだいに小さくなっていくだろう。

いましがた言及した〔限界消費性向逓減という〕一般法則の作用に加えて、限界消費性向、それゆえ乗数に作用しそれらに修正を迫る他の要因もある。これらの要因はいったいに、一般法則の傾向を減殺するよりは、むしろ強める方向に作用すると思われる。第一に、雇用が増加すると、短期的には収穫逓減の効果がきいて、総所得に占める企業者の分け前は上昇する傾きがある。彼らの個人的な限界消費性向は、おそらく社会全体の平均よりは小さいだろう〔から、雇用が増加すると、限界消費性向は高率で低下する〕。第二に、失業があると、それにともなって民間部門や公的部門のある方面で負の貯蓄が起こりそうである。なぜなら失業者は、自分や友人の貯蓄なり、借入金を財源の一部とする公的救済なりに依拠して、糊口をしのいでいるであろうから。その結果、再雇用が進むにつれて負の貯蓄という異例の行為はしだいに姿を消していき、それゆえ限界消費性向は、別の状況下で社会の実質所得が同額増加したときに起こる〔限界消費性向の低下〕よりももっと急速に低下するであろう。

いずれにしても、投資の増加が大きいときよりは小さいときのほうが乗数は大きくなりやすい。だから投資を相当程度変えようと企図している場合には、当該範囲にわたる平均的な限界消費性向にもとづいた乗数の平均値を計画の手引きとしなければならない。

カーン氏はある特殊な場合を想定して、以上の要因が生み出すと思われる量的帰結を検討している。しかしそこからさらに一般化を図ろうとしても、あまり先まで行けないことは明らかである。言えるのはただ、典型的な現代社会では、仮にそれを閉鎖体系だと仮定し、そして失業者の消費は他の消費者の消費からの振り替えによって支弁されるとしたら、おそらく増加した実質所得の八〇パーセント近くが消費にまわされる傾向にあるということ、したがって減殺要因を勘案した後の乗数は五をそれほど下回らないということくらいであろう。けれども外国貿易が消費のたとえば二〇パーセントにのぼり、しかも失業者が、雇用時に彼らがふだん行っていた消費のたとえば五〇パーセント程度を、借入金あるいはそれに類する財源から支給されている国においては、乗数は特定の新規投資が提供する〔一次〕雇用の二ないし三倍程度というところまで落ちるかもしれない。このように、外国貿易が大きな役割を演じ、かつ失業救済の財源が大規模な借入れによって調達されている国(たとえば一九三一年のイギリス)では、これらの要因がそれほど重要ではない国(一九三二年の合衆国)に比べると、与えられた投資の変動にともなう雇用変動の激しさはずっと小さいだろう。[1]

(1)　もっとも、アメリカの推計〔値も低いこと〕については、以下、一七七ページを参照。

とはいえ、国民所得の比較的小さな割合しか占めていない投資額の変動がいかにして規模のうえではそれ自身よりもはるかに大きな総雇用と総所得の変動を生み出しうるかを説明しようとすれば、やはり乗数の一般原理に教えを仰がなければならない。

四

これまでは、総投資の変化はあらかじめ十分に予想がつき、そのため、消費財産業は資本財産業と歩調をそろえて拡大し、消費財価格も収穫逓減状態下で生産量増加の結果として起こるものを除けば何も攪乱を被らないと想定して議論を進めてきた。

しかし一般には、変化の発端が、完全には予見できない資本財産業の産出量の増加にある場合を考慮に入れなければならない。この種の発端がその効果を完全に雇用に及ぼしつくすには一期間全体を要することは言うまでもない。しかし議論を進めていくうちに、この明白な事実にもかかわらず、時間的遅れをともなうことなくあらゆる時点で瞬間瞬間に成り立つ論理的乗数理論と、時間的遅れをともない、ある時間を経過した後にはじめて徐々に効果を表していく資本財産業の実際の拡張とのあいだで、しばしば混乱が見られることに気づいた。

これら二つの事柄の関係は次のことを指摘すればはっきりさせることができる。第一に、資本財産業の予見できない、あるいは完全には予見することのできない拡大は、総投資に即座に同額の効果を与えるのではなく、総投資を少しずつ増加させる。第二に、資本財産業の同様の拡大は限界消費性向をその通常の値から一時的に乖離させるかもしれないが、やがてそれは徐々に通常値に復帰する。

要するに資本財産業が拡大すると、それが引き金になって、ある期間にわたり、毎期毎期継続して総投資の増加が起こり、限界消費性向はこの一連の期間において一連の値をとる。このときの限界消費性向の値は、拡大が予想されたとしたらとったはずの値とも、また社会が総投資の新たな定常水準に落ち着いたらとるはずの値とも異なる。しかし、乗数理論のほうは、総需要の増加は総投資の増加分に限界消費性向によって決まる乗数を掛けたものになるというふうに、いかなる期間においても、常に成立するのである。

これら二組の事実は、一つの極端な例、すなわち、資本財産業の雇用拡大が全く予想外の出来事であったために、最初は消費財の産出量には全く増加が見られないという極端な場合を例にとって説明すれば、いちばんうまく説明できるであろう。このような場合には、資本財産業で新規に雇用された人々が増加した所得のある割合をせっせと消費しようとするから、消費財価格は上昇し、やがて、一部は高価格に起因する消費の先送りにより、一部は価格上昇による利潤増大の結果、貯蓄階級に有利な所得再分配が行われることにより、そして一部は価格上昇にもとづく在庫の放出によって、需要と供給のあいだに一時的な均衡が達成されることになろう。均衡が消費の先送りによって回復されるかぎり、限界消費性向の、ということは乗数そのものの、一時的低下が見られるし、また在庫の減少があるかぎりにおいて、総投資の増加は、しばらくのあいだは、資本財産業での投資の増加には及ばない――すなわち乗数倍される項〔総投資〕は資本財産業における投資の増加分だけまるまる増えるわけではない。しかし時間が経過するにつれて消費財産業はしだいに新たな需要に適応するようになり、その結果、先送りされていた消費が享受できるようになると、限界消費性向はこんどは一時的に通常の水準を超えて上昇し、以前それを下回っていたぶんの埋め合わせをする。そして最後に通常の水準に復帰するのである。一方、在庫が以前の量に戻るときには、総投資の増加は一時的に資本財産業の投資の増加よりも大きくなる（産出量の増大にともなって経営資本も増えるが、これもまた一時的には同じ効果を及ぼす)。

不測の変化が雇用に対してその全効果を発揮しつくすにはそれなりの期間を要するという事実はある文脈では重要性をもつ。ことに(『貨幣論』流のやり方で)景気循環を分析する場合には、このような事実は一定の役割を演じる。しかしこのような事実は、本章で説かれた乗数理論の意義になんら影響を与えるものではないし、資本財産業の拡大から全体としてどれくらいの雇用拡大が見込まれるかという指標を与える乗数理論の役割を無にするものでもない。そのうえ、消費財産業がすでにほぼ完全操業の状態にあり、産出量をさらに拡大しようとすれば現存装備の利用度を高めるにとどまらず装備の拡張さえ行わなければならないという状態ならいざ知らず、ふつうの状態では、消費財産業の雇用が通常値近辺で作用する乗数の下で資本財産業の雇用と歩調をそろえて拡大するまでには多少なりとも時間の経過を要す、と想定する理由はなんら存在しないのである。

五

われわれは先に、限界消費性向が大きくなればなるほど乗数も大きくなり、それゆえ所定量の投資の変化に対する雇用の攪乱もそれだけ大きくなることを見た。ここから、貯蓄が所得のごく小さな割合しか占めない貧しい社会のほうが、貯蓄が所得の大きな割合を占めるために乗数はそれだけ小さくなる富裕な社会よりも、いっそう激しい変動を被りやすいという、逆説的な結論が導かれるやに思われるかもしれない。

しかしこのような結論は、限界消費性向の効果と平均消費性向の効果との違いを見過ごしている。というのは、限界消費性向が高いと、なるほど所定率の投資の変化から生じる比例的効果はいっそう大きくなるとしても、同時に平均消費性向も高い場合には、絶対的効果のほうはそれにもかかわらず小さいであろうから。このことは、次のように、数値例を用いて例証することができる。

社会の消費性向が以下のようなものであったとしよう。すなわち、実質所得が現存資本装備にあてがわれた五〇〇〇万人の雇用が生み出す生産物を超えないならば、社会は所得の全額を消費する。次の追加雇用一〇万人の生産物については、そのうち九九パーセントが消費され、その次の一〇万人の生産物については九八パーセントが、さらにその次の一〇万人では九七パーセントが……というふうに続き、一〇〇〇万人の雇用が完全雇用を表すものとする。*さてこのとき、$5,000,000 + n \times 100,000$ 人が雇用されているとすれば、限界的な乗数は $\frac{100}{n}$、そして国民所得の $\frac{n(n+1)}{2(50+n)}$ パーセントが投資されていることになる。

こうして、〔たとえば〕五二〇〇万人の人々が雇用されているときには、乗数は五〇とたいそう大きいが、投資は当期所得のごくわずかな割合、すなわち〇・〇六パーセントにすぎない。その結果、もし投資が激減、たとえば約三分の二減少したとしても、雇用は五一〇万人に、すなわち約二パーセント低下するだけである。これに対し、九〇〇万人[*]が雇用されているときには、限界的な乗数は二・五と比較的小さいが、投資はこんどは当期所得の相当の割合、すなわち九パーセントとなる。その結果、投資が三分の二減少したら、雇用は六九〇万人に、すなわち二三パーセント低下するであろう。投資がゼロとなる極限では、雇用の低下率は前者の場合には約四パーセントであるのに対し、後者の場合には四四パーセントにものぼる[(1)]。

(1)　上の例では、投資量はそれを生産するために雇用される労働者数で測られている。したがって、雇用が増加するにつれて雇用一単位当たりの収穫が逓減するとしたら、上記尺度で測った投資が二倍になっても、物的尺度で測った(このような尺度があるとして)投資は二倍よりは小さいだろう。

上の例では、比較している二つの社会のうちの一方が貧しいのは過少雇用のゆえである。とはいえ、貧困の理由が技能・技術・装備が劣っていることにあるときでも、少し修正を施してやれば、同じ推論が成り立つ。要するに、乗数は貧しい社会のほうが大きいのに対し、投資変動の雇用に及ぼす影響は、もし当期産出量に占める当期投資の割合

が富裕な社会のほうがずっと大きいものとすれば、富裕な社会のほうがはるかに大きくなるだろう。(1)

(1)　もっと一般的に言うと、総需要の変化率の投資の変化率に対する比率は

$$=\frac{\Delta Y}{Y}\bigg/\frac{\Delta I}{I}=\frac{\Delta Y}{Y}\cdot\frac{Y-C}{\Delta Y-\Delta C}=\frac{1-\frac{C}{Y}}{1-\frac{dC}{dY}}$$

富が増加するにつれて $\frac{dC}{dY}$ は減少するが、$\frac{C}{Y}$ もまた減少する。したがって、消費の増加または減少が所得の増加または減少よりも小さいか大きいかに応じて、分数は増加または減少する。

上述したことから、公共事業に雇用される所定数の雇用が総雇用に及ぼす影響は(先の想定の下では)、深刻な不況時のほうが、やがて完全雇用に接近するときよりもずっと大きいこと、これまた明らかである。上の例では、雇用が五二〇〇万人に低下したとき、仮に余分の一〇〇万人が公共事業に雇用されたとすれば、総雇用は六四〇〇万人に上昇するだろう。しかしすでに九〇〇〇万人が雇用されている場合には、公共事業に余分の一〇〇万人が雇用されても、総雇用は九二〇〇万人に上昇するだけであろう。こうして深刻な不況時には、たとえ効用の疑わしい公共事業であっても、失業が増大すると所得中の貯蓄割

合が小さくなると想定できるなら、引き合わないものはないといっていい。〔失業〕救済のための出費を軽減するだけでも儲けものである。しかし完全雇用状態が近づくにつれて、こうした命題はしだいに疑わしくなって来る。そのうえ、限界消費性向は完全雇用が近づくにつれて着実に低下していくというわれわれの想定が正しいとしたら、投資をさらに増やすことによって所定量の雇用増加を図ろうとするのはますます厄介になるだろう。

景気循環の各段階における限界消費性向の一覧表を、総所得と総投資の時系列統計(もしそれが入手可能なら)から作成してやるのは難しいことではない。ただし、統計はいまのところそれほど正確ではないから(あるいはこの特定の目的を十分考慮して作成されたものではないから)、われわれになしうる推計はごく大まかな推計の域を出るものではない。私の知るかぎり、この目的にいちばんかなっているのは、クズネッツ氏の合衆国についての数値(先に一四四ページで言及済み)である。もっともこの数値でさえ、その根拠はずいぶん不確かであるけれども。確かさのほどはともかくとして、国民所得推計と込みにしてみると、投資乗数は思ったよりは低く、しかも安定していることが窺える。単年単位で見ると、結果はかなり不規則に見える。しかし二年を単位にしてみると、乗数は三より小さく、おそらく二・五の近傍でかなり安定的であったように思われる。ここから、限界消費性向は六〇ないし七〇パーセントを超えていないと推測される。これは好況時なら納得のいく数字であるが、不況時のものとしては驚くほど、私の判断では考えられないくらい、低い数字である。ただし、合衆国における企業会計の極端な会計保守主義が不況時にも貫かれていたことがその一因になっていた可能性はある。すなわち、補修や更新が行えないために投資が激減しているとき、このような事情にもかかわらず、こうした損耗を顧慮して資金手当てがなされるならば、あるいは起こったかもしれない限界消費性向の上昇を押し止める結果を招くことになる。私は、この要因が最近の合衆国における不況の悪化に重要な役割を演じているのではないかと思っている。その一方で、統計は投資の減少を誇張しすぎるきらいもある。それによると、投資は一九三二年には一九二九年に比べて七五パーセント以上低下し、純「資本形成」は九五パーセント以上も低下したことになっている。要するに、このように推計値が多少違っただけで、乗数はかなり大きく変わって来るのである。

六

非自発的失業が存在するときには、労働の不効用は必ず限界生産物の効用よりは小さい。もう、ずっと小さい、と言っていいかもしれない。長いあいだ失業している人にとっては、ある程度の労働は、負の効用どころか、むしろ正の効用さえもつかもしれない。もしそうなら、上の推論は、「浪費的な」公債支出(1)は、差引勘定すると、結局、社会を富ませることを示している。古典派経済学の原理に立脚するわが政治家諸氏の教養が事態改善への障害になっている場合には、ピラミッドの建設、地震、そして戦争でさえもが、富の増進に一役買うかもしれないのである。

(1)「公債支出」という言葉は、国民からの借入れによってまかなわれた公共投資と、同様にしてまかなわれたその他すべての経常的公共支出の双方を含ませて用いるのが多くの場合便宜である。厳密に言うと、後者は負の貯蓄と見なされるべきものであるが、この種の公的活動は民間貯蓄を支配するような心理的動機の影響を受けない。ことほどさように、「公債支出」は、資本勘定の借入れにせよ、予算不足を埋め合わせるための借入れにせよ、公共当局の純借入れを表すための便利な表現なのである。ある形態の公債支出は投資を増加させるはたらきをし、またある形態のものは消費性向を増大させるはたらきをする。

興味をそそられるのは、常識というものは、最悪の結末から逃れようと悪戦苦闘したすえに、部分浪費的な形態——全面的に浪費的というのではないから、厳格な「営利」原則にもとづいて判断される傾向がある——よりは、やはり公債支出だ、全面「浪費的」形態だ、という結論にたどり着きがちであったことである。たとえば、公債によってまかなわれた失業救済は〔失業〕改善資金の低利融資よりも受け入れられやすい。また金採掘として知られる地中に穴を掘る形態は、世界の実質的な富には全く何も付け加えないうえに、労働の不効用だけはちゃんとともなうようなものであるにもかかわらず、あらゆる解決策の中で最も受け入れられやすいものである。

いま、大蔵省が古瓶に紙幣をいっぱい詰めて廃坑の適当な深さのところに埋め、その穴を町のごみ屑で地表まで塞いでおくとする。そして百戦錬磨の自由放任の原理にのっとる民間企業に紙幣をふたたび掘り起こさせるものとしよう（もちろん採掘権は紙幣産出区域の賃借権を入札に掛けることによって獲得される）。そうすればこれ以上の失業は起こらなくてすむし、またそのおかげで、社会の実質所得と、そしてまたその資本という富は、おそらくいまよりかなり大きくなっているだろう。なるほど、住宅等を建設するほうがもっと理にかなっている。しかしこのような手段に政治的、現実的な困難があるならば、上述したことは何もしないよりはまだましである。

以上の便法と現実世界の金鉱との類比は完璧である。経験の示すところでは、金が適切な深度で採掘できた時代には世界の実質的な富は急速に増大しており、採掘可能な金がごくわずかしかないときにはわれわれの富は停滞するかまたは減少している。このように金鉱は文明にとって最大の価値と重要性をもっているのである。ちょうど戦争が、大規模な公債支出としては政治家の是認する唯一の形態であったように、金採掘も、地中に穴を掘る口実の中では健全融資として銀行家が太鼓判を押した唯一のものであった。そしてこのような活動の一々が、他に妙案がないときには、進歩にとってそれなりの役割を演じたのである。具体的に言えば、不況時には、労働や原材料で表示した金価格は上昇する傾向をもち、それが原因で金採掘の採算深度が増し、かつ採算に合う金鉱石の最低品位が低下する。このことが来るべき景気回復の一助となるのである。

金採掘は、金の供給量が増加するとその影響が利子率に及ぶ可能性のあることに加え、有用な富のストックを増加させる手段によっては雇用を増加させることが不可能である場合には、次の二つの理由から、投資のきわめて現実味を帯びた形態となる。第一に、金採掘には賭博の魅力があって、そのため金採掘は支配的な利子率にそれほど左右されずに遂行される。第二に、採掘の結果、金のストックが増加しても、他の場合のように、その限界効用を低下させることがない。住宅の価値はその効用に依存しているから、家が建造されるたびに、追加的な住宅建設から得られると期待される家賃は減少し、それゆえ利子率が歩調をそろえて低下するのでなければ、類似の投資を続けていく魅力はしだいに薄らいでいく。ところが金採掘の果実はこうした不利益を被ることはなく、高々、金表示の賃金単位の上昇が抑止要因となるだけであって、そうしたことさえ、雇用状態がかなり改善されないかぎり、あるいは改善されるまでは、起こりそうに思われない。そのうえ、耐久性の劣る富形態の場合と違って、使用費用や補足的費用の準備のために後に逆効果が生じることもない。

古代エジプトは貴金属の探索とピラミッド建設という二つの活動をもった点で二重に幸運であったし、伝説的なその富も疑いもなくこの事実に負っている。というのもその果実は、それが消費されることによって人間の用に供するというものではなかったために、潤沢のあまり価値を減じることがなかったからである。中世には大聖堂が建立され、ミサ曲が歌われた。二つのピラミッド、死者のための二つのミサ曲は、一つのピラミッド、一つのミサ曲に比べれば、善きこと二倍であるが、ロンドン―ヨーク間の二本の鉄道についてはそうはいかない。要するに、われわれは、あまりにも分別がありすぎ、あまりにも堅実な財政家になりきろうとしすぎる。子孫のために彼らの住む家を建てよう、そのためには彼らに余分の「財政」負担をしてもらわなくてはならない、そう決断すればいいものを、その前にあれこれ余計なことを考えてしまう。だから、われわれは、失業という苦境から簡単には脱け出すことができないのである。失業の苦しみは、いつ行使するとも知れぬ享楽への請求権を個人に蓄積させること、それこそが彼を「富ませる」最上の途だという格率を国家の行動に準用しようとするなら、不可避に生じる結果だと考えなければならない。

第四篇　投資誘因

第一一章　資本の限界効率

一

投資物件あるいは資本資産を購入するとき、人は、その資産の耐用期間中、その生産物を販売することによって、その生産物を獲得するのに要した経常費を差し引いた後に得られると期待される、一系列の見込収穫に対する権利を購入する。この年収益の系列、$Q_1, Q_2, \ldots, Q_n$ を便宜的に投資の期待収益と呼ぶことにしよう。

投資の期待収益に対置されるのが資本資産の供給価格である。これは市場価格、すなわちその価格を支払えば同型の資産を〔何単位でも〕実際に市場で購入することができるといったものではなく、製造業者にこの種の資産を新たにもう一単位余分に生産してもいいと思わせる価格、すなわち、時に、*取替原価とも呼ばれるものである。資本資産の期待収益とその供給価格あるいは取替原価との関係、すなわち同型資本もう一単位の期待収益とその一単位を生産するときの費用との関係から、その型の資本の限界効率が与えられる。もっと正確に言うと、耐用期間を通じてその資本資産から得られると期待される収穫によって与えられる、年収益系列の〔割引〕現在価値を、その資産の供給価格にちょうど等しくするところの割引率が、私の定義する*資本の限界効率である。これによって特定型の資本資産の限界効率が与えられる。そして、これら〔さまざまな資産の〕限界効率のうち最大のものを資本一般の限界効率と見なすことができる。

　資本の限界効率は、ここでは収益に関する期待と資本資産の現時点における供給価格とによって定義されていることに、読者は注意されたい。それは、貨幣が新規に生産された資産に投下された場合、その貨幣に対してどれくらいの収穫が見込まれるか、その期待収穫率に依存するのであって、耐用期間が終わって過去の記録を振り返って見たとき、投資が初期費用に対してどれくらいの収益を生み出したかという、歴史的結果に依存するのではない。

　どのような型の資本であれ、あるいはいかなる期間においてであれ、資本に対する投資が増加すると、それにつれてその資本の限界効率は低下する。それは、一部は、その型の資本の供給が増えるにつれて、期待収益が低下するからであり、また一部は、その型の資本を生産するための装備が窮屈になり、そのためふつうは供給価格が上昇するからである。これらの要因のうち、第二のものは通常、短期の均衡を実現するうえではいっそう重要である。しかし考えている期間が長くなればなるほど、第一の要因がそれに代わって重要となる。このようにして、各々の型の資本について、その限界効率が任意に選んだ数値にまで低下するには期間内にそれに対する投資がどれほど増加しなければならないかを示す一つの表を作成することができる。それから、すべての異なる型の資本の表を集計すると、総投資率とそのとき成立する資本全体の限界効率とを関係づける表が出来上がる。この表を投資の需要表、または資本の限界効率表と呼ぶことにしよう。

当期の実際の投資率が、限界効率が現行利子率を上回るいかなる種類の資本資産ももはや存在しなくなるところまで推し進められることは、いまや明らかである。換言すれば、投資率は資本一般の限界効率が市場利子率に等しくなる投資の需要表上の点まで推し進められる。(1)

（1）われわれが〔実際に〕考えているのは利子率や割引率の複合体、すなわち資産からの種々の期待収穫が実現するまでに経過する長短さまざまの時間に応じた利子率や割引率の複合体であるが、話を簡単にするために、この点は不問に付している。しかし、この点を含めて議論を再述するのは難しいことではない。

同じことは次のように言い表すこともできる。Q_rをある資産から得られるr時点での期待収益、d_rを現行利子率で割り引いたr年後の一ポンドの現在価値だとすれば、$\Sigma Q_r d_r$は投資の需要価格であり、投資は$\Sigma Q_r d_r$が先に定義された投資の供給価格に等しくなる点まで推し進められることになる。一方、$\Sigma Q_r d_r$ が供給価格に満たない場合には、その資産への当期の投資が行われることはないだろう。

そうだとしたら、投資誘因は一部は投資の需要表に、また一部は利子率に依存することになる。投資率を決定する諸要因を実際の複雑さのままに把握しうるようになるには第四篇の結論部を待たなければならない。けれどもいまここで、読者に注意を促しておきたいことがある。それは、資産の期待収益に関する知識も、資産の限界効率に関する知識も、いずれも利子率なり資産の現在価値なりを導出するためのよすがとはならない、ということである。われわれは利子率の出所をどこか他のところに求めなければならない。それを突き止めたときにはじめて、われわれは資産の価値を、その期待収益を「資本化」することによって評価しうるのである。

二

上述した資本の限界効率の定義は、通常の用語法とどのような関係をもっているのだろうか。資本の限界生産力、限界収益、限界効率、あるいは資本の限界効用などといった言葉はわれわれがいつもふつうに用いているお馴染みの用語である。しかし経済学の文献をひもといてみても、経済学者がこれらの用語を通常どのような意味で用いてきたのか、明確な記述を見出すのは容易なことではない。

曖昧な点が少なくとも三点あり、それらに決着をつけておく必要がある。第一に、われわれが問題にしているのは資本の追加一物理単位を雇用したことによる単位時間あたりの物的生産物の増加なのか、それとも資本の追加一価値単位を雇用したことによる価値の増加なのか、はっきりしないことである。前者の場合には、資本の物的単位をどう定義するかという難題が待ち構えている。私はこの問題は解決不能だし、また解決する必要もないと考える。一〇人の〔農業〕労働者がいて、彼らがある台数の機械を追加利用することができるなら、彼らは一定面積の土地からさらに多くの小麦を収穫するだろう、とは言える。だがこれを、価値を導入しないで意味のある数値比率に変換するすべを私は知らない。それにもかかわらず、この点をめぐる多くの議論は、主として、ある意味での資本の物的生産力にかかわっているように思われる。といっても、論者たちは自分たちの言っていることをはっきりさせたためしはないのだが。

第二に、資本の限界効率は、何か絶対量のようなものなのか、それとも比率か、という事がある。この言葉が用いられている文脈と、それが利子率と同一次元の数として取り扱われている慣例とから察すると、それはどうしても比率でなければならないように思われる。しかしその比率の二項としてどのようなものが想定されているかは、ふつうは明確にされていない。

最後に、混乱と誤解の主たる原因はこの点に関する無頓着にあったのであるが、資本の追加量を用いることによって現時点で獲得される価値の増加分と、追加資本資産の耐用期間全体にわたって得られると期待される一系列の増加分との違い、すなわちQ_1と、全系列$Q_1, Q_2, \ldots, Q_r, \ldots$との違いがある。ここには経済理論における期待の地位についての全問題が集約されている。資本の限界効率に関するたいていの議論は、Q_1を除く系列の構成部分に対して、全く注意を払っていない。だがこれは、Qがすべて等しくなる静態理論を除けば、正当でありうるはずがない。通常の分配理論では、資本はいま、その(なんらかの意味での)限界生産物を受け取ると想定されているが、それが正しいのは定常状態においてのみである。現時点での資本の全収穫はその限界効率とはなんら直接のかかわりをもたない。一方、生産の限界点における現時点での資本の収穫(すなわち、生産物の供給価格を構成する資本の収穫分)はその限界使用費用であって、これもまた資本の限界効率とはなんら密接な関係をもつものではない。

先に述べたように、この問題に関する明快な説明は無きに等しい。とはいえ先に私が与えた定義がマーシャルがこの用語で言い表そうとしたものにかなり近いことは確かである。もっともマーシャル自身の用いた用語は、生産要素の「限界純効率」、あるいは

「資本の限界効用」であるが。次の引用文は、彼の『経済学原理』(第六版、五一九―五二〇ページ)の中に私が見出すことができたもので、〔当面の問題に〕最も深いかかわりをもつと思われる一節の要約である。論旨をはっきりさせるために、いくつかの断続する文章を繋ぎ合わせてひとまとめにしてある。

ある工場で、一〇〇ポンドする機械をもう一台余分にあてがうことが可能だとしよう。そのさい、他に余計な出費はなく、減価償却費を手当てした後、年々、三ポンドの価値を工場の純生産物に付け加えるものとする。高収益が得られそうな業種に投資家たちが片っ端から資本を投下していき、その挙げ句、均衡が見出されたときに、先の機械はなお雇用に値し、しかも収支がちょうどあい償われているとしたら、この事実からわれわれは、年利子率は三パーセントだと推定することができる。しかしこのような例示は価値を支配する主原因の作用の一端を示しているにすぎない。循環論法に陥らないでこれを利子理論とすることができないのは、あたかもそれを賃金理論とすることができないのと同様である。……最優良の証券に対する利子率が年三パーセントのときに、帽子製造業が一〇〇万ポンドの資本を吸収しているとしよう。このことは、帽子製造業は一〇〇万ポンドの資本をすべてたいそう有効に活用しえており、その機械なしでやっていくより、年三パーセントの純利子を払ってでも機械を雇用する、ということを意味している。仮に利子率が年二〇パーセントだったとしても、雇用したほうが有利な機械があるかもしれない。利率が一〇パーセントであったなら、もっと多くの機械が用いられたであろう。六パーセントだったらなおさら、四パーセントだったらもっと、……そして最後に三パーセントになったらさらにそれ以上の機械を雇用するだろう。彼らの保有する機械がこの台数になったとき、機械の限界効用つまり雇用しても収支をちょうど償うにすぎない機械の限界効用は三パーセントになる。

以上の引用文から明らかなように、マーシャルは、このような線に沿って利子率の現実の値を求めようとすれば循環論法に陥ることをよく心得ていた。(1) この引用文では、資本の限界効率表が与えられると、利子率は新規の投資が推し進められる〔限界〕点を決めるという、先に示された見解を彼は受け入れているように見える。利子率が三パーセントなら、このことは、諸経費と減価償却費を差し引いた後、なお三ポンドを年純生産物に付加する見込がないと、一台の機械に一〇〇ポンドかける人はいない、ということを意味している。だがやがて第一四章で見るように、他の箇所に来るとマーシャルの慎重さは薄らいでいる。とはいえ、議論の途中、足下が覚束なくなって来ると、やはりもとに引き返すのであるが。

（1）　彼は賃金の限界生産力理論も同様に循環論法だと考えているが、これはおかしい。アーヴィング・フィッシャー教授は、彼の『利子論』（一九三〇年）の中で、「収穫の費用超過率」なるものの定義を与えている。「資本の限界効率」という言い方こそしていないものの、彼の定義は私の定義と全く同じである。「収穫の費用超過率とは」、と彼は書いている[1]、「その率ですべての費用とすべての収入の現在価値を計算したときに両者を等しくするような率のことである」。フィッシャー教授は、いかなる分野への投資であれ、その大きさは収穫の費用超過率と利子率とを比較考量して決められる、と説明している。新たな投資を誘発するには、「収穫の費用超過率が利子率を上回っていなければならない[2]」。「われわれの研究におけるこの新しい量(あるいは要因)は、利子理論を投資機会の側面から見るときには中心的な役割を演じる[3]」。このようにフィッシャー教授は、「収穫の費用超過率」を私の「資本の限界効率」と同一の意味で、しかも全く同一の目的のために使用しているのである。

（1）　前掲書、一六八ページ。
（2）　前掲書、一五九ページ。

(3) 前掲書、一五五ページ。

三

資本の限界効率の意味と意義に関する最も重大な混乱は、それが資本の期待収益にも依存し、単に当期収益にのみ依存するのでないことを見損なったところから生じた。この点を明らかにするには、労働費すなわち賃金単位の変化の期待から来るものであれ、発明や新技術の期待から来るものであれ、ともかく、将来、生産費が変化しそうだという期待が抱かれる場合、その影響が資本の限界効率に及ぶことを示すのがいちばんいい。今日製造される設備の生産物は、その耐用期間中、その後に製造される設備の生産物を向こうにまわして、おそらくはより低い労働費用と改善された技術の水準で競争しなければならないだろう。これから製造される設備は生産物価格が下がっても余裕綽々で、*これ以上の価格低下に耐えられなくなるところまで設備量は増え続けるであろう。さらに、新設備であれ旧設備であれ、設備の生む企業者の(貨幣表示の)利潤は、全生産物がなおいっそう安価に生産されるようになると、減少するであろう。こうした展開になるのはほぼ間違いないと予想されるかぎり、あるいはそうなる可能性があると予想されるにすぎないときでも、今日製造される資本の限界効率はそれ相応に低下する。

貨幣価値が変化しそうだという期待が今期の生産量に影響を及ぼすのも以上の要因を通じてである。貨幣価値が下落するという期待は投資を刺激し、それゆえ一般には雇用をも促進する。なぜなら貨幣価値下落の期待は資本の限界効率表、すなわち投資の需要表を引き上げるからである。一方、貨幣価値が上昇すると期待されるなら、そのとき資本の限界効率表は引き下げられるから、投資や雇用は抑制されることになる。

これは、アーヴィング・フィッシャー教授の、当初は「価値騰貴と利子」*と呼ばれた理論――名目利子率と実質利子率の区別に関する理論で、実質利子率は名目利子率に貨幣価値変動分の調整を施したものに等しいとされる――に見え隠れしている真理である。彼の理論をすんなり理解するのは難しい。貨幣価値の変動が予見できるのかできないのか、その辺の想定がはっきりしないからである。予見できないなら、現在の事柄にはなんの影響もない。予見**できる場合には、現存する財の諸価格は即座に調整されて、貨幣を保有する利益と財を保有する利益は再度均等化する。この場合、利子率は貸出期間中の予想される貸出貨幣価値の変化を相殺するように変化するであろうから、貨幣保有者が利子率の変化によって利益を得たり損失を被ったりする間はないだろう。このディレンマ〔貨幣価値の変化が予見できてもできなくても、現時点の経済行動に影響が及ぶことはないというディレンマ〕から首尾よく逃げおおせるすべはない。貨幣価値の将来の変化は一群の人々には予見できるが他の人々にはそうではないと仮定するピグー教授の便法をもってしても、このディレンマから首尾よく脱出することはできないのである。

貨幣価値の予想される変化が直接作用を及ぼすのは所与の資本ストックの限界効率ではなく利子率だと考えたところに、そもそもの間違いがある。現存資産の価格はいついかなるときにも貨幣の将来価値に関する期待に対して自己調整していくものである。このような期待の変化が重要なのは、それが資本の限界効率に対する作用を通して新たな資産を生産する態勢に影響を与えるからである。物価が上昇するという期待が〔経済に対して〕刺激効果をもつのは利子率を引き上げることによってではなく（もしそうだとしたら、それは産出量を刺激するおよそ常識はずれの道筋ということになろう――〔常識では〕利子率が上昇すれば、刺激効果はそのぶん減殺されるものだ）、現存資本ストックの限界効率を引き上げることによってである。仮に利子率が資本の限界効率と歩調をそろえて上昇するとしたら、物価上昇の期待は刺激効果を全くもたないであろう。なぜなら、産出量を刺激するもしないも、それはひとえに、与えられた資本ストックの限界効率が利子率と比べてどれほど上昇するかにかかっているからである。フィッシャー教授の理論も、「実質利子率」を、将来の貨幣価値に関する期待の状態が変化してもこの変化が当期の産出量になんの影響も及ぼすことのない利子率だと定義し、そのうえでこの

ような実質利子率を用いて書き直すのが本当はいちばんいいのである。(1)

(1)　ロバートソン氏の論文「産業変動と自然利子率」(『エコノミック・ジャーナル』一九三四年一二月)を参照。

利子率が将来低下するという期待が資本の限界効率表を引き下げるはたらきをすることは記しておくに値する。というのは、今日製造される装備の生産物はその耐用期間の一部の期間においては、もっと低い収穫でもやっていける装備の生産物と競い合わなければならないからである。〔だが〕この期待の景気抑圧効果はそれほどでもないだろう。将来成立するさまざまな満期日の利子率複合体について抱かれる期待は、今日成立している利子率複合体に部分的に反映されているからである。それでも、若干の抑圧効果はあるかもしれない。今日製造された装備の生み出す生産物で、その耐用期間の末期に現れる生産物は、それに続く諸期間に成立している低利子率を念頭においているためにもっと低い収穫でもやっていける、より若い装備の生産物を相手にしなければならないかもしれないからである。

与えられた資本ストックの限界効率が期待の変化に依存しているのを理解しておくことは重要である。なぜなら、景気循環を説明するのは資本の限界効率のすさまじいまでの変動であるが、この変動は主に限界効率が期待に依存していることによるからである。

後の第二二章において、好況と不況の継起は利子率との相対でみた資本の限界効率の変動によって記述し分析することができることを、われわれは示すつもりである。

四

投資量に影響を及ぼす危険には二種類のものがある。これらはふつう、あまり区別されることがないが、是が非でも区別しておかなければならないものである。第一のものは企業者あるいは借り手の危険であって、それは自分の望む期待収益が実際に得られるかどうか、その見込について彼に疑念があるところから生じる。自分自身の貨幣《かね》を賭けているときには、この種の危険が関連のある唯一の危険である。

しかし貸借が組織化されている場合、つまり貸借が物的もしくは人的担保を要件とする信用供与という形をとっている場合には、貸し手の危険とでもいうべき第二種の危険が関連性をもって来る。貸し手の危険はモラル・ハザード、すなわち意図的な債務不履行ないし他のおそらくは合法的な手段による債務不履行か、または「担保価値の下落による」担保余力の不足、すなわち期待がはずれることによる意図せざる債務不履行かのいずれかに起因するといってよい。危険の第三の源泉をこれに付け加えてもいいだろう。貨幣標準に不利な価値変化の起こる可能性がそれであって、このような可能性が存在する場合には、貨幣貸付はそれだけ実物資産よりも安全性を乏しくする。もっともこの危険のほとんどすべてはすでに耐久実物資産の価格に反映され、耐久実物資産価格に織り込まれているであろうが。

ところで第一種の危険は予測の精度を高めるとともに平均化することによってその度合いを軽減することが可能であるとはいえ、ある意味においてそれは実質的な社会的費用である。これに対し、第二種の危険は投資費用への純然たる追加であり、借り手と貸し手が同一人物であったならば存在するはずのないものである。しかも、そこには企業者〔という借り手〕の危険の一部が重複して含まれており、この〔借り手の〕危険は投資を誘発する〔目安となる〕最低期待収益を与えるさいに、純粋利子率〔危険が存在しない場合の利子率〕に二度*加算されることになる。事業が危険に満ちたものであれば、借り手には彼の期待収益と借入れに値すると思われる利子率とのあいだに大きな幅のあることが必要だし、他方、全く同じ理由によって、貸し手が貸出に応じるためには、彼の課す利子率と純粋利子率のあいだに大きな幅があることを要する（ただし、借り手がたいそう盛んで資産状態もよく、ふつうでは考えられないほど担保余力がある場合は別である）からである。事は首尾よく運ぶだろうとの期待は借り手の心中では危険の埋め合わせとなるかもしれないが、貸し手にはなんの気休めにもならない。

私の知るかぎり、危険の一部がこのように重複して計算に含められることはこれまであまり強調されて来なかったけれども、場合によっては重要になることもある。好況期には、借り手と貸し手双方の危険の大きさについての世間の評価は、通常と違って、ばかに低くなりがちである。

五

資本の限界効率表は根本的な重要性をもつ。なぜなら、将来に関する期待が現在に影響を及ぼすのは主としてこの要因を通じて（それは利子率を通じるものよりずっと大きい）だからである。資本の限界効率表を何よりも資本装備の当期の収益だけで評価したために――そうすることが許されるのは、現在に影響を及ぼす将来の変化が何一つとして存在しない、静態的状態のときのみであろう――今日と明日のあいだに存在する理論的連環を断ち切る羽目に陥った。利子率でさえ実質的には[1]現在の現象である。資本の限界効率を利子率と同列においてしまうと、現在の均衡を分析するにあたって将来の及ぼす作用を真正面から考察する途を閉ざしてしまうことになる。

（1）　完全にというわけではない。なぜなら、その値は将来に関する不確実性を部分的に反映しているからである。そのうえ、期間を異にした利子率どうしの関係は期待に依存している。

現代の経済理論はその背後でしばしば静態状態を想定しているという事実は、理論の中に大きな非現実的要素を招き入れる。だが、私の考えでは、先に定義された類の使用費用と資本の限界効率の概念を導入してやれば、理論を現実に引き戻す効果があるし、その一方で、理論を修正する度合いも必要最小限の範囲ですむ。

経済の将来が現在に結びつけられるのは耐久設備が存在していることによる。したがって、将来は耐久設備の需要価格を通じて現在に影響を及ぼすという考えは、われわれの一般的な思考原理と一致符合する。

第一二章　長期期待の状態

一

前章においてわれわれは、投資規模は利子率と当期の投資規模を変えていったときの資本の限界効率表との関係に依存し、資本の限界効率はといえば資本資産の供給価格とその期待収益との関係に依存することを見てきた。本章では、資産の期待収益を決定する諸要因のいくつかを、もう少し詳しく考えてみることにしたい。

将来の収益を予測するさい、予測の基礎となる事柄として、一つに、事実上既知と見なしてもかまわない現在の事実があり、そして一つに、多かれ少なかれ確信をもって予測するほかない将来の出来事がある。前者としては、さまざまな型の資本資産の現存ストックと資本資産一般の現存ストック、それに、効率的な生産のためには資本の助力を相対的に多めに必要とするような財に対して、消費者の現在の需要がどの程度あるかという、その強度などを挙げることができよう。後者としては、資本資産ストックの型や数量、消費者の嗜好の将来の変化、懸案となっている投資対象の耐用期間を通してその時々の有効需要がどれくらいあるかという、その有効需要の強度、それに、耐用期間中に起こるかもしれない貨幣表示の賃金単位の変化などがある。後者は心理的期待の状態を表しており、それらを一括して長期期待の状態と呼ぶのもよかろう。現存する装備を用いて今日生産を開始すると決めた場合、完成時点で生産物からどれほどの利益が上がるかを生産者が推測するさいの基礎となるのが第五章で検討された短期期待であるが、長期期待はこれとは区別されるべきものである。

二

期待を形成するさいにたいそう[*]不確実[(1)]な事柄に重きをおき過ぎるのは愚かなことである。だからたいていは多少なりとも確信をもっている事実を案内役にするのであるが、このようなやり方は、これらの事実が漠然としたわずかの知識しかない他の事実よりは当面の問題への決定的な関連性に乏しいとしても、あながち不条理とは言えない。ここから、現在の状況に関する知識は、ある意味では不相応の比重で、長期期待の形成に入って来るのである。さらに、現状を既定の事実としてそれを将来に投影するのがわれわれの通常の慣行であり、それが修正されるのは、変化が期待される多少なりともはっきりした理由がある場合のみである。

（1）「たいそう不確実な(very uncertain)」というのは、「きわめて蓋然性が低い(very improbable)」ということと同じではない。私の『確率論』第六章「推論の重み(The Weight of Arguments)」を参照。

ここから言えることは、意思決定の基礎となる長期期待の状態はわれわれのなしうる最も蓋然性の高い予測にのみ依存するのではないということである。それはまたこの予測を形成するさいの確信、すなわち、最善の予測と思われていたものが全くの誤りに帰すかもしれないという可能性をわれわれがどの程度に評価しているかということにも依存している。大きな変化が期待されるが、これらの変化が正確にはどのような形をとるか、きわめて不確実であるなら、われわれの確信は弱まることになろう。

俗に言う確信の状態は実務家たちがいつも細心かつ切なる注意を払っているものである。しかし経済学者はそれを入念に分析することはなく、概して、一般論を論じることに甘んじてきた。中でも、確信の状態はそれが資本の限界効率表に大きな影響を及ぼすことを通して経済問題と関わって来ることは、これまで明確にされてこなかった。投資率に影響を及ぼす二つの要因、すなわち資本の限界効率表と確信の状態とは、個々別々のものではない。確信の状態は投資の需要表そのものである資本の限界効率表を決定する主要因の一つであるからこそ、〔経済問題と〕かかわりをもって来るのである。

しかし、確信の状態について先験的に言いうることはあまりない。何か言いうることがあるとすれば、それは市場と事業心理の実際の観察にもとづくものでなければならない。これから本題を離れて論じることが本書の大部分とは異なる抽象水準にあるのはこのためである。

説明の便宜上、確信の状態に関する以下の議論においては、利子率にはなんの変化もないと仮定する。また以下の全節を通じて、投資物件の価値の変化はその期待収益に関する期待の変化のみに起因し、期待収益を資本化するさいに用いられる利子率の変化にはよらないと仮定して、記述を進めていくことにする。しかし、利子率の変化の影響を確信の状態の変化の影響に重ね合わせてやるのは容易である。

三

期待収益を予測するにあたって依拠しなければならない知識の根拠が極度にあやふやなのは際立った事実である。数年先の投資収益を左右する要因についてわれわれがもっている知識はふつうはごくわずかであり、たいていの場合、それは無視できるほどのものである。鉄道、銅山、織物工場、特許薬品ののれん、大西洋航路の定期船、ロンドンのシティに建つビルディング――ありていに言えば、これらの一〇年後の収益を予測するための知識の基礎はごくわずか、時によっては皆無であることを認めざるをえない。一〇年先はおろか、五年先ですら、そうなのである。実を言うと、このような予測を真剣に試みようとする人さえごく一握りであるのがしばしばであって、そのため、彼らの行動が市場を左右することはないのである。

その昔、企業が主として事業者本人、あるいは友人や仲間たちによって所有されていた頃には、投資は、血気盛んで、建設衝動に駆られた人間、事業に乗り出すことが生き方そのものだというような人間がいくらでもいたことに依存していたのであり、決して期待利潤の綿密な計算に依拠していたのではなかった。事業が最後にどのような結末を迎えるかは概して経営者の才覚と気骨の問題、それらが並より上か下かに支配されたが、それでも事業は富くじとしての一面をもっていた。失敗する者もいれば、成功する者もいたであろう。しかし一勝負すんだ後でさえ、投資額と比較した投資の実際の平均的成果が現行の利子率より上か、同じか、下かを知る人は誰もいなかっただろう。とはいえ、実際には、投資の平均的成果は、天然資源の開発や独占の場合を除けば、たとえ進歩と繁栄の時期においてさえ、人々を投資に駆り立てた希望を挫くものであったと思われる。企業者は腕と運の混合ゲームを競うのであり、プレーヤーの得るその平均的成果は、当事者本人にもわからない。仮に人間というものが一か八か賭けてみようという気に駆られることがなく、工場、鉄道、鉱山、あるいは農園を建設することに(利潤のほか)なんの満足も覚えることがないとしたら、そのとき、機械的な計算だけでふんだんの投資が起こるとはとても思われない。

ところが、昔の、旧い型の私的企業にとっては、投資の決意は、社会全体にとってもそうだが、個人にとってもまた、おおむね取り消すことのできない決意であった。所有と経営の分離――今日ではふつうになっている――が進み、組織された資本市場が発達するにつれて、時には投資を促進するが、時には体系の不安定性を著しく高める、きわめて重大な新たな要因が請じ入れられることになった。証券市場が存在しない場合には、購入した投資物件をたびたび再評価しようとしても、そうするすべがない。ところが証券取引所は、日々、たくさんの投資物件を再評価し、この再評価は個人が(社会全体にとってはそのかぎりではない)投資を改訂する機会を何度でも与えてくれる。それはあたかも、農場経営者が朝食後、晴雨計を点検して、午前一〇時と一一時のあいだに資本を農業から引き揚げることに決め、その週の後半になってふたたび農業に戻るべきか否かを再考することができるようなものである。しかし、証券取引所での日々の再評価は旧い投資物件の個人間での移転を容易にするのが本来の役割であるにもかかわらず、やがて現在の投資率に決定的な影響を及ぼすようになるのは必至である。というのは、同類の既成企業を買おうと思えば安く手に入るのにわざわざ高い費用をかけて新規に企業を興すのはどうかしているし、反対に、証券取引所において起業資金を調達することにより直ちに〔発行〕利益が得られるならば、新事業に法外とも思われる額の資金をつぎ込む誘因も生まれるからである。(1) このようにして、ある部類の投資は、その道に長じた企業者の本来の期待によるよりは、むしろ証券取引所で売買を行う人たちの、株価に表れる平均的な期待に支配されることになる。(2) それではいったい、このような、きわめて重要な意味をもつ、現存する投資物件の日々のあるいは時々刻々とさえ言える再評価は、実際にはどのようにして行われているのであろうか。

(1)　ある企業の株式にきわめて高い相場が付いていて、そのため、その企業が有利な条件でより多くの株式を発行することによりますます多くの資本を調達することができるときには、このような資本調達は低利で借入れをすることができるのと同じである。このことを私は『貨幣論』で指摘しておいた。いまなら私はこう言うだろう。すなわち、既存の株式の高相場はそれに対応する型の資本の限界効率の増大をともない、それゆえ、それは利子率の下落と同一の効果をもつ(なぜなら、投資は資本の限界効率と利子率の比較にもとづくから)、と。

(2)　もちろんこれは、簡単には市場化することができない企業、あるいは流通証券とはまったく縁のない企業には当てはまらない。以前には、このような例外に属する企業の種類は広範囲にわたっていた。しかし総新規投資額に占める割合で見ると、このような企業の比重は急速に低下している。

四

現実には、ふつうわれわれは意識せずとも、その実誰しも慣習を頼んで事に処している。この慣習の本質は——といってももちろん物事はそう単純には行かないが——現在の事態は変化を期待することさらの理由がないかぎり、これから先どこまでも、このまま続いていくと想定するところにある。このことは、現在の事態がいつまでも続くとわれわれが本当に信じているということではない。そのようなことが起こり得べくもないことは、誰もが宏大な経験から知っている。長い歳月にわたる投資の実際の結果が当初の期待と一致することなどめったにあるものではない。あるいはまた、無知の状態にある人間にとっては、結果が吉と出るか凶と出るか、いずれをとっても当たりはずれの確率は同じであり、それゆえ同等確率*にもとづく保険数学的期待値だけが頼りだと論じて、われわれの行動を合理化しようとしても無駄である。というのは、無知の状態を基礎にした数学的な同等確率を想定すれば不合理な結果に陥ることは簡単に示すことができるからである。われわれは実際には、市場の現在の評価は、それがどのような経緯でそうなったにせよ、投資収益に影響を及ぼす事実についての手持ちの知識との関係で見れば一意に正しく、そしてこの知識が変化する場合にかぎり、評価もまたそれに応じて変化する、と想定している。一意に正しいといっても、われわれの現在もっている知識が数学的期待値を計算するための十分な基礎とはなりえない以上、哲学的に言えば、そのようなことはありえない。実際、期待収益とはどう見てもかかわりをもつとは思えないありとあらゆる種類の事柄が、市場の評価に入り込んで来るのである。

それにもかかわらず、上の慣習的計算方法は、慣習の持続をあてにすることができるかぎり、われわれの事業に相当程度の連続性と安定性をもたらすだろう。

というのは、組織された資本市場が存在し、慣習の持続をあてにすることができるなら、自分の負う危険《リスク》は近い将来の実質的な情勢の変化くらいのものだと考えて、大船に乗った気持でいられるのは当然だからである。このような変化の可能性についてなら彼は自分の力で判断を形成しようと試みることができるし、それにそもそもこうした変化の可能性が非常に大きいとは考えられない。つまり、慣習が持続しているかぎり、彼の投資対象に影響を与えうるものはこれらの変化のみであり、そうだとしたら、彼は一〇年先の投資対象の価値がわからないからといってくよくよ思い悩む必要はないのである。

こうして、慣習が崩壊しないこと、それゆえいろんなことが起こる前に判断を改め投資先を変更しうる機会があることを投資家がかなりあてにすることができるなら、短期的には、したがって、それがどれほど長かろうと、ひと続きの短期系列においてもまた、投資は、個々の投資家にとってはまあまあ「安全な」ものになる。社会にとっては「固定的」である投資も、このようにして、個人にとっては「流動的」となるのである。

世界の主要な資本市場が発展してきた背景には、きっと以上のようないきさつがあったに違いない。けれども慣習というものはそれ自体としてみれば根拠がきわめて薄弱だから、それなりの弱点をもっているとしても驚くにはあたらない。十分の投資を確保するという現代の問題の少なからぬ部分が、慣習のもつ不安定性のゆえに生じているのである。

五

慣習の不安定性を高める要因をいくつかざっと挙げておくと、次のようになろう。

(一)　経営に関与せず、当該事業の現状と将来の動向について特別な知識を何一つもたない人々の持株比率が徐々に高まっていった結果、投資物件を保有している人々あるいは投資物件の購入を考えている人々の、投資物件を評価するさいに依拠する真の知識部分が著しく減退してしまった。

（二）　現存投資物件の利得の日々の変動は、明らかにそれが一時的な、取るに足りない性格のものであっても、市場に対して、まったく過大な、時にはとんでもないくらいの影響を及ぼす傾向がある。たとえば、アメリカの製氷会社株は時節柄利潤の高騰する夏場には、誰も氷を必要としない冬場に比べると、高値で売買されるという話である。公休日がやって来るたびに、英国鉄道網の市場評価額は数百万ポンド跳ね上がるかもしれない。*

（三）　大勢の無知な個人の群集心理によって打ち立てられた慣習的評価は、期待収益にとっては実のところほとんどどうでもいい諸要因によって引き起こされる意見の突然の変動によって、激しい変動を被りやすい。なぜなら、慣習的評価を堅持しようとしても、そうするだけの強固な確信の基礎が何一つとして存在しないからである。ことに、現在の事態はこれからもずっと続くという仮説の信憑性がふだんよりも弱まる異常な時期には、かくかくしかじかの変化が起こると思われるはっきりした根拠がなくとも、市場は楽観と悲観の感情の波にさらされるであろう。この楽観と悲観の感情の波はなるほど根拠のないものであるが、理性的な計算のための確固とした基礎が存在しないときには、ある意味ではそれも合理的なのである。

（四）しかしここには、とりわけ注目に値する一つの特徴的な点がある。平均的な個人投資家には及びもつかない判断力と知識をもった熟達した職業投資家たちの競争は、無知な個人に見られる気まぐれをあるいは正すやに思われるかもしれない。ところが如何せん、玄人筋の投資家や投機家の精力と技能は主に他の事柄に使われているのが実情なのである。すなわち、彼らのたいていの者は、実際には、投資対象のその耐用期間全体にわたる期待収益に関して、すぐれた長期期待を形成することに意を用いるのではなく、たいていの場合は、評価の慣習的基礎の変化を、一般大衆にわずかばかり先んじて予測しようとするにすぎない。彼らが関心を寄せるのは、ある投資物件がそれを「本気で」購入しようとする人にとって、実際、いかなる価値をもつかということではなく、三カ月先、あるいは一年先に、群集心理の圧力の下で、市場がそれをいかほどに評価するか、ということである。もっといえば、このような行動は、彼らの頭脳が生来、凡庸だからではない。資本市場が上述した線に沿って組織化されていることが、このような結果を不可避とするのである。というのは、人がある投資物件はその期待収益から見て三〇の価値をもつと信じていても、同時に市場は三カ月先にはそれを二〇に評価するだろうと彼が信じているなら、その物件に二五の支払いをするのはどうかしているからである。

こうして玄人筋は、情報や気配の差し迫った変化にいやおうなく関心をもたざるをえなくなる。市場の群集心理がこの種の変化に最も影響を受けやすいことは経験の示すとおりである。こうしたことは、資本市場がいわゆる「流動性」〔を促進すること〕を目的として組織化されていることの不可避の結果である。正統的金融の格率の中でも、流動性信仰、すなわち投資機関においてはその資力を「流動的な」証券の保有に集中するのが絶対善であるとする教義ほど反社会的なものは断じて存在しない。それは、社会全体にとっては投資の流動性のごときは存在しないことを忘れている。熟達した投資の社会的目的はわれわれの未来を覆っている時間と無知の闇の力を打ち負かすことにこそあるはずである。ところが今日、最も熟練した投資家の個人的目的はというと、現実には、アメリカ人がいみじくも言っているように、「他人を出し抜く」こと、群衆の裏をかき、粗悪な、目減りした半クラウン貨を他の連中につかませることなのだ。

長い歳月にわたる投資の期待収益よりは、むしろ数カ月先の慣習的評価の基礎を推し量る虚々実々のゲーム——このゲームは、大衆の中に玄人筋の胃袋を養う間抜けなカモがいることさえ要しない。玄人筋は自分たち同士でこのゲームを行うことができるのである。あるいはまた、評価の慣習的基礎が長期にわたり本当に有効であることを頭から信じている人がいることも必要ではない。というのは、このゲームは、いってみれば、スナップや、オールド・メイドや、ミュージカル・チェアのような遊戯――これらの遊びでは、早すぎもせず遅すぎもせず、ちょうどいい頃合いに「スナップ」と言った人、ゲームが終わる前にとなりの人にオールド・メイド〔ばば〕をつかませた人、あるいは音楽が止んだときに自分の椅子を取ることのできた人が勝ちとなる――と同じだからである。これらの遊戯では、遊戯者の全員が、彼らのあいだをぐるぐる回っているのがばばであることを知っているし、音楽が止んだとき、誰かが椅子に座れないことくらい先刻承知である。にもかかわらず、彼らは熱心に、おもしろおかしく、遊ぶことができるのである。

あるいは喩えを少し換えてみると、玄人筋の投資は新聞紙上の美人コンテスト、参加者は一〇〇枚の写真の中から最も美しい顔かたちの六人を選び出すことを要求され、参加者全員の平均的な選好に最も近い選択をした人に賞品が与えられるという趣向のコンテストになぞらえてみることもできよう。このようなコンテストでは、それぞれの参加者は自分がいちばん美しいと思う顔を選ぶのではなく、他の参加者の心を最も捉えそうだと思われる顔を選ばなければならない。全員が問題を同じ観点から見ているのである。ここでは、判断のかぎりを尽くして本当に最も美しい顔を選ぶということは問題ではないし、平均的な意見が最も美しいと本当に考えている顔を選ぶことさえ問題ではない。

われわれは、自分たちの知力を挙げて平均的意見が平均的意見だと見なしているものを予測するという、三次の次元まで到達している。中には、四次、五次、そしてもっと高次の次元を実践している者もいる、と私は信じている。

ここで異議を差し挟む読者がいるかもしれない。曰く、世間の投資ゲームには惑わされず、能力のかぎりを尽くして形成された最善の真正なる長期期待をもとにして投資物件を購入し続ける熟達の個人は、長期的に見ればきっと他の競技者から莫大な利益を得るに違いない、と。このような人に対して、私は何よりもまず、こう答えよう。なるほど、あなたの仰しゃるような奇特な人はいるかもしれない、そして彼らが競技参加者に対して抜きんでた影響力をもっているか否かは資本市場を大きく左右する事柄である、と。しかし、現代の資本市場ではこのような人々が優勢になるのを妨げるいくつかの要因が存在していることも、同時に付け加えておかなければならない。真正な長期期待に依拠する投資は今日ではほとんど不可能なほどの難事となっている。そうしようと試みる者は、群衆はいかにふるまうかについて群衆以上に推測をたくましくする人よりは、もっと労苦の多い日々を送らなければならず、降りかかる危険もずっと大きい。それに、知力が同じなら、彼はますます悲惨な間違いを犯すかもしれない。社会的に見て有益な投資政策が最も多くの利潤を稼ぐ投資政策でもあることを示す明確な証拠は経験上何一つ存在しない。時間の力と将来に関するわれわれの無知の力を打ち負かすためには、他人を出し抜く以上の、もっと多くの知力が必要〔だが、それが金銭的利益に結びつく保証はないの〕である。しかも人生はそれほど長くはない。〔長くはない人生を生きる〕人間というものは結果がすぐに現れることを望むものである。手っ取り早い金儲けにことに強い興味を示し、遠い先に得られる利益を平均的な人間は非常な高率で割り引く。玄人筋の投資ゲームは賭博本能を全く欠いている人たちにはうんざりするほど退屈で、全く厄介な仕事であるが、賭博本能の旺盛な人はこの性向に対して応分の使用料を支払うに違いない。さらに、目先の市場変動はこれを無視してかかろうとする投資家は、安全を確保するためにそのぶん大きな資力を必要とする。よし投機的取引を大規模に行うことがあったとしても、借入金をもってするなど論外である。この点は、投資ゲームから得られる、所与の知力と資力に対する収穫が比較的高いことのさらなる理由である。最後にもう一つ。長期的投資家は公益を最も促進する存在であるにもかかわらず、最も非難を受けるのも実を言えば彼であり、投資資金の運用者が〔投資信託などの〕委託者、〔保険会社などの〕資金運用機関、銀行などの場合には決まってそうである[1]。彼は常識はずれで型破り、向う見ずの存在だというのが世間の通り相場であるが、なるほどこうしたことは彼の行動の本質に属しているからである。彼がうまく事を運べば、さすが向う見ずは違うと世間の抱く向こう見ず観をいよいよ強固にするだけ、失敗したらしたで――短期的にはそうなる公算が大きい――それ見たことかとたいして同情も買わない。世俗の知恵の教えるところでは、型を破って成功するよりも、型どおりのことを行って失敗したほうがまだしも評判を失うことが少ないのである。

（1）　投資信託や保険会社は投資ポートフォリオの生む所得の計算だけでなく、その市場における資本評価の計算をも業務とするのがしばしばである。このような業務はふつうは節度を旨とすると考えられているが、後者〔市場における資本評価〕の短期的変動にも度はずれた注意を払っているようだ。

（五）　これまでわれわれが考えてきたのは主として投機家ないし投機的投資家の確信の状態であった。そのさいもしかしたら、彼自身が期待収益に満足していさえすれば市場利子率で必要な資金をいくらでも調達できるとわれわれが暗に想定しているかの感を与えたかもしれない。もちろんこれは事実に反している。つまりわれわれは、確信の状態の別の一面、すなわち、借入れを望んでいる人たちに対する貸付機関側の確信の状態――時として信用状態とも呼ばれる――をも考慮しなければならないのである。資本の限界効率に悲惨な影響を及ぼす株価の暴落は、投機を行うさいの確信なり〔貸付機関側の〕信用状態なりが弱まることによって起こるといっていいかもしれない。だが、株価の暴落を引き起こすにはいずれか一方が弱まるだけで十分であるが、暴落から回復するためには両者がともに回復することが必要である。すなわち、信用の弱体化は暴落を引き起こすには十分だが、その強化は回復の必要条件ではあっても十分条件ではないのである。

六

経済学者は以上の事柄に無頓着であってはならない。とはいえ、それらにはそれらにふさわしいものの見方がある。投機という言葉を市場心理を予測する活動に、企業という言葉を資産の全耐用期間にわたる期待収益を予測する活動に当てていいとしたら、投機がいつも企業より優勢だというのは全く事実に反している。しかし、資本市場の組織化が進むにつれて、投機が優勢となる危険性が高まっている。世界最大の資本市場の一つ、ニューヨークでは、投機の(上述した意味での)影響力は絶大である。アメリカ人は、金融以外の領分においても、平均的意見が平均的意見だと考えているものを発見することに常軌を逸した関心を示しがちだが、因果なことに、国民性のこの弱点は株式市場に表れている。アメリカ人は、多くのイギリス人がいまでもそうしているように「所得のため」に投資するということはめったにないという話である。アメリカ人は、資本価値が上昇するという期待がなければ，容易に投資物件を購入しようとはしないだろう。これは単に，アメリカ人は投資物件を購入するさい，その期待収益よりはむしろ慣習的評価の基礎が都合よく変化してくれることに期待をかける，すなわち彼は上述した意味での投機家だということを言い換えたにすぎない。投機家は企業活動の堅実な流れに浮かぶ泡沫としてならばあるいは無害かもしれない。しかし企業活動が投機の渦巻きに翻弄される泡沫になってしまうと，事は重大な局面を迎える。一国の資本の発展が賭博場《カジノ》での賭け事の副産物となってしまったら，なにもかも始末に負えなくなってしまうだろう。ウォール街の勝ち得た大きな成功は，それが本来，新投資を期待収益の点で最も有利な水路に引き入れることを社会的目的とする制度であったことにかんがみるならば，自由放任資本主義の傑出した勝利の一つだと胸を張るわけにもいかない。ウォール街の最良の頭脳は実際には異なった目的に向けられてきたという私の考えが正しいなら，このことを奇異に思う人はいないだろう。

以上の傾向はわれわれが「流動的な」資本市場の組織化に成功したことのほとんど不可避の結果である。賭博場は公共の利益のためには近づきにくく，高価につくのがいい，とふつうは認められている。おそらく同じことが証券取引所についても言えるだろう。ロンドン証券取引所がウォール街に比べてまだしも罪が軽いのは，国民性の相違のせいであるよりは、平均的なイギリス人にとって、スロッグモートン街は、平均的アメリカ人のウォール街に比べれば、いっそう近づきにくく、またきわめて高価につくという事情によっている。ロンドン証券取引所での取引にともなう場内仲買人《ジョバー》の「利ざや」、高率の売買手数料、それに大蔵省に納付すべき重い移転税——これらは市場の流動性を十分に低下させるはたらきをし（隔週決済の慣行はそれとは反対のはたらきをするけれども）、ウォール街に見られるような取引の大部分を不可能にしている。[1] 合衆国における投機の企業活動に対する優勢を緩和しようとするなら、政府がすべての取引に対して相当額の移転税を導入するのがさしあたり考えられる最善の策ということになるかもしれない。

（1）ウォール街が活況を呈しているときには、投資物件の売買の少なくとも半分は、投機家が同じ日に反対取引を行う意図で遂行されると言われている。同じことは商品取引所についてもしばしば当てはまる。

現代資本市場の〔すさまじい〕光景を見るにつけ、投資物件の購入を結婚のように、死亡その他の重大な原因があるのでないかぎり最後まで解消できないようにするのが、当節の害悪を矯正するための有効な策ではないかと、まま結論づけたくなることがある。というのも、そのようにすれば投資家の知力はいやおうなく長期期待に、しかも長期期待にのみ向かわざるをえないからである。だが少し考えてみればわかるように、この便法は一つのディレンマに逢着する。〔資本市場の流動性を引き下げて見ると〕資本市場の流動性が新たな投資の進行を、たとえ時によっては投資を阻害することがあるとはいえ、どれほど楽にしているか、理解するのである。というのは、一人一人の投資家が自分の売買契約を「流動的」だと見なすことができるなら（これは投資家をひとまとめにしたときには不可能である）、彼の神経は鎮まり、危険を冒すことになおいっそう積極的になるからである。もしも投資物件の個々の購入が非流動的になったとしたら、貯蓄を保有する代替的形態が個人に開かれているかぎり、新規の投資を著しく阻害するおそれがある。これがそのディレンマである。富を貨幣の保蔵や貸付という形でもつ途が個人に開かれている以上、実物資本資産を購入するという代替的形態を（とりわけ、資本資産の管理運営にあたるわけではなく、それらについてほとんど知識をもたない人にとって）十分に魅力あるものとするためには、これら資産を簡単に現金化しうる市場を組織化する以外、途はない。

　現代世界の経済生活を悩ませている確信の危機を救済しようとするなら、根本策はただ一つ、人々に、所得から消費するか、あるいは、あやふやな証拠にもとづいているとはいえ自分に開かれている範囲では最も有望だと思われる特定資本資産の生産を注文するか、*それ以外に選択の余地を与えないことであろう。将来に関してただならぬ疑念におそわれたとき、彼は途方に暮れて消費を増やし新たな投資を減らそうとするかもしれない。しかしそのときでも、疑念におそわれて所得を消費にも投資にも支出しないでおくことができる場合の、悲惨で累積的で後遺症の後々まで残る悪影響は回避することができるだろう。

貨幣を保蔵することの社会的危険性を力説してきた人たちは、むろん、似たようなことを考えてはいた。しかし彼らは、貨幣保蔵になんの変化がなくても、あるいは少なくともそれ相応の変化があるわけでもないのに、同じ現象が起こりうる可能性のあることを見過ごしていた。

七

投機による不安定性のほかにも、人間性の特質にもとづく不安定性、すなわち、われわれの積極的活動の大部分は、道徳的なものであれ、快楽的なものであれ、あるいは経済的なものであれ、とにかく数学的期待値のごときに依存するよりは、むしろおのずと湧きあがる楽観に左右されるという事実に起因する不安定性がある。何日も経たなければ結果が出ないことでも積極的になそうとする、その決意のおそらく大部分は、ひとえに、血気《アニマル・スピリッツ》と呼ばれる、不活動よりは活動に駆り立てる人間本来の衝動の結果として行われるのであって、数量化された利得に数量化された確率を掛けた加重平均の結果として行われるのではない。企業が設立趣意書の口上に依ってたいてい動いているように見えたとしても、それは表向きのことにすぎない。たとえその口上が腹蔵のない誠実なものであったとしても、そうなのである。企業活動が将来利得の正確な計算にもとづくものでないのは、南極探検の場合と大差ない。こうして、もし血気が衰え、人間本来の楽観が萎えしぼんで、数学的期待値に頼るほかわれわれに途がないとしたら、企業活動は色あせ、やがて死滅してしまうであろう。とはいえ、往時の利潤への〔過度の〕期待がいわれのないものであったと同様に、損失への〔過度の〕怖れも合理的な根拠を欠いているのであるが。

将来のはるか先まで見はるかすような期待に依拠する企業活動は、社会全体に利益をもたらすと言ってさしつかえない。だが、個人の企業心が本領を発揮するのは合理的計算が血気によって補完、支援され、その結果、開拓者をしばしば襲う、すべてが水泡に帰すのではという想念が、ちょうど健康な人が死の想念を振り払うように、振り払われる場合だけであることは、疑いもなく経験の教えるとおりである。

不況や景気不振が度を超して増幅されるだけではない、以上のことは、具合の悪いことに、経済的繁栄もまた平均的な実業家を利する政治的・社会的な風向きに過度に依存していることを意味している。労働党政府やニューディールに対する懸念があるいは企業活動を抑制することもあろう。だがそれは合理的計算の結果であるとはかぎらないし、政治的意図をもった陰謀のせいだとも言えない。単にそれは、いわれない楽観の微妙な均衡が覆った結果にすぎないのである。だからわれわれが将来の投資動向を予測する場合には、投資を左右するのはもっぱら人々の理屈を超えた活動なのだと心得て、彼らの神経過敏やヒステリー、さらには胃の具合や天候に対する反応のようなものまで考慮しなくてはならない。

といっても、ここから、何事も非合理な心理のうねりに依存すると結論づけてはならない。それどころか、長期期待の状態はしばしば着実であり、そうでない場合にも、他の諸要因がそれを埋め合わせるはたらきをする。われわれはただ以下のことを再確認しようとしているだけである。すなわち、将来に影響を及ぼす人間の決意は、それが個人的な決意であれ、政治的・経済的な決意であれ、厳密な数学的期待値に依拠することはありえない。なぜならこのような計算を行うための根本原理は存在しないからである。もっといえば、車輪を回転させ続けるのは人間生得の活動衝動であって、われわれの理性的自己は選択肢間でできるだけうまく選択を行い、可能な場合、計算を行うが、しかしそれも、その動機をたずねてみると、気まぐれ、感情、あるいは偶然に行き当たるのがしばしばだということ、これである。

八

さらにいえば、実際には、将来に関するわれわれの無知を多少なりとも緩和する重要な要因がいくつか存在している。個々の投資の中には、複利の作用と時の経過にともなう陳腐化の見込とによって、当然のことながらその期待収益も比較的近い将来の収穫に支配されるところの投資が数多く存在している。きわめて長期の投資の中でも最も重要な部類に属するもの、すなわち建物の場合、危険は長期契約によって、投資者から居住者に転嫁されるか、少なくとも両者のあいだで分担されるのが通例であるし、居住者の目から見れば、この危険も借家権の継続性と安全性の利益をしのぐまでには至らない。長期投資のいま一つの重要な部類、つまり公益事業の場合には、期待収益の相当部分が、独占権と一定利幅保証つき料金設定権との組み合わせによって、事実上、〔あらかじめ〕保証されている。最後にもう一つ、〔近年〕ますます重要性を増している部類の投資に、公共当局がみずから手掛けるか、あるいは公共当局の危険負担によって行われるものがある。このような投資を行うにさいしては、社会的利益が見込まれるという一般的推定がおおっぴらにものを言う。商業ベースで見た収益がどの程度のものであれ、それはある広範な範囲内に収まっていればそれでいいし、収益の数学的期待値は最低でも現行の利子率に等しくなっていなければならないという条件を満たす必要もない。とはいっても、公共当局が借入金を返済するさいの利子率は、当局が実行しようとする投資の規模を決定するさいには、やはり決定的な役割を演じるであろう。

以上、利子率の変化とは異なる長期期待の状態の短期的変化が〔投資に〕重大な影響を及ぼすことを縷々論じてきた。いまや、投資率に、決定的とまでは言えないにしろ、とにかく正常な状態の下では大きな影響を及ぼす利子率に立ち返ってもいい頃合いである。だが、利子率を管理することによって、どの程度まで投資の適正量を持続的に刺激し続けることができるか、このことを見るには経験に俟つほかない。

私についていえば、いまの私はいささか懐疑的で、利子率に影響を及ぼすことを目的とした金融政策がただそれだけで成功を収めうるとは考えていない。これからは、長期的視野に立ち社会の一般的利益を基礎にして資本財の限界効率を計算することのできる国家こそが、投資を直接組織化するのに、ますます大きな責任を負う、と私は見ている。というのも、各種各様の資本の限界効率を市場の評価――先に述べた原理にもとづいて計算される――に委ねた場合、その変動はあまりにも大きく、そのため、利子率を多少変化させたくらいでは限界効率の変動を相殺することはできそうにもないからである。

第一三章　利子率の一般理論

一

第一一章でわれわれは、資本の限界効率と利子率との均等を維持するよう投資率を増減させる力がはたらくことはあっても、資本の限界効率そのものは〔市場を〕支配している利子率とは別個のものであることを示した。資本の限界効率表は新規投資のための貸付資金が需要される条件を定める。これに対し利子率は、資金がそのとき供給される条件を定めるといってよい。したがってわれわれの理論を完結させるためには、利子率の決定因を知る必要がある。

第一四章とその付論においてわれわれは、この問題に対しこれまでに与えられてきた諸解答について考察を加えるつもりである。大雑把にいえば、これらは利子率を資本の限界効率表と心理的貯蓄性向との相互作用にもとづかせている。だが、利子率を平衡化要因と見る見方、すなわち、任意の利子率に対応する新投資という形の貯蓄の需要を、同じく任意の利子率において社会の心理的貯蓄性向から帰結する貯蓄の供給に一致させる要因と見る見方は、利子率はこれら二つの要因に関する知識のみからは導出することはできないとわかるや、たちまちのうちに瓦解する。

それでは、この問題に対するわれわれの解答はどのようなものであろうか。

二

個人の心理的時間選好を実行に移そうとしたら異なる二組の意思決定を行うことが必要である。第一の意思決定は、私がこれまで消費性向と呼んできた時間選好の一側面にかかわるもので、これは第三篇で論じたさまざまな動機の作用を受けてはたらき、各人の所得のうちどれくらいを消費にまわし、どれくらいを、将来の消費に対するなんらかの形態の支配権で留保するかを決める。

しかしこの意思決定がすんでも、さらにもう一つの意思決定が彼を待ち受けている。当期の所得からのものであれ以前の貯蓄からのものであれ、彼が留保した将来の消費に対する支配権をいかなる形態で保有するか、というのがそれである。彼はそれを、直接的、流動的な支配権(貨幣あるいはその同等物)で保有したいと望むだろうか。それとも彼は直接的支配権をある期間、もしくは期限を設けずに、手放そうとするだろうか。後者の場合には、特定財に対する繰り延べられた支配権をいざというとき財一般に対する直接的な支配権に転換するさいの転換比率は将来の市場条件に委ねられることになる。支配権をいかなる形態で保有するかということは、換言すれば、彼の流動性選好の度合いはどの程度か——個人の流動性選好は、種々の状況において彼が貨幣という形態で保有しようと望んでいる、貨幣もしくは賃金単位表示の資産額の予定表で与えられる——ということである。

やがてわかるように、利子率理論の通説の誤りは、それらが利子率を、心理的時間選好のこれら二つの構成要素中、第一のものから導き出そうとして、第二のものはこれを無視したところにある。この無視こそまさにわれわれが修復につとめなければならない当のものである。

利子率が貯蓄すなわち待忍そのものに対する収穫でありえないのは明らかである。なぜなら、貯蓄は以前と全く同じであっても、現金で貯蓄を保有した場合には、一文の利子も稼ぐことができないからである。利子率は貯蓄に対する報酬ではない。そうではなく、利子率は流動性をある一定期間手放すことに対する報酬である。このことは利子率の定義からしてすでに一目瞭然である。というのも利子率とはもともと、ある一定額の貨幣と、その貨幣に対する支配権をある債権(debt)と引き換えに[1]ある約定期間[2]手放すことから得られる金額との逆比であり、それ以外の何物でもないからである。

(1)「貨幣」と「債権」のあいだの線引きをどうするかは取り扱っている問題次第であり、どこでもいいからいちばん都合のいいところで線引きすればいい。そのようにしてもこの〔利子率の〕定義が損なわれることはない。たとえば、一般購買力に対する請求権で、その保有者が三カ月経たないうちに手放す〔すなわち現金化する〕ものならなんでも貨幣となし、少なくとも三カ月間は償還されないものを債権とすることができる。「三カ月」は一月、三日、三時間、あるいはその他、どんな期間に置き換えてもいい。あるいは、貨幣から現物の法定通貨でないものはすべて除外することも可能である。実際問題としては、多くの場合、定期性銀行預金を貨幣に含めるのが便利であり、時には(たとえば)大蔵省証券のような証券でさえ貨幣に含めることができる。私は原則として、『貨幣論』の場合と同様、貨幣の範囲は銀行預金までとするつもりである。

(2)　約定期間が明示された特定債権にまつわる特定の問題〔を扱うの〕とは違い、一般的な議論を行う場合には、利子率は期間を異にした、すなわち満期の異なるさまざまな債権のさまざまな利子率の複合体とするのが便利である。

要するに、どんな時でもその時の利子率は流動性を手放すことに対する報酬であり、貨幣を保持している人が貨幣に対する流動的支配権を手放したくないと思う尺度である。利子率は投資資金に対する需要と現在の消費をさし控えようとする節欲とを均衡化させる「価格」ではない。それは富を現金という形でもとうとする欲求と現金の有り高とを均衡化させる「価格」である。だから、利子率が下がる、つまり現金を手放すことに対する報酬が減少すると、そのときには、大衆がもちたいと思う現金の総量は現金の残高を凌駕するだろうし、利子率が上昇すれば、誰ももとうとは思わない現金の余剰が発生するであろう。以上の説明が正しいとしたら、貨幣量は、所与の状況において流動性選好と一緒になって現実の利子率を決定するいまひとつの要因だということになる。流動性選好とは、利子率が与えられたときに大衆が保有しようと思う貨幣量を決めるところの潜在的な力ないしは関数的傾性のことである。したがって、rを利子率、Mを貨幣量、Lを流動性選好関数とすれば、$M = L(r)$と表すことができる。貨幣量はここにおいて、このような形で経済体系の中に入って来るのである。[*]

だが〔先を急ぐ前に〕ここで歩を止めて、なぜ流動性選好のようなものが存在するのか、その理由を考えてみることにしたい。この点を考えるには、貨幣利用に関する古くからの区別、すなわちその時々の営業取引のための貨幣利用と富の貯蔵手段としての貨幣利用との区別を取り上げるのが有益であろう。これら二つの利用のうち最初のものについていえば、むろんある程度までなら、流動性の便宜のために多少の利子を犠牲にする価値はある。だが利子率が負でもなんでもないときに、富を利子を生む形態で保有するよりも、利子をほとんどあるいは全く生まない形態で保有するほうを選ぶ人がいる（もちろんここでは、債務不履行の危険は銀行残高の場合も債券の場合も同じだと仮定している）のはどうしてだろうか。完全な説明は込み入っており、それを手にするには第一五章をまたなければならない。とはいえ、それなくしては富の保有手段としての貨幣に対する流動性選好がありえなくなるところの必要条件がある。

この必要条件とは、将来の利子率すなわち将来の期日に成立しているさまざまな満期の利子率複合体に関する不確実性の存在である。というのは、仮に将来のすべての時点で成立している利子率が確実性をもって予見しうるとしたら、将来のすべての利子率は異なった満期をもつ債権の現在の利子率から推論しうることになり、現在の利子率は将来の利子率に関する知識を与えることになるからである。たとえば、${}_1d_r$ を r 年後の一ポンドの現在年1における価値とし、年 n における〔年 n から〕r 年後の一ポンドの価値 ${}_nd_r$ がわかっているものとすれば、

$${}_nd_r = \frac{{}_1d_{n+r}}{{}_1d_n}$$

となる。こうして、どのような〔満期の〕債権であっても、現在から n 年後にそれを現金に換えることのできる率は現在の利子率複合体の二つによって与えられることになる。もし現行の利子率がどのような満期の債権についても正であるなら、現金を富の貯蔵手

段としてもつよりも債権を購入したほうが常に有利になるに違いない。

ところが、将来の利子率が不確実である場合には、その期日が来たとき $_nd_r$ は当然 $\frac{_1d_{n+r}}{_1d_n}$ に等しくなっているはずだと軽々に推論することはできなくなる。ことによると n 年の満期が来る以前に流動的な現金が必要になることがあるかもしれない。だが、長期債権を購入し後でそれを現金に換えようとすると、〔最初から〕現金を保有していた場合に比べて、損失を被る危険性がある。既知の確率に即して計算された保険数学的な利潤あるいは利得の数学的期待値——そのような計算が可能か疑問だが、仮にそれが可能だとして——は、期待がはずれた場合の危険を埋め合わせるに足るほどのものでなくてはならない。

さらに、債権を売買する市場が組織化されている場合には、将来利子率の不確実性に由来する流動性選好にはさらなる理由が存在する。人々の立てる予想は人それぞれに異なるのがふつうであって、市場の相場に表れる支配的意見とは異なる予想を抱く人は彼の予想が的中した場合には*さまざまな $_1d_r$ が互いに誤った相互関係に立っていたことから利益を得る。このような利益を目的として流動資産を保持することにはそれなりの理由があるかもしれないのである。(1)

(1)　この点は、私が『貨幣論』の中で、二つの意見と「強気・弱気」状態(two views

and the 'bull-bear' position)という言い方で論じたものと同じである。

このことはわれわれが先に資本の限界効率に関連してかなりの紙幅を割いて論じたものと強い類似性をもつ。そこでは資本の限界効率は「最善の」意見によってではなく、群集心理にもとづく市場評価によって定まることを見たが、それと全く同様に、群集心理によって形成される将来の利子率についての期待もまた、流動性選好に影響を及ぼす。もっといえば、将来の利子率が市場の想定している率より高くなると信じている人は流動的現金そのものを保有しようとする動機をもつ[1]のに対し、それとは反対方向に市場と意見を異にする人は、もっと長期の債権を購入するために、資金を短期間借り入れようとする動機をもつだろう。市場価格は「弱気」筋の売りと「強気」筋の買いが均衡する点で決まることになる。

（1）同様に、投資物件〔株式〕の期待収益が市場の予想よりは低くなると信じている人は流動的現金を保有しようとする十分な理由をもつかに思われるかもしれない。だが事実はそうではない。なるほど彼は株式よりはむしろ現金かまたは債権でもとうとする十分な理由をもつが、同時に彼が将来の利子率は市場の考えるよりは高くなると信じているのでないかぎり、債権を購入したほうが現金を保有するよりは有利となろう。

以上において流動性選好を三つの部分に分けたが、それら三つをそれらが依拠する動機によって定義することもできよう。(一)取引動機。すなわち個人や企業がそのときそのときの取引を行うための現金の必要性。(二)予備的動機。すなわち総資産の一定割合を将来用の現金という形でもつことから得られる安全性への欲求。(三)投機的動機。すなわち、将来の成り行きについて、市場よりも多くの知識をもつことから利益を獲得しようという目論見。債権を取引するための市場が高度に組織化されているのがいいのか悪いのか、資本の限界効率を論じたときもそうであったが、ここでもわれわれはディレンマに陥らざるをえない。というのは、組織化された市場を欠くときには、予備的動機による流動性選好が大幅に増大するし、組織化された市場が存在する場合には、投機的動機による流動性選好は大きな変動を被る可能性をもつからである。

　次の点を指摘しておこう。それは目下の議論の例証になるかもしれない。取引動機と予備的動機による流動性選好が、利子率それ自体の変化——*ここでは利子率の所得水準への影響は考えない——にあまり感応的でない現金量を吸収し、それゆえ、この量を差し引いた残りの総貨幣量が投機的動機による流動性選好を満たすために用いられるものとすれば、利子率と債券価格の水準は、(その水準においては債券の将来価格に関して「弱気」になっているがゆえに)現金を保有したいと思う一部の人々の欲求が投機的動機のために用いることのできる現金量とちょうど一致するところで決まることになる。こうして貨幣量の増加があると、その都度債券価格は上昇しなくてはならない。それも、一部「強気」筋の期待以上に、そして、債券を売って現金に換え、「弱気」筋の陣営に鞍替えする人が出て来るほどにである。しかし、もし投機的動機による現金需要が、一時の過渡的期間を除いて、ほんの取るに足りないほどのものだとしたら、貨幣量の増加はほとんど間髪を入れずに利子率を引き下げずにはおかず、その下げ幅は、雇用と賃金単位を引き上げ、その結果追加された現金を取引動機と予備的動機によって吸収させてしまうほどのものとなろう。

貨幣〔需要〕量を利子率と関係づける流動性選好表は、一般には、貨幣量が増加するにつれて利子率が下落する〔利子率が下落するにつれて貨幣需要量が増加する〕ことを表す滑らかな曲線になると仮定してよい。理由はいくつか考えられるが、導かれる結果はいずれも同じである。

第一に、利子率が下落すると、他の条件が同じであれば、それにつれて、ますます多くの貨幣が取引動機による流動性選好によっておそらく吸収されることになるであろう。なぜなら、利子率の下落が国民所得を増加させるとしたら、取引用に取っておく貨幣量も多かれ少なかれ所得の増加に比例して増加するだろうし、同時に、多額の貨幣をすぐに使えるようにしておく便宜の機会費用――利子の損失という形をとる――は減少〔し、そのぶん貨幣を手許に残しておこうとする誘因は増大〕するだろうからである。流動性選好を貨幣表示して賃金単位表示するのでないとしたら〔文脈のいかんでは、賃金単位表示するほうが都合がいいこともある〕、利子率の低下による雇用の増大が賃金すなわち賃金単位の貨幣価値を増大させる場合には、同様の結果が導かれる。第二に、たったいま見たように、将来の利子率について市場とは異なる見解をもつ人々がおり、彼らは利子率が下落すれば現金保有量を増やしたいと思うかもしれない。

それにもかかわらず、場合によっては、〔投機的動機のために用いることのできる〕貨幣量が大幅に増加してもそれが利子率に対して比較的わずかな影響しか及ぼさないこともある。なぜかというと、貨幣量が大幅に増加すると将来に関する不確実性が非常に高まって、安全動機〔予備的動機〕による流動性選好が強まるかもしれないし、それに、将来の利子率について大方の意見が一致することにより、現在の利子率がわずかに変化しただけで、現金への大移動が起こるかもしれないからである。興味深いのは、〔経済〕体系の安定性と貨幣量の変化に対する体系の感応性は、不確実なものについて意見の多様性が存在することに一にかかっている、ということである。将来がわかればそれに越したことはない。しかしそうでないとしたら、貨幣量を変化させて経済体系の活動を制御しようとすれば、意見が多様性をもつことがどうしても重要になる。したがってこのような制御手段は、人々が同時に同一の意見に傾きがちの合衆国のほうが、意見の多様性がもっとふつうに見られるイギリスよりも、その効果がずっと不安定になるのである。

三

われわれはいま、われわれの因果連関の中に、はじめて貨幣を導入した。ここに至ってはじめて、貨幣量の変化が経済体系の中に入り込んでいくありさまを見ることが可能になったわけである。けれども貨幣が〔経済〕体系を刺激し体系に活力を与える飲み物であることを主張しようと思うなら、茶碗を唇にもっていくまでのあいだにも多々しくじりのあること〔百里を行く者は九十里を半ばとすべきこと〕を思い起こさなくてはならない。たとえば貨幣量の増加は、他の条件が同じであれば、利子率を低下させると期待してよいが、大衆の流動性選好が貨幣量の増加以上に増大しているならば、そのようなことは起こらないだろう。あるいは利子率の低下は、他の条件が同じであれば、投資額を増加させると期待してよいが、もしも資本の限界効率表が利子率よりも速やかに低下しているならば、そのようなことは起こりはしないだろう。さらにまた、投資額の増加は他の条件が同じなら雇用を増加させると期待していいけれども、もし消費性向が低下しているとしたら、そのようなことは起こらないかもしれない。最後に、雇用が増加すれば、物価はある程度上昇するだろう。その程度は、一部は物的供給関数の形状に、また一部は貨幣表示の賃金単位が上昇する可能性にかかっている。そして産出量が増加して物価が上昇したとき、その影響は流動性選好に及んで、当初の利子率を一定に保つのに必要な貨幣量を増加させることになろう。

四

投機的動機による流動性選好は、私が『貨幣論』で「弱気の状態」と呼んだものに相当するが、決してそれと同一のものではない。というのは、『貨幣論』では「弱気」は、利子率（あるいは債権価格）と貨幣量との関数関係ではなく、〔実物〕資産と債権を一括したものの価格と貨幣量との関数関係として定義されているからである。このようなやり方だと、利子率の変化がもたらす帰結と資本の限界効率表の変化による帰結とを一緒くたにすることになる。〔『貨幣論』と違って〕ここではその弊を免れることができたと思う。

五

保蔵という概念は流動性選好という概念の一次近似と見なすことができる。それどころか、「保蔵」を「保蔵性向」と言い換えれば、保蔵は実質的には流動性選好と同じものになる。だが、「保蔵」を現実に現金保有が増加することだと解すると、それは本来の意味にそぐわなくなるし、さらに「保蔵」と「非保蔵」をあれかこれかの単純な二者択一で考えてしまうと、重大な誤解を招くおそれが生じる。なぜなら、保蔵の決意は無条件に、すなわち流動性を手放す代償として提供される利益を顧みることなく行われるものではないからである。保蔵の決意は利益を比較考量した結果として行われるのであり、したがってわれわれは、天秤のもう一方の皿に何がおかれているかを知らなければならないのである。さらに「保蔵」を現実に現金を保有するという意に解してしまうと、現実の保蔵額が大衆側の決意の結果として変化するのは不可能になる。なぜなら、この場合、保蔵額は〔必然的に〕貨幣量(定義によっては、貨幣量から取引動機を満たすのに必要な額を差し引いたもの)に等しくなっていなければならず、その貨幣量も大衆の左右しうるところではないからである。大衆の保蔵性向がなしうることといえば、総保蔵欲求と利用可能な現金量が均等化するよう利子率を定めることに尽きている。利子率と保蔵との関係はこれまで顧みられることがなかった。利子率が支出しないことに対する報酬だと通常見なされてきた理由の一端はここにある。しかるに、利子率は実際には保蔵しないことに対する報酬なのである。

第一四章　古典派の利子率理論

一

古典派の利子率理論とはいかなるものか。それは、われわれがみなその教えを受け、最近に至るまで、われわれがほとんど無条件に受け入れてきたものである。にもかかわらず、それを正確に述べることは難しいし、現代古典派の主要な書物の中にその系統立った説明を見出すことも困難である(1)。

(1)　私がこれまでに見出すことができたものの概要については本章への補論を参照。

とはいえ古典派の一統が利子率を投資需要と貯蓄欲求を互いに均衡させる要因と見なしてきたことはかなり明瞭である。投資は投資可能な資金への需要を表し、貯蓄はその供給を表す。そして利子率は投資と貯蓄を均等化させる投資可能な資金の「価格」ということになる。ちょうど、商品の価格がその需要と供給が一致するところで必然的に決まるように、利子率も、市場の力の作用によって、その利子率での投資額が同じ利子率での貯蓄額と一致する点で必然的に定まる。

以上のことはマーシャルの『経済学原理』ではそこまではっきりとは述べられていない。それでもやはり、彼の理論はこのようなものだと思われる。私自身、このように教えられたし、何年ものあいだ、このように教えてきた。たとえば彼の『原理』には次のような一節がある。「利子はどのような市場においても資本を使用することに対して支払われる価格であり、利子率はその市場において需要される資本の総需要を資本の供給総額に一致させる均衡利子率水準に向かって行く傾向がある(1)」。あるいはまた、カッセル教授の『利子の本質と必然性』では、投資は「待忍の需要」、貯蓄は「待忍の供給」、そして利子率は両者を均等化させるはたらきをする「価格」だという趣旨のことが述べられているが、ご多分に漏れず、引用に堪える明示的な記述は見られない。カーヴァー教授『富の分配』第六章は明らかに利子率を待忍の限界不効用と資本の限界生産力とを均等化させる要因という観点から考察している(2)。アルフレッド・フラックス卿(『経済学原理』九五ページ)にはこう書かれている。「われわれの議論が総じて正しいとするなら、貯蓄と資本の有利な雇用機会とのあいだで自動的調整が起こることを認めなければならない。……実質利子率がゼロを上回っているかぎり、貯蓄がその潜在的な有用性を凌駕していることはないだろう」。タウシッグ教授は貯蓄の供給曲線と「資本を何度か増設していくうちに生産力が逓減していく」(『原理』第二巻　二七ページ)ことを表す貯蓄の需要曲線を描いている。それに先立って彼は、「利子率は資本の限界生産力がそれに見合った十分の追加貯蓄を引き出すところで決まる」(二八ページ)と述べている。[3] ワルラスは、「貯蓄と新資本のあいだの交換」を論じている『純粋経済学要論』付論Iの(三)で、利子率のとりうるそれぞれの値に対して、人々が貯蓄しようとする総額と人々が新資本資産に投資しようとする総額とが定まること、そしてこれら二つの総額は互いに均等化する傾向をもち、利子率はこれらを均等化させる変数であること、したがって、利子率は新資本の供給を表す貯蓄と新資本に対する需要とが一致する点で決まること、こうしたことをはっきりと論じている。ことほどさように、彼は完全に古典派の伝統の中にいる。

(1)　この一節を敷衍した議論については、以下、二五七ページを参照。

(2)　カーヴァー教授の利子に関する議論は理解しづらい。それは、(一)「資本の限界生産力」という言葉が限界生産物の数量を指しているのか、それとも限界生産物の価値を指しているのか、はっきりしないこと、および(二)彼が資本の量的定義をしようとしていないことによる。

(3)　これらの問題をめぐるつい最近の議論(F・H・ナイト教授「資本、時間および利子率」『エコノミカ』一九三四年八月)は資本の性質に関するいくつもの興味深く奥深い所見を含み、ボェーム＝バヴェルク流の分析の無益さに対して、マーシャルの伝統の健全さを強調しているが、利子理論についてはまったく伝統的・古典派的な型にはまっている。資本生産の分野における均衡とは、ナイト教授によれば、「ある利子率の下で、貯蓄が市場に流入するのとちょうど同じ時間率あるいは速度で貯蓄が投資に流れ込み、その投資はというと貯蓄使用の対価として貯蓄者に支払われるのと同率の純収穫を生んでいる、そのような利子率〔が成立している状態〕」のことである。

たしかに、伝統的理論によって教育を受けた銀行家、役人、政治家のような一般の人々も訓練を積んだ経済学者も、考えることはみな同じ、人が貯蓄という行為を行うときには、彼はいつも自動的に利子率を引き下げる行為をなしており、自動的に利子率を引き下げる行為をなせば、自動的に資本の生産を刺激する、と考えている。そのさい利子率がどの程度低下するかといえば、利子率は、資本の生産を刺激し、その増加分が貯蓄の増加分にちょうど等しくなるところまで低下するのである。しかもこのプロセスは自己調整的なプロセスであり、それが実行されるためには、通貨当局による特別の介入や余計なお節介はなんら必要とされない。同様に、そしてこれは今日においてもなおいっそう広範に抱かれている信念であるが、投資を増やすと、それが貯蓄性向の変化によって埋め合わされるのでないかぎり、利子率は必ず上昇する。

このような論法が誤りであることは、これまでの諸章の分析に照らせば、もはや明らかなはずである。なぜ見解の相違が生じるか、その淵源をたずねるにあたって、まず意見が一致しているところから始めよう。

投資と貯蓄は現実に不均等たりうると考える新古典派と違って、本来の古典派はそれらは等しいという見解を受け入れている。たとえばマーシャルがそうである。明言こそしていないものの、たしかに彼は総貯蓄と総投資は必ず等しくなると考えていた。ところが、古典派に属するたいていの人たちはこのような信念をはるか先まで推し進めてしまった。彼らは、個人が貯蓄を増やせばその都度、必ずそれに応じて投資を増やそうとする人が現れる、と考えたのである。この点に関連して言うと、私の資本の限界効率表あるいは投資の需要表と上に引いた古典派の幾人かの論者が考えるような資本の需要曲線とのあいだにもまたなんら実質的な相違は存在しない。ところが消費性向とそこから派生する貯蓄性向を考える段になると、見解の相違が顕わになって来る。なぜなら、彼らは利子率の貯蓄性向に及ぼす影響をことのほか強調するからである。しかし彼らとても、所得水準もまた貯蓄額に重要な影響を及ぼすことをたぶん否定しようとしているわけではないし、私にしても、所与の所得から貯蓄される額に対して利子率が一定の影響(おそらくは彼らが考えているようなものではないにしろ)を与える可能性を否定するものではない。これら一致点のすべては、古典派も受け入れるだろうし私も異を唱えようとは思わない一つの命題にまとめ上げることができる。すなわち、所得水準を所与とすることができるなら、現行の利子率は利子率を変数とする資本の需要曲線と利子率を変数とする所与の所得からの貯蓄曲線とが交叉する点になると考えてよい、というのがそれである。

だが、古典派理論に決定的な誤謬が忍び込むのはまさしくこの点においてである。上の命題から古典派が、資本の需要曲線と利子率の変化が所与の所得からの貯蓄性向に及ぼす影響〔資本の供給曲線〕とが与えられている場合には、所得水準と〔均衡〕利子率は一意に相関しているはずだ、と推論するにとどまるかぎり、とやかく言うべきことは何もない。それどころか、この命題は重要な真理を含むもう一つの命題、すなわち、資本の需要曲線と利子率の変化が所与の所得からの貯蓄性向に及ぼす影響〔資本の供給曲線〕ともども利子率も与えられているとしたら、*そのとき所得水準は貯蓄額と投資額を均等化させる要因となるに違いない、という命題におのずと導かれることになろう。ところが実際には、古典派理論は所得水準の変化の影響を無視しているだけでない、それはまた形式的な誤りをも含んでいるのである。

つまり、先の引用例から察しがつくように、古典派理論はさらに先を行って、貯蓄の出所たる所得額を所与とするというみずからの仮定を緩和したり修正したりすることとなく，(たとえば)資本の需要曲線が移動すると利子率にいかなる影響が及ぶかを考察することができる，と決め込んでいるのである。古典派利子率理論の独立変数は資本の需要曲線，ならびに所与の所得からの貯蓄額に及ぼす利子率の影響であり，この理論によれば，(たとえば)資本の需要曲線が移動したとき，新たな利子率は新たな資本の需要曲線と利子率を所与の所得からの貯蓄額に関係づける曲線との交点で与えられることになる。古典派の利子率理論は，資本の需要曲線もしくは利子率を所与の所得からの貯蓄額に関係づける曲線のいずれかが移動するか，あるいはこれら双方の曲線が移動する場合には，新しい利子率は二つの曲線の新位置の交点で与えられる，と想定しているように思われる。しかしこれはおかしな理論である。というのは，所得一定という仮定はこれら二つの曲線が互いに独立して移動しうるという仮定とは両立しないからである。二つのうちどちらか一方が移動したとすると，一般には，所得が変化するであろう。その結果，所得一定という仮定に依拠する全図式が崩壊することになる。この窮地を切り抜けるには，賃金単位が自動的にちょうどある額変化し，その流動性選好への影響を通して，想定された〔曲線の〕移動をちょうど相殺するような利子率を成立させ，その結果，産出量が以前と同様の水準に保たれる……とかなんとか，込み入った仮定を設けざるをえない。実際には，こうした仮定の必要性について，上述した論者のどこを捜しても，示唆するものは何一つ見当たらない。このような仮定は、長期均衡の場合ならまだしも、とても短期理論の基礎となりうるようなものではない。いや長期の場合でさえ、このような仮定が成り立つと考える根拠は何も存在しないのである。所得水準が変化するとすればどうなるか、所得水準は現実には投資率の関数ではないのか、こうした点について古典派理論はなんとも無頓着であった。

上述したことは次ページの図[1]を用いて説明することができる。その子細は以下のとおりである。

(1)　本図はR・F・ハロッド氏の教示による。また、D・H・ロバートソン氏のこれと一部類似した図式化(『エコノミック・ジャーナル』一九三四年一二月、六五二ページ)をも参照。

この図では、投資額(あるいは貯蓄額)Iは縦軸に、利子率rは横軸にとられている。X_1X_1'は投資の需要表の最初の位置、X_2X_2'はこの曲線の第二の位置である。曲線Y_1は所得Y_1からの貯蓄額をさまざまな水準の利子率に関係づけたもの、曲線$Y_2, Y_3, \ldots$は所得水準$Y_2, Y_3, \ldots$に対応する曲線である。曲線Y_1を投資の需要表X_1X_1'と利子率r_1で交わるY曲線としよう。いま投資の需要表がX_1X_1'からX_2X_2'へ移動したとすると、所得もまた一般には移動する。しかし図は、その新しい値がどのようなものになるかを教えるだけの十分な情報を含んでいない。つまりどれが適切なY曲線かわからないということだから、新しい投資の需要表がどこでY曲線を横切るかもわからない。けれども流動性選好の状態と貨幣量とを導入してやれば、これらが二つして利子率がr_2であることを教えてくれる。r_2がわかれば、全体の位置は確定することになる。なぜかというと、X_2X_2'とr_2の真上の点で交叉するY曲線すなわち曲線Y_2が、適切な曲線となるからである。このようにX曲線とY曲線群は、それだけでは利子率について何も教えてくれない。それらは、他の情報源から利子率がわかった場合に、所得がどうなるかを教えるだけである。仮に流動性選好の状態と貨幣量になんの変化も起こらず、それゆえ利子率が不変だとしたら、曲線Y_1と旧い投資の需要表〔X_1X_1'〕との交点の真下で新たな投資の需要表〔X_2X_2'〕と交叉する曲線Y_2'が適切なY曲線となり、そしてY_2'が新しい所得水準になる。

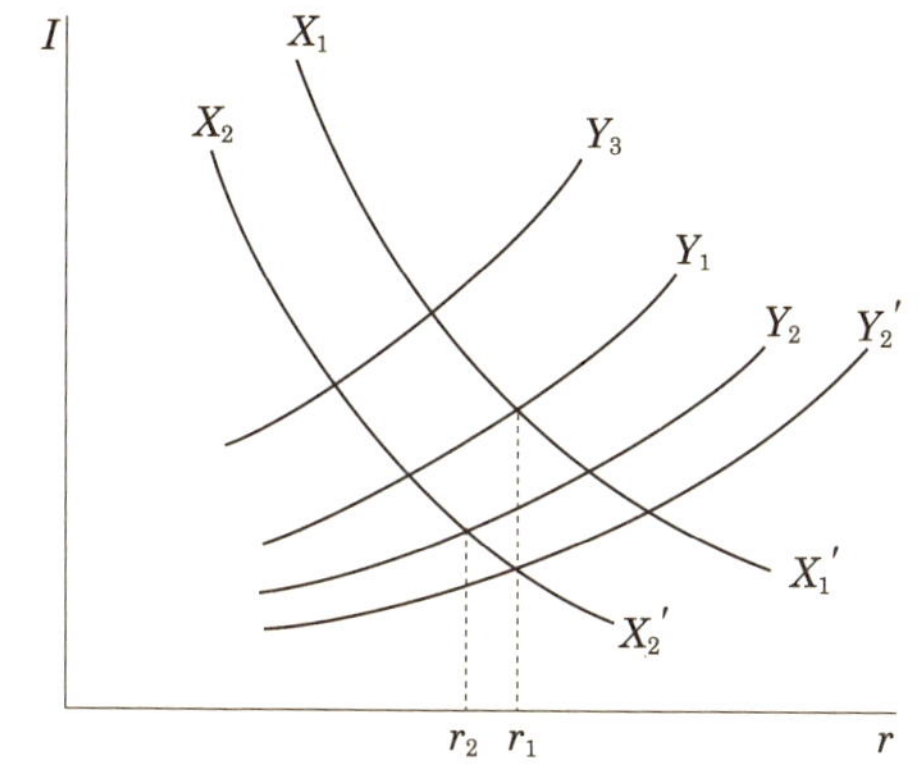

　こうして、古典派理論で用いられる〔二つの〕関数、すなわち利子率の変化に反応する投資〔関数〕と、同

じく利子率の変化に反応する所与の所得からの貯蓄額〔貯蓄関数〕は、利子率理論の素材たりえず、ただ、利子率が(他のなんらかの情報源から)与えられたときに所得水準がどうなるか、あるいは逆に、所得水準が所与の水準(たとえば完全雇用水準)に保たれているとき利子率がどうならなければならないかを教示するために用いることができるだけである。

誤りのもとは、利子を、保蔵しないことに対する報酬と見る代わりに待忍それ自体に対する報酬と見るところにあり、さまざまな程度の危険を含む貸付あるいは投資の収穫率も、本当は、待忍それ自体の報酬ではなく、危険を冒すことへの報酬だと見るのが相当なのである。実のところ、〔危険を冒すことへの報酬である〕これら収穫率と〔危険費用を含まない利子率である〕いわゆる「純粋」利子率とのあいだには明確な境界線は存在しない。なんらかの不確実性にまつわる危険を冒すことへの報酬である点ではみな〔純粋利子率でさえも〕同じである。〔われわれの理論とは〕別の理論〔貨幣数量説〕が妥当性をもって来るのは、貨幣がもっぱら取引手段として用いられ、決して価値の貯蔵手段としては用いられない場合だけである。

けれども、周知の問題点が二つあって、この点を突き詰めていったなら、おそらく、みずからの議論にどこかおかしな点のあることを古典派に教えたはずである。第一に、これまで、少なくともカッセル教授の『利子の本質と必然性』が刊行されて以来、所与の所得からの貯蓄額が利子率の上昇にともなって必ず増加するか否かは不確定であるとされてきた。一方、投資の需要表が利子率の上昇とともに減少する〔利子率の減少関数である〕ことは誰もこれを疑わない。もしX曲線群もY曲線群もともに利子率が上昇した場合に減少する〔利子率の減少関数である〕としたら、所定のY曲線が所定のX曲線とどこかで交わるという保証は全くないことになる。このことは、利子率を決定するのはひとりY曲線とX曲線だけではありえないことを暗に示している。

第二に、貨幣量が増加すると利子率は低下する傾きをもつ、少なくとも当初あるいは短期においては低下する、と想定するのがこれまでの通例である。しかし、貨幣量の変化がなぜ投資の需要表なり所与の所得からの貯蓄性向なりに影響を及ぼすのか、この点に関しては何一つ理由が与えられていない。要するに、古典派は利子率に関して二つの巻をもち、価値理論を扱う第一巻の利子率理論は貨幣理論を扱う第二巻の利子率理論とは全くの別物である。彼らはこの矛盾に心を煩わされなかったようだし、私の知るかぎり、二つの理論に架橋を試みようともしなかった――少なくも、本来の古典派は。というのは、架橋を試みてひどい混乱状態に陥ったのはほかならぬ新古典派だったからである。新古典派は、投資の需要表に対応する〔資金の〕供給には二つの源泉があるに違いないと考えた。一つは本来の貯蓄で、古典派が貯蓄として論じたもの、これに加えて、貨幣量の増加によって利用に供される額(これには「強制貯蓄」などと呼ばれる、大衆への一種の課税が呼応する)。彼らはさらに、「自然」利子率、あるいは「中立」[(1)]利子率、あるいは「均衡」利子率、すなわち投資と「強制貯蓄」の追加分を含まない古典派の本来の貯蓄とを均等化させる利子率が存在するという考えに導かれ、そして最後には、仮に出発点は正しかったとしても行き着く結論としてはなんとも拍子抜けしたもの、すなわち貨幣量をどのような場合にも一定に保つことさえできれば、投資が本来の貯蓄を上回る場合に生じるとされる害悪はもはや起こる由もなく、よって面倒なことは何も生じないという結論に至る。しかしここまで来ると、われわれは深い水の中である。「野鴨[*]はまっしぐらに、底の底まで潜って行って、藻や水草や、その他なんでも、そこいら中のものにむしゃぶりついた。こんな野鴨、よほど利口な犬でもなけりゃ、飛び込んで、連れ戻すことはできまい」。

(1)　当節の経済学者たちが用いている「中立」利子率はボェーム＝バヴェルクの「自然」利子率ともヴィクセルの「自然」利子率とも異なっている。

要するに、伝統的分析の欠陥は、体系の独立変数を正しく分離することができなかったところにある。貯蓄と投資は体系の被決定因であって、決定因ではない。貯蓄と投資は体系の決定因である消費性向、資本の限界効率表、そして利子率が生んだ双子の結果である。なるほどこれらの決定因は互いに絡み合っていて、各々は他の変化が予想されると、その影響を被りかねない。しかしそれらは、その値を互いに他から推測することができないという意味で、やはり独立している。伝統的分析は貯蓄が所得に依存していることには気づいていたが、所得が投資に依存している事実には目が向かなかった。投資が変化したとき、所得は必然的に、投資の変化と同額の貯蓄の変化を生むよう変化しなければならない。このようなふうにして、所得は投資に依存するのである。

利子率を「資本の限界効率」に従属させようとする理論がうまくいったかというと、こちらもはかばかしくない。なるほど均衡状態では利子率は資本の限界効率と等しくなるであろう。なぜなら、当期の投資規模を〔資本の限界効率と利子率の〕均等が達成されるまで増やす(あるいは減らす)のが有利だから。しかし、これを利子率理論としたり、ここから利子率を導出したりするのは、マーシャルがこの線に沿って利子率を説明しようとして途中で気づいたように、循環論法である。[(1)] というのは、「資本の限界効率」は部分的には当期の投資規模に依存しており、この規模の大きさを算出しうるためには、それに先立って利子率があらかじめ知られていなければならないからである。新たな投資〔財〕の生産は資本の限界効率が利子率に等しくなるところまで推し進められるというのは重要な結論である。ただし、資本の限界効率表が教えるのは利子率がどうなるかということではない、それは、利子率が与えられたとき、新規投資〔財〕の生産がそこまで推し進められる、その限界点を教えるのである。

（1）　本章への付論を参照。

いま論議している問題は最も根本的な理論的重要性をもつ事柄であり、実践上もこのうえない重要性をもっていることは、読者には直ちに理解してもらえることと思う。というのも、経済学者の実践的助言が決まったように依拠してきた経済原理は、他の条件が同じなら、〔消費〕支出の減少は利子率を低下させ、投資の増加は利子率を上昇させる傾きをもつと事実上想定してきたからである。しかしこれら二つの量によって決まるのが利子率ではなく総雇用量だとしたら、経済体系の仕組みについてのわれわれの見方は一変するであろう。他の条件に変わりがないものとしよう。そのとき、支出の低下はもはや投資を増加させる要因と見られるのではなく、代わって雇用を減少させる要因だと見なされる。もしそうなら、支出性向の低下は従来とは全く異なった様相を帯びることになる。

第一四章への付論

マーシャル『経済学原理』、リカード『政治経済学原理』、その他に見られる利子率について

一

マーシャル、エッジワース、あるいはピグー教授の著作には、利子率に関する首尾一貫した議論は見当たらない。せいぜい、二、三、付随的所見が見られる程度である。先に引用しておいた箇所（一九一ページ）を除くと、マーシャルの利子率に関する立場を知る重要な手がかりは、わずかに『経済学原理』（第六版）第六篇の五三四ページと五九三ページくらいのものである。以下の引用文はその骨子である。

利子〔率〕はどんな市場においても資本を使用することに対して支払われる価格であり、それは、当該市場における資本の総需要を当該市場において供給される資本ストック[1]の総量に一致させるところの利子率、すなわち均衡〔利子率〕水準に向かっ

ていく傾向がある。問題にしている市場が、たとえば一つの町あるいは発展している国の一つの産業のような小さな市場であれば、そこで資本需要が増加すると、たちまちのうちにまわりの地区や産業からそれに見合った資本の供給を誘引するだろう。けれども世界全体――大国全体でもいい――を一つの資本市場と考えた場合には、利子率の変化によって資本の総供給が素早く大規模に変更されると考えるわけにはいかない。資本基金の全体は労働と待忍が生み出すものであって、利子率の上昇が誘い出す余分の労働[2]と余分の待忍は、現存の総資本ストックを生み出した労働と待忍の量に比べれば、当座は微々たるものだからである。それゆえ、資本一般への需要が大幅に増加すると、需要の増加は、しばらくのあいだは、供給の増加によってではなく、利子率の上昇によって折り合いをつけられるであろう[3]。そのさい、資本はその限界効用が最も低い分野から引き揚げられることになろう。利子率の上昇が総資本ストックを増加させる過程は遅々として漸進的なのである(五三四ページ)。

(1)　マーシャルは「貨幣」という語を使わずに「資本」という語を用い、「貸付」という語を用いないで「ストック」という語を使っていることに注意。しかし利子は貨幣を借りることに対する支払であり、したがって、「資本の需要」も、この文脈では、「資本財ストックを購入するための貨幣貸付への需要」と解すべきである。といっても，提供される資本財ストックと需要される資本財ストックとの均等化を達成するのは資本財の価格であって，利子率ではない。利子率が成し遂げるのはあくまでも貨幣貸付すなわち債権の需給の均等化である。

（2）ここでは，所得は一定ではないと想定されている。だが，利子率の上昇がどのようにして「余分の労働」を引き出すかは定かでない。利子率の上昇は貯蓄を目的とした労働をやり甲斐のあるものにするから，それは〔実際の〕賃金が安くても生産要素〔労働者〕に働く誘因を与える一種の実質賃金の上昇と見なすことができる，とでも言うのであろうか。ロバートソン氏は，同様の文脈で，このようなことを考えていたように思われる。たしかにこれでは〔余分の労働は〕「さしあたりは大した量にならないだろう」が，投資量の現実の変動をこのような要因によって説明しようとするのはきわめて非現実的であるばかりか，ばかげてさえいる。前掲引用文の後半を私なりに書き直すとしたら，こうなる。「資本の限界効率表の上昇によって資本一般への需要が大幅に増加したとき，その増加が利子率の上昇によって相殺されない場合には，資本財生産の増加による余分の雇用と上昇した所得水準は余分の待忍をもたらす。その量は貨幣表示した価値で見ると資本財の当期の増分とぴたり一致し，それゆえ資本財の増分を過不足なくまかなう」。

（3）どうして資本財の供給価格が上昇しないのだろうか。たとえば，「資本一般への需要の大幅な増加」が利子率の下落によるとして見よ。そのとき引用文はこう書き直されるべきではなかろうか。「それゆえ、資本財需要の大幅な増加が総ストックの増加によって直接満たされることがないかぎり、それは当座は、投資規模の実質的な変化なしに資本の限界効率を利子率と釣り合わせる、資本財の供給価格の上昇によって抑制されなければならないだろう。やがて(いつものように)、資本財生産に適合的な生産要素が、新たな状況において限界効率が最大となる資本財を生産するために使用されることになる」。

過去の資本投資に「利子率」なる語を適用しうるのはその意味を十分に限定したときだけであることは、何度でも繰り返されてよい(1)。たとえば、われわれは、およそ七〇億ポンドの産業資本がこの国のさまざまな産業に約三パーセントの純利で投下されているという言い方をあるいはするかもしれない。けれどもこのような言い方は、なるほど多くの目的のためには便利だし正当でもあるが、正確な言い方とは言えない。正しくは、それぞれの産業における新資本投資(あるいは限界投資)の純利子率が約三パーセントだとしたら、あちこちの産業に投下された産業資本の全体が稼ぐ総純所得は、三三年間の収益に相当するとして(すなわち三パーセントの利子をもとにして)資本還元すると、およそ七〇億ポンドになる、という言い方をすべきである。なぜならば、すでに土地改良や建物建設に、あるいは鉄道敷設や機械の設置に投下された資本の価値は、それらの将来にわたる期待純所得(あるいは準地代)の総割引現在価値だからである。だからその期待収益力が減退すれば、それに応じて資本価値も減少し、その値は減少した所得から減価償却費を控除した額を資本還元したものとなる(五九三ページ)。

(1)　実際には、われわれがそれについて語りうることは皆無である。われわれが利子率について適切に語ることができるとしたら、それは高々、新旧を問わず(あるいはどのような目的のものであれ)、資本投資〔物件〕を購入するために借り入れた貨幣に対する利子率の場合だけである。

ピグー教授は『厚生経済学』(第三版)一六三ページでこう書いている。「「待忍」なる用役の性格はこれまで多くの誤解にさらされてきた。その本質は貨幣の準備にあるとされる場合もあれば、時間の準備にあると言われることもある。そしていずれの場合にも、〔国民〕分配分にはなんの寄与もなさないと論じられてきた。待忍は貨幣の準備でもなければ時間の準備でもない。「待忍」とは、ただひとえに、いま享受しようと思えばそうできる消費を先延ばしすること、つまりひょっとしたら消尽されたかもしれない資源に生産手段という形をとらせることである。(1)……それゆえ「待忍」の単位は一定量の資源、たとえば労働や機械を、一定時間、使用することである。[2]……もっと一般的な言い方をすると、待忍の単位は年‐価値単位だと言ってよい。あるいは正確さは欠くが、カッセル博士のもっと簡単な言い方では、年‐ポンド。……ここで一言、どの年をとってみても、その年に蓄積された資本額は必ずその年の「貯蓄」額に等しくなるという通説に注意を発しておこう。この説は、貯蓄を純貯蓄と解して他人の消費を増やすために貸し出された貯蓄を除外したときでも、銀行貨幣という形態の、〔労働や機械などの〕諸用役に対する未行使請求権の一時的な蓄積を除外したときでも、正しくない。なぜなら、資本となるはずの貯蓄も、その実多くは、無駄の多い用途に誤用されることによって、所期の目的を達し損ねるからである[3]」。

（1）　この箇所は、消費を延期すれば必ずこのような結果をもたらすということなのか、それとも、単に資源を〔消費から〕解放するというだけで、その資源を未雇用状態におくか投資に用いるかは状況次第ということなのか、表現が曖昧である。

（2）　所得稼得者が消費に支出しようと思えばそうできるのにそうしない貨幣額ではないことに注意されたい。だから待忍の報酬は利子ではなく準地代である。この文章は、解放された資源は必ず使用される、と言っているように思われる。もし解放された資源が未雇用状態にあるなら、待忍の報酬とはいったい何なのか。

（3）　仮に誤用された投資は無視することができたとしても、「銀行貨幣という形態の、諸用役に対する未行使請求権の一時的な蓄積」はこれを考慮に入れざるをえないとしたら、そのとき純貯蓄は資本の増加と等しくなるや否や――この点について、この一節は何も語っていない。だがピグー教授は、『産業変動論』（二一二ページ）では、このような蓄積は彼のいわゆる「実質貯蓄」になんの影響も及ぼさないことを明言している。

利子率の決定因についてピグー教授が論及したものの中で唯一意味があるのは、おそらく『産業変動論』（第一版）二五一―三ページに見られる記述くらいのものである。彼はそこにおいて、利子率は実物資本の一般的な需給条件によって決まり、中央銀行その他、いかなる銀行の統制も及ばない、という見解に論駁を加えている。彼の反論はこうである。「銀行家が実業家に対して信用を拡大するとき、彼らは、第一部第一三章[1]で説明したように、実業家のために大衆から実物を強制的に徴収する。この信用拡大により、実業家の用に供せられる実物資本は流勢を増し、長短両貸付に対する実質利子率の低下が引き起こされる。要するに貨幣に対する銀行家の利率が長期貸付の実質利子率に自動的に結びつけられているのは確かである。だが、この実質利子率が銀行家の統制が全く及ばない諸条件によって決められるというのは事実に反している」。

（1）　ここで言及されている箇所（前掲書、一二九―一三四ページ）には、銀行の新たな信用創造が企業者の手にする実物資本の系列をどれほど拡大するかについてのピグー教授の見解が含まれている。彼がやろうとしているのは、要するに、「信用創造によって実業家に供与される一時的信用(floating credit)から、銀行が仮に存在しなかったとしたら他の形で供与されたはずの一時的資本(floating capital)を」差し引くことである。このような控除を行った後の議論はどうにも不明瞭である。まず最初に、金利生活者は一五〇〇の所得を保有しており、うち五〇〇を消費に、一〇〇〇を貯蓄にまわす。信用創造が行われると彼らの所得は一三〇〇に減少し、その中から$500-x$が消費され、$800+x$が貯蓄にまわされる。xは信用創造活動によって利用可能となった資本の純増分を表す。これがピグー教授の結論である。ここで、企業者の所得は彼らが銀行から借り入れる額(先の控除はすでに実行済み)だけ増えると考えられているのだろうか。それとも増えるのは金利生活者の所得の減少分、すなわち二〇〇なのだろうか。いずれの場合でも、彼らはその全額を貯蓄すると見なされているのであろうか。投資の増加は信用創造マイナス控除分なのか。それともそれはxか。議論はまさしくこれから始まるところで終わっているように思われる。

以上の諸説に対する私の見解は注で素描しておいた。この問題に関するマーシャルの説明に私はどうもしっくり来ないものを感じるのだが、その出所をたずねていくと、貨幣に対して全く考慮が払われていない書物の中に「利子」という貨幣経済に属する概念がまぎれ込んでいるところにどうやらその原因があるらしい。「利子」は実のところは、マーシャルの『経済学原理』に登場する必然性が少しもない。それは経済学のもう一つの部門に属するものなのだ。ピグー教授(『厚生経済学』)は言外に含まれている他の諸仮定に拠って、待忍の単位は当期の投資単位と同じものであり、待忍の報酬は準地代であることを悟らせようとするが、当然のことながら利子についてはほとんど何も語っていない。にもかかわらず、以上の論者たちは非貨幣経済(そのようなものがあればとしての話)を論じているのではない。貨幣は用いられているし銀行体系もある。明らかに彼らはこうした経済を考えているのである。付言すれば、利子率は、ピグー教授の『産業変動論』(主として資本の限界効率の変動を考察したもの)や『失業の理論』(主として、雇用量の変化を決定する要因を、非自発的失業は存在しないと想定して、考察したもの)では、『厚生経済学』におけるほどには大きな役割を演じていない。

二

次の『政治経済学原理』(五一一ページ)の一節はリカードの利子率理論の本質をよく示している。

貨幣*に対する利子を規制するのは五パーセント、三パーセント、二パーセントといったイングランド銀行(the Bank)の貸出利率ではなく、利潤率である。利潤率は資本の雇用によって決まり、貨幣量あるいは貨幣価値とはなんの関係ももたない。銀行が一〇〇万貸そうが、一〇〇〇万あるいは一億貸そうが、そのことによって市場利子率が永続的な変化を被るわけではない。変わるのは発行される貨幣の価値だけである。同じ事業を続けていくのに、ある場合には他の場合の一〇倍、二〇倍の貨幣が必要になることもあろう。その場合、イングランド銀行に資金借入れの申し込みを行うかどうかは、その資金を用いることで得られる利潤率と銀行が貸し出そうとする率との比較考量によって決まる。貸出利率が市場利子率よりも低ければ、銀行はいくらでも貸し出すことができる。反対に貸出利率のほうが高ければ、浪費家や放蕩者でもなければ誰も資金を借り入れようとは思わないだろう。

明快そのもの、議論の出発点としては、後世の著述家のものよりはこちらのほうがかえってふさわしい。彼らは本当はリカードの教義の本質から逸脱していないのに、そこに居心地の悪さを感じるあまり、朦朧とした靄の中に逃げ込んでいるからである。リカードの場合はいつもそうだが、上掲引用文ももちろん長期の教義だと解釈しなければならない。文中、中ほどにある、「永続的な」という言葉に力点をおいて。では、この教義を有効にするためにはどのような仮定が必要か、検討してみるのも一興である。

ここでもまた、古典派の例の仮定、完全雇用がいつも実現しているという仮定が必須となる。完全雇用がいつも実現しているのだから、*生産物表示の労働供給曲線が不変なら、長期均衡状態では考えうる雇用水準はただ一つということになる。この仮定と、例の「他の条件に変わりがなければ」、すなわち心理的諸性向にも期待にも、貨幣量の変化によるもの以外には変化がないという付帯条件とをもとにして、リカード理論は効力を得る。つまりこれらの仮定を設けると、完全雇用と両立する利子率は長期的にはただ一つということになるのである。ところが実際には、長期においてさえも雇用量は必ずしも完全雇用状態にあるとはかぎらず、変化を被る可能性がある。しかも銀行政策が変わるとそれに応じて長期雇用水準も変化する。それゆえ、通貨当局の利子政策が考えられる範囲であれこれ変化すれば、それに応じて、長期均衡の位置もあれこれ多数存在することになる。リカードと彼の後継者たちはこれらの事実を見落としている。

自分の議論が妥当するのはいかなる水準であれ通貨当局の創造した通貨量が所与の場合だけであることにリカードが満足していたなら、彼の議論は伸縮的な貨幣賃金を想定したとしても依然として正しかったであろう。すなわち、一〇〇〇万であろうが一億であろうが貨幣量が通貨当局によって固定されているかぎり利子率はいつまでも変化することはない、というのがリカードの言わんとするところであったとしたら、彼の結論は妥当性を失わなかったであろう。しかし通貨当局の政策を〔貨幣量を決めることそのことよりは〕貨幣量を増減させるさいの条件、すなわちその下で通貨当局が割引量を変化させるなり公開市場操作を行うなりして自己の資産を増減させるところの利子率〔を変更すること〕という意味に解するなら――実際リカードがそのような意味に解していることは、上の引用文から明らかである――通貨当局の政策は無効だということにはならないし、長期均衡と両立する政策は一つしかないということにもならない。もっとも、非自発的失業に直面して失業労働者が無益な職争いをし、貨幣賃金が際限なく下落するという極端な想定の下では、たしかに、考えられる長期の位置はわずかに二つ、すなわち完全雇用と、流動性選好が無制限となるときの利子率に対応する〔完全雇用以下の〕雇用水準との二つだけであろう。伸縮的な貨幣賃金を想定すると、なるほど貨幣量はそれ自体としては長期的にはなんの効果も表さない。けれども通貨当局が貨幣量を変化させるさいの条件は〔雇用の〕実質的な決定因として経済体系の中に入って来るのである。

引用した文章の結論部を見ると、リカードは投資された額が変化するにつれて資本の限界効率も変化する可能性のあることを見落としていたことが窺える。この点は付記しておいていい。だがこれもまた、後継者には及びもつかない、彼の偉大なる内的一貫性のいま一つの例だと解釈することができる。というのは、雇用量と社会の心理的諸性向とが所与だとしたら、実のところ、可能な資本蓄積率はただ一つしかなく、それゆえ資本の限界効率がとりうる値もただ一つだけだからである。リカードは、経験世界からはるかかけ離れた仮想の世界に遊びながら、あたかもそれが経験世界であるかのように思わせ、その世界に首尾一貫して住んでみせるという、凡庸な精神にはまねのできない、比類なき知的離れわざを演《や》ってのけた。これが後継者たちになると、たいていは常識というものが入り込んで来て、論理的一貫性を台無しにしてしまうのである。

三

利子率についての一風変わった理論がフォン・ミーゼス教授によって提示されている。ハイエク教授も彼の理論を採用しているし、思うに、ロビンズ教授もまた同じである。その理論とはすなわち、利子率の変化を消費財と資本財の相対価格水準の変化と同一視するものである(1)。どうしてこのような結論に到達したものか、理由は定かでない。しかし何はともあれ、論旨はどうやら次のようなものである。いくぶん思い切った単純化が施されて、資本の限界効率は新消費財と新生産財の供給価格の比率で測られるとされている。(2) そのうえでこの比率は利子率と同一視される。そして利子率の低下は投資に有利になるという事実に注意が促される。以上を総合して、消費財価格の生産財価格に対する比率が低下すると投資に有利になるという結論が導かれる。

(1)『貨幣と信用の理論』三三九ページ以下、とりわけ三六三ページ。

(2) われわれが長期均衡にある場合には、特殊な仮定を設けてやればこのことを正当化することができよう。だが問題になっている諸価格が不況状態下の価格であるときには、企業者は、期待を形成するさい、諸価格をずっと変わらないと考える、と想定する単純化は、はっきり言って現実にそぐわない。そればかりか、もし彼がそうするとしたら、生産財の現存ストックの価格は消費財価格と同一割合で下落するであろう。

このような道具立てによって、人々の貯蓄の増加と総投資の増加とが結びつけられる。すなわち、彼らの共通した認識では、人々の貯蓄が増加すると消費財価格は下落し、しかもその下落は大なる可能性で生産財価格のそれよりも大きい。これは、上の論法によれば、投資を促進する利子率の低下を意味する。だが言うまでもなく、個々の資本資産の限界効率が低下し、したがって資本一般の限界効率表が低下すると、上の議論が想定するところとは正反対のことが起こる。投資は資本の限界効率表の上昇あるいは利子率の低下、そのいずれかによって促進される〔が、利子率が低下したとしても資本の限界効率表が低下すると投資は抑制される」からである。資本の限界効率と利子率をごっちゃにしたために、フォン・ミーゼス教授とその弟子たちは全くおかしなやり方で彼らの結論を引き出した。アルヴィン・ハンセン教授の次の一節[1]は同様の混同を犯しているいい例である。「支出が減少すると、最終的には、消費財価格水準はそうでなかった場合に比べて低下し、その結果、固定資本投資への刺激は極度に弱まってしまう、と説く経済学者がいる。だがこの見解は間違っており、資本形成に対する(一)消費財価格の上昇・下落の影響と(二)利子率の変化の影響とをごっちゃにしている。なるほど、支出が減少し貯蓄が増加すれば、その結果、消費財価格は生産財価格に比べれば相対的に低下するであろう。しかしこのことが意味するのは実のところは利子率の低下である。利子率が低下するから、利子率が高ければ利益の上がらない分野でも資本投資の拡張を刺激するのである」。

(1)『経済再建』二三三ページ。

第一五章　流動性への心理的誘因と営業的誘因

一

ここで、第一三章で予備的に導入した流動性への動機について、さらに分析を深めておかなければならない。これから論じようとすることは、従来、貨幣需要という見出しで時折論じられてきたものと実質的には同じである。それはまた貨幣の所得速度と呼ばれるものとも密接なかかわりをもっている。というのも、*貨幣の所得速度とは大衆が所得のうちどれほどの割合を現金でもつかの測度にほかならず、貨幣の所得速度が高まるのは流動性選好が減退する兆しと見ていいからである。けれどもそれは〔流動性選好と〕同じものではない。なぜなら、人々が流動性と非流動性の選択を行うのは蓄積された貯蓄のストックに関してであって、彼らの所得についてではないからである。ともあれ、「貨幣の所得速度」という言葉は、全貨幣需要が所得に比例している、あるいは所得とある一定の関係をもっていると誤って受け取られかねない。しかるにこのような関係は、後に見るように、大衆の保有する現金の一部についてのみ言えることであり、〔全貨幣需要と所得との関係として所得速度を理解すると〕利子率の果たす役割が看過されることになる。

私は『貨幣論』の中で、すべての貨幣需要を所得預金、営業預金、貯蓄預金という見出しの下に考察した。その第三章で行った分析をここであらためて繰り返す必要はない。だが目的を分けても、三つの目的それぞれのために保有する貨幣の水源は一つであり、保有者がそれらを三つの区画に区々に分割する必要は全くない。すなわち三つは、保有者の心中においてさえ厳格に分割されるべきものとは感じられておらず、同一量の貨幣を最初はある目的に、次は別の目的に、というふうにその保有目的を替えることも可能なのである。このような次第で、人々のある時ある場所での総貨幣需要は単一の決意――たとえその決意はさまざまな動機の複合的な結果だとしても、単一の決意として考えることができる。そう考えても〔『貨幣論』の場合と〕同じだし、あるいはそのほうがいっそうすっきりするかもしれない。

〔貨幣保有の〕動機を分析する場合には、やはりそれらをいくつかの見出しの下に分類するのが便宜である。〔以下に挙げる諸動機のうち〕最初の二つは以前分類した所得預金と営業預金に、後の二つは貯蓄預金に、ほぼ対応している。これらは、第一三章では、取引動機――これは〔ここでは〕さらに所得動機と営業動機に分割される――、予備的動機、および投機的動機として、暫定的に導入されていたものである。

（一）所得動機。現金を保有する一つの理由は、所得の受取とその支出とのあいだの橋渡しをすることである。ある額の現金をもとうとさせるこの動機の強度は、主として所得の額と、そして所得の受取と支出のあいだの標準的な時間間隔とに依存している。貨幣の所得速度という概念が厳密に妥当するのはここにおいてである。

（二）営業動機。同様にして、営業上の費用が発生する時点と売上収入を受け取る時点とのあいだをつなぐために現金が保有される。商品の仕入れと販売とのあいだをつなぐために卸売業者が保有する現金もこれに含まれる。この需要の強度は主として当期の産出量（それゆえ当期の所得）および生産物が持ち手を変える回数とに依存する。

（三）予備的動機。突然の出費を要する不測の事態に備えること、いつ訪れるともしれぬ有利な購入機会に備えること、そしてまた貨幣で約定されている債務をこれから弁済するために貨幣で約定されている〔預金などの〕資産を保有すること、これらは現金を保有するさらなる動機である。

以上、全三種類の動機について見ると、その強度は、現金が必要になったとき、その現金をなんらかの一時的借入れ形態、ことに当座貸越しやそれに類する手段によって入手するさいの、費用と信頼性とにある程度までは依存している。というのは、現金が実際に必要になったときに難なく現金を入手することができるなら、使うあてのない現金を時間の橋渡しをするために保有しておく必要性は少しもないからである。それらの強度はまた、現金保有の[*]相対的費用とでも呼ぶことのできるものにも依存している。仮に現金を保有することが有利な資産の購入を見合わせることと引き換えであるとしたならば、このことは現金を保有する費用を増大させ、その結果、与えられた量の現金を保有する動機を弱めることになる。〔他方〕預金に利子がついたり、あるいは銀行手数料が不要になったりすれば、〔現金を保有する〕費用が減少するから、[**]現金保有の動機は強められることになる。だがこうしたことは、現金保有の費用に大きな変化がある場合を除くと、それほど重要な要因だとは思われない。

（四）最後に投機的動機。この動機は、それがあまりよく理解されていないこと、そして貨幣量が変化したときの効果を伝達するさいとりわけ重要になること、これら二つながらの理由によって、他の動機よりもっと立ち入った検討を要する。

通常の状態では、取引動機と予備的動機を満たすために必要とされる貨幣量は、主として経済体系の全般的活動、および貨幣所得水準の結果として決まる。ところが通貨管理（通貨管理が欠如している場合には、貨幣量の偶然の変化）が経済体系に対して作用を及ぼすのは、それが投機的動機に影響を与えることによってである。すなわち、前者の諸動機は、全般的経済活動と所得水準の実際の変化を除くいかなる影響に対しても一般には感応的でないのに対し、投機的動機を満たすための貨幣需要の全体は、経験の示すところによれば、利子率が少しずつ変化すれば通常はそれに対して連続的に反応する。つまり投機的動機を満たすための貨幣需要の変化を、さまざまな満期日の社債や公債の価格の変化によって与えられる利子率の変化に関係づける連続的な曲線が存在するのである。

そもそもこのような関係がなければ「公開市場操作」は実行不可能であろう。〔貨幣需要と利子率のあいだには〕上述したような連続的な〔関数〕関係があることを経験は示していると言ったが、なぜそうなるかといえば、通常の状態では、銀行体系は市場において債券価格を適度に競り上げる(下げる)ことによっていつでも現金と引き換えに債券を購入(売却)することができ、社債や公債を購入(売却)することにより創造(削減)しようとする現金量が増えれば、それにつれて利子率の下げ幅(上げ幅)は大きくなるに違いないからである。けれども、(一九三三—三四年の合衆国がそうであったように)公開市場操作がごく短期の証券の購入に限定されている場合には、もちろんその効果は主としてごく短期の利子率に限られ、はるかに重要な長期利子率にはほとんど影響を及ぼさないかもしれない。

だが投機的動機について論じるさいには、同じ利子率の変化でも、流動性関数は不変で投機的動機を満たすために用いられる貨幣供給のみが変化したときの利子率の変化と、流動性関数それ自体に影響を及ぼす期待の変化にもっぱら起因する利子率の変化とを区別することが肝要である。しかし実際には、公開市場操作は両方の経路を通じて利子率に影響を与えるかもしれない。なぜなら、公開市場操作は貨幣量を変化させるのみならず、中央銀行ないしは政府の将来の政策に関する期待をも変化させるかもしれないからである。期待に改訂を迫るような新たな出来事（が起こると流動性関数も変化するが、このこと）による流動性関数それ自体の変化はたいていは断続的であり、それゆえ利子率の変化もそれに応じて断続的となる。実のところは、出来事の変化が人ごとに違って解釈されるかあるいは人それぞれの利害に違ったふうに影響を及ぼす場合に限って、債券市場での売買活動は拡大の余地をもつ。もしも出来事の変化が人々の判断と必要に全く同じふうに影響を与えるとしたら、そのとき利子率（社債や公債の価格によって表示される）は、市場取引がなんら必要とされないまま、即座に新しい状況に調整されるであろう。

このように、誰もが同じ期待を抱き同じ状況に置かれている最も単純な場合においては、状況や期待の変化によって貨幣の持ち手が変わることは全くありえない。状況や期待が変化すると新たな状況・期待に応じて人々は現金保有を変えようとする欲求をもつだろう。しかし、状況や期待の変化は〔現金保有を実際に変化させることはなく〕、これまでの利子率〔と新しい状況・期待〕の下で抱かれた各人のこのような欲求を相殺するのに必要なだけ、利子率を変化させるにすぎない。現金保有を同程度に変更せしめる利子率についての見解を〔こんどはその変化を相殺すべく〕皆が揃って変えるわけだから、取引は全く起こらない。状況と期待の一組の組み合わせには一つの適切な利子率が対応しており、誰かがこれまでの現金保有を変更するというような問題は起こりようがないのである。

しかし一般的には、状況あるいは期待の変化は人々の現金保有に再編成をもたらすであろう。なぜなら、変化は人々の考えに対して、人ごとに——一部は彼らが貨幣を保有する環境と理由が異なるため、また一部は新しい状況についての彼らの知識や解釈が異なることにより——異なる影響を及ぼすからである。こうして新しい均衡利子率には貨幣保有の再分配がともなうことになる。にもかかわらずわれわれが主に着目すべきは利子率の変化であって、現金の再分配ではない。現金の再分配は個々人の〔意見の〕相違に付随して生じる現象である。しかるに本質的な現象は〔人々の見解がみな同じという〕最も単純な場合においてこそ生じる。いや、〔人々の意見や期待が異なる〕一般的な場合においてさえ，利子率の変化はふつうは出来事の変化に対する反応の中でも最も顕著な部分なのである。新聞でよく使われる言い回しを用いるなら，債券価格の変動は「取引活動に比べたら桁はずれに大きい」。人々は新しい出来事への反応という点では相違点より類似性が顕著だということを考えれば，このことは当然といえば当然のことである。

二

人が取引動機と予備的動機を満たすために保有しようと決意する現金量は投機的動機を満たすために保有しようとする現金量と全く無関係というわけではないにしろ，これら二組の現金保有量はおおむね互いに独立していると見なしても，一次近似としてなら問題はなかろう。それゆえ，分析をさらに進めるために，われわれの問題をこのようなやり方で分割することにしよう。

取引動機と予備的動機を満たすために保有する現金量をM_1*，投機的動機を満たすために保有する現金量をM_2としよう。これら二つの現金区分に，二つの流動性関数L_1とL_2を対応させる。L_1は主として所得水準に依存し，L_2は主として現行利子率と期待の状態との関係に依存する。そうすると，

$$M = M_1 + M_2 = L_1(Y) + L_2(r)$$

となる。ただし、L_1は所得Yに対応する流動性関数で、M_1を決定し、L_2は利子率rの流動性関数で、M_2を決定する。したがって検討すべき事柄は、(一)Mの変化とYおよびrとの関係、(二)L_1の形状を決めるもの、(三)L_2の形状を決めるもの、これら三つである。

(一)　Mの変化とYおよびrとの関係は、何を措いても、Mの変化がどのようにして生じたかに依存している。Mは金貨から成っているとし、そしてMの変化は金採掘業者——問題にしている経済体系に属している——の活動に対する収穫が増大した結果としてのみ起こりうるとしよう。この場合には、Mの変化はまずYの変化となって表れる。というのは新しい金は誰かの所得となっているからである。政府が経常的な支出をまかなうために紙幣を増発し、そのためにMが変化する場合にも、全く同じことが言える。この場合にも新しい貨幣は誰かの所得となっている。けれども新たな所得水準はM_1の必要量がMの全増加分を吸収してしまうほどの高水準で持続することはなく、一部の貨幣は証券その他の資産の購入にはけ口を見出す。その結果rが低下し、rの低下はM_2を量的に拡大させると同時にYの増加を促す。そして新たな貨幣は、M_2またはrの低下によってもたらされたYの増加に見合うM_1のいずれかによって吸収されることになる。要するにこれはもう一つの貨幣供給方式、すなわち新たな貨幣がもっぱら銀行体系の信用条件の緩和——新たな現金と引き替えに公社債を銀行に売却するよう促す——によって供給される場合と大差ない。

そうだとしたら、後者の方式で貨幣供給方式を代表させたとしても問題はなかろう。Mの変化はrを変化させることによって作用を及ぼすと考えられる。rが変化すると、一部はM_2が変化することにより、そして一部はYが、それゆえM_1が変化することによって、新しい均衡が導かれることになる。新しい均衡点において現金の増加分がどのようにM_1とM_2に分かたれているかは、利子率の低下に対する投資の反応と投資の増加に対する所得の反応とに依存している[1]。Yはある程度はrに依存しているから、Mを一定量変化させたときのrの変化は、rの変化によるM_1とM_2それぞれの変化の合計が最初のMの変化に等しくなるほど十分なものでなくてはならないことになる。

(1)　新しい均衡の特徴を決めるのは何かという問題は第五篇を待たなければならない。

(二)　所得の流通速度とはYのMに対する比率を言うのか、それともYのM_1に対する比率なのか、必ずしも明確にされているわけではないが、私は後者の意味で用いることを提案したい。すなわち、Vを貨幣の所得速度とすれば、

$$L_1(Y) = \frac{Y}{V} = M_1$$

もちろん、Vを一定とする理由はない。その値は銀行組織や産業組織の性格、社会習慣、

相異なる階級間への所得分配、それに遊休現金を保有することの実効費用などに依存するであろう。にもかかわらず、われわれの考察している期間が短期で、以上の諸要因のいずれにも実質的な変化がないと考えてさしつかえなければ、Vを一定だと見なしてもなんら問題はない。

（三）　最後に、M_2とrの関係にまつわる問題がある。われわれは第一三章で、利子率の将来の成り行きに関する不確実性こそは、人々に現金M_2を保有させる流動性選好の一型式L_2の、唯一納得しうる説明であることを見た。もしそうなら、M_2は利子率rと明確な量的関係をもたないことになる。肝腎なのは、rの絶対的水準ではなく、人々の依拠する確率計算に徴して相当安全な水準と見られているrからの乖離の度合いである。にもかかわらず、期待の状態を、それがどのようなものであれ、所与としたときには、rの低下がM_2の増加をともなうと考えられる理由が二つある。第一に[*]、何がrの安全水準かについて一般的な見解が変わらないとすれば、rのいかなる低下も「安全」利子率に対する相対的な市場利子率の引き下げとなり、したがって非流動性〔債券〕の危険を増大させることになる。第二に[**]、rのどのような低下も非流動性の期間収益——これは資本勘定上の損失の危険を相殺するための、一種の保険プレミアムとなる——〔が相殺しうる利子率の上昇〕を減少させ、その減少幅は旧利子率と新利子率のそれぞれの平方の差に等しい。たとえば、長期債権の利子率が四パーセントだとすると、さまざまな確率を勘案したうえで、長期利子率の年上昇率がその四パーセントすなわち〇・一六パーセントを超えるおそれはないと思われるかぎり、流動性を手放したほうが有利である。けれども利子率がすでに二パーセントにまで低下していたら、期間収益が相殺しうる利子率の上昇は年率わずか〇・〇四パーセントにすぎない〔利子率の上昇率が〇・〇四パーセントを超えると予想されれば、期間収益は利子率の上昇分（証券の資本損失分）を相殺しえず、流動性で保有したほうが有利になる〕。実際このようなことが主因となって、おそらく利子率はあまり低い水準にまでは下がらないのである。将来起こることは過去に起こったこととは違うと信じるに足るだけの理由がないかぎり、（たとえば）二パーセントの長期利子率では、希望よりは怖れが優勢となり、しかもこの利子率では、期間収益は怖れのごく一部分を相殺するだけである。

　このように見て来ると、利子率が高度に心理的現象であることは明白である。たしかに、第五篇で見るように、均衡利子率*は完全雇用利子率を下回る水準にはありえない。なぜなら、このような水準では真性インフレーション状態が生み出され、その結果、**M_1はどんどん増え続ける現金量を片っ端から吸収してしまうであろうから。しかし完全雇用利子率を上回る水準にあるときには、長期市場利子率〔長期債券の均衡利子率〕は通貨当局の現下の政策だけでなく、市場がその将来の政策に関して抱く期待にも依存するであろう。短期利子率は通貨当局が容易に制御することができる。なぜならその政策がすぐにはさほど変化しないという確信を生み出すのは困難ではないし、それにまた、考えられる〔資本〕損失も期間収益に比べれば(利子率が限りなく下限に近づいているのでないかぎり)たいしたものではないからである。しかし長期利子率はひとたびそれが、過去の経験と将来の金融政策に関する現在の期待にもとづいて「危険だ」と一般に考えられている水準にまで落ち込んでしまうと、一段と手に負えなくなるかもしれない。たとえば国際金本位制に結びつけられている国では、利子率が他国の水準よりも低ければ、その低利子率は確信が欠けている証拠だと見られるであろう。しかし、国内利子率が国際〔金本位〕体制に属している国々で成立している最高水準(危険は斟酌済み)にまで釣り上げられたとしたら、この利子率は国内の完全雇用と両立する水準よりははるかに高くなるかもしれない。

だから、実験も同然だ、朝令暮改的だと大衆に思わせるような金融政策は、長期利子率を大きく低下させる目的を果たせずに終わるだろう。なぜなら、rがある水準を下回った場合、M_2はそれに反応してほとんど際限なく増加する結果となってしまうであろうから。ひるがえって、同じ政策でも、大衆に、適切だ、現実的だ、あるいは大衆の利益にかなっている、強い確信に裏打ちされている、しっかりした当局によって推進されている、といった印象を与えるものは、容易にその目的を果たすことができるであろう。

利子率は高度に心理的な現象というより、高度に慣習的な現象と言ったほうがおそらくもっと適切かもしれない。というのは、*その現実の値は主に、その値はどのようなものとなるかについての広く行き渡っている見解によって支配されるからである。どのような水準の利子率であれ、それが永続きしそうだと十分に強い確信をもって受け入れられているならば、現に永続きするものである。といってもむろん、変動する社会では、いろいろな理由から、期待された正常値のまわりを変動するのは避けられない。とりわけ、M_1がM以上に急速に増加しているときには、利子率は上昇するだろうし、逆の場合には利子率は下落するであろう。しかし利子率は、完全雇用には高すぎる慢性的な高水準のまわりを何十年ものあいだ変動することだってありえよう。ことに、利子率は自己調整的で、それゆえ**市場によって打ち立てられた水準は慣習よりもずっと強固な客観的基礎に根ざしており、最適な雇用水準に達することができないのは利子率が不適切な範囲にとどまっていることとは少しも関係がないと、大衆にも当局にも、広く考えられている場合には。

有効需要を完全雇用を与えるに足る高水準に維持しようとするさいに立ちはだかる困

難――慣習的でかなり安定的な長期利子率と気まぐれで高度に不安定な資本の限界効率との結びつきによって生じる困難は以上で読者には明白になったことと思う。

だがものは考えようで、慣習が確固とした知識の裏付けをもたないのが逆にさいわいして、通貨当局の目標がある程度の持続性と一貫性をもっているなら慣習は〔すぐそれに馴染み〕さして抵抗することもあるまいと希望をもてば、少しは気も楽になろうというものである。大衆が利子率の緩やかな変化に対してかなり急速に馴染んでいくことはありうるし、将来に関する慣習的期待もそれにつれて徐々に修正されていくかもしれない。そうなれば、将来の事態の進展に対して、ある程度までは、道を整えることになる。金本位制離脱後、イギリスで見られた長期利子率の低下はその興味深い例を与えてくれる。主要な動きは〔長期利子率の〕一連の不連続的な低下をきっかけに起こったが、そのさい大衆の流動性関数は、相次ぐ〔利子率の〕引き下げに慣れっこになっていたせいで、新しい出来事や政策当局の与える新たな誘因に対して反応しやすくなっていたのである。

三

以上のことは次の命題に要約することができる。期待の状態がどのようなものであれ、大衆は取引動機や予備的動機のために必要とされる量を超えて現金を保有しようとする潜在的可能性をもっており、その可能性は実際に現金保有となって実現するが、その程度がどれくらいかということは通貨当局が現金を創造しようとするさいの条件にかかっている。流動性関数L_2に要約されるのはこの潜在的可能性にほかならない。

それゆえ他の条件に変わりがなければ、通貨当局の創造する貨幣量に応じて一つの利子率、もっと正確に言うと、満期の異なるさまざまな債権の利子率複合体が決まる。もっとも同様のことは、経済体系における貨幣以外のどのような要因をとってみても、それを他から切り離すかぎり、言えることである。したがってこの特殊な分析に有用性と意味があるとすれば、それは貨幣量の変化と利子率の変化とのあいだにとりわけ直接的あるいは因果的な連関がある場合だけである。われわれは両者のあいだにことさらの連関があると考えるが、その理由は、銀行体系と通貨当局は、大まかな言い方をすれば、貨幣と債権のディーラーであって、〔実物〕資産や消費財のディーラーとは違うということである。

通貨当局がありとあらゆる満期日の債権を、条件を指定し、売り買い双方向で取引することにやぶさかでなければ、利子率複合体と貨幣量との関係は直接的となるだろう。利子率複合体は、銀行体系が債権を取得あるいは手放すさいの危険の程度がさまざまに異なる債権でも進んで取引しようとする場合には、なおさらである。このときには、利子率複合体は単に銀行体系が債権を取得あるいは手放すさいの条件を表すだけのものとなり、そして〔需要される〕貨幣量は、関連事項をすべて勘案したすえに、市場利子率に示された条件であれば流動現金を債権と交換に手放すよりはむしろそれに対する支配権をもつにしかずと考えて、人々が彼らの手許におく量だということになろう。短期手形に対する単一の銀行割引率しかなかったところへ、中央銀行があらゆる満期日の金縁〔優良〕債券を指定した価格で複合的に売買するようになったことは、おそらく、通貨管理技術の考えられる改良の中でも実務上最も重要なものである。

とはいえ、今日、銀行体系によって定められる債権価格が、現実の市場価格を支配するという意味でどの程度まで市場で「実効的」であるかは、実際には体系によりさまざまである。その価格は〔売買の〕一方向では実効的だが、他の方向ではそれほどでもない、ということも時にはある。すなわち、債権をある特定の価格で購入しようと目論む銀行体系が、必ずしもそれらを購入価格の近辺——ディーラーの利ざやほどの差しかない価格で売却するとはかぎらないのである。もっとも、公開市場操作を用いれば売買の双方向で価格を実効的にすることができるのに、そうしてはならないという特段の理由があるわけではないのだが。さらに、もっと重要な限定がある。それは、通貨当局があらゆる満期日の債権を売買するディーラーであるといっても、一般にはそれら債権の売買を同等の積極性をもって行うのではないところから生じる。通貨当局は現実には短期債権に全力を集中し、長期債権価格は、たいていの場合これを、短期債権価格の及ぼす、遅ればせの不完全な影響のなすがままに放置しておく傾向がある。もっともここでもまた、そうしなければならないという理由は何もないのであるが。以上の限定がある場合には、利子率と貨幣量の関係の直接性もそれに応じて限定を受けることになる。イギリスでは、裁量的な制御が行われる分野はしだいに広がりつつあるように思われる。だが、この理論を何であれ個別の事例に適用する場合には、通貨当局が実際に用いている手段の特質に考慮を払わなければならない。通貨当局が売買するのが短期債権だけなら、短期債権価格――現実の価格と予想価格――がもっと長い満期日の債権にどのような影響を及ぼすかを考えなければならない。

このように、期間と危険の異なる債権について通貨当局が所定の利子率複合体を打ち立てる能力には一定の限界があって、これらの限界は以下のように要約することができる。

(一)　売買する債権を特定タイプのものに限ろうとする、通貨当局みずからの実践に由来する限界がある。

(二)　先述した理由によって、利子率がある水準まで低下すると、たいていの人々が利子率のきわめて低い債権を保有するよりも現金のほうを選好するようになるという意味で、流動性選好が事実上無制限になる可能性がある。このような事態に陥ると、通貨当局は利子率を有効に制御する手立てを失ったも同然である。もっともこの極限的な場合は、将来ならいざ知らず――将来には現実にも重要になるかもしれない――これまでのところは、そのような例を聞いたことがない。実際、たいていの通貨当局は長期債権の売買になかなか踏み切れないから、〔この極限の場合を実地に〕検証する機会はあまりなかった。そもそもこのような事態が出来《しゅったい》したとしたら、そのときには、公共当局自身が銀行体系を通じ、名ばかりの金利でいくらでも借入れができることになろう。

（三）　流動性関数が〔売りか買いか〕いずれかの方向で平ら〔無制限〕になって利子率の安定性が完全に崩壊する最も顕著な事例が、きわめて異常な状況の下で起こった。第一次世界大戦後、ロシアと中央ヨーロッパで通貨危機すなわち通貨からの逃避が起こり、人々は貨幣や債権を金輪際もとうとはしなくなった。利子率が高騰を続けても、その利子率でさえ、貨幣価値がそれに輪をかけて大きく下落する〔物価が上昇する〕という期待が優勢であったために、資本（とりわけ流動財在庫*）の限界効率〔の上昇〕について行けなかったほどである。一方、合衆国では、一九三二年のある時期、これとは逆の種類の危機――金融危機すなわち清算の危機**が起こり、いくら好条件が提示されても、保有している現金を手放そうとする者はほとんどいないというありさまであった。

（四）最後に、第一一章第四節一九八ページで論じた、〔各種危険を加味した〕実効利子率をある水準以下に引き下げようとするさいの困難があって、借り手と最終的な貸し手を引き合わせるための仲介費用および危険なかんずく道徳的危険《モラル・リスク》を償うための費用――貸し手は純粋利子率に加えてこの額を〔借り手に〕要求する――は低利子率の時期には重要になるかもしれない。純粋利子率が低下するとこのような経費や危険費用も歩調をそろえて減少するというわけではない。要するに典型的な借り手が支払わなければならない利子率はその低下が純粋利子率よりはもっと緩慢かもしれず、その利子率をある最低限以下に押し下げることは現在の銀行・金融組織の手にする手段をもってしては不可能かもしれない。このことは道徳的危険《モラル・リスク》がかなりのものと推定される場合にはとりわけ重要となる。なぜなら、危険は貸し手が借り手の誠実さについて疑念を抱くところに発生するが、不誠実を決め込む下心のない借り手にしてみれば、貸し手の課す高費用に見合うだけの咎が自分にあるとは思われないからである。これは諸経費がかさむ短期貸付（たとえば銀行貸付）の場合にも重要となるのであって、銀行は、たとえ貸し手〔預金者〕に対する純粋利子率がゼロだったとしても、顧客に対しては一・五ないし二パーセント〔の危険費用〕を負担させなければならないかもしれない。

四

後ほど第二一章でもっとふさわしい主題で論じることを先取りする形になるが、ここで以上論じたことと貨幣数量説とのかかわりを簡単に述べておくのもよかろう。

静態的社会、あるいは他のなんらかの理由によって誰も将来の利子率に関して不確実性を抱かない社会では、流動性関数L_2あるいは保蔵性向(とでも言っておこう)は均衡では常にゼロであろう。したがって均衡では、$M_2=0$かつ$M=M_1$となる。Mのどのような変化も利子率の変動を惹起し、M_1の変化と想定されたMの変化とが等しくなる水準に所得が到達したとき、その変動は止む。ところで、Vを先に定義した意味での貨幣の所得速度、Yを総所得とすれば、$M_1V=Y$。こうして、当期生産物の数量をO、その価格をPで表すことができるとしたら、$Y=OP$それゆえ$MV=OP$となる。これは伝統的な形式の貨幣数量説と全く同じである(1)。

(1)　VをY/M_1ではなく、Y/Mに等しいものと定義したら、そのとき数量説はいかなるときにも成り立つ自明の理となる。だからといって、意味があるというわけではないけれども。

現実世界〔を分析する〕という目的からすると、産出量の変化の関数である物価の変化と賃金単位の変化の関数である物価の変化を区別していないのは貨幣数量説の大きな欠陥である。(1) このような区別をしないですむ理由は、おそらく、保蔵性向なるものは存在せず経済はいつも完全雇用状態にあるという想定に求められる。なぜならこの場合には、Oは一定、M_2はゼロとなり、それゆえ、Vもまた一定と仮定できるなら、賃金単位と物価水準の双方は貨幣量と正比例の関係に立つからである。

(1) この点は以下、第二一章において、さらに詳しく論じられる。

第一六章　資本の性質に関するくさぐさの考察

一

個人の貯蓄行為は言うなれば今日は夕食をとらないと決意することである。だがその貯蓄行為が、いまから一週間後あるいは一年後に夕食をとる、あるいは一足の長靴を購入する、つまりある特定の期日にある特定のものを消費するという決意を随伴するかといえば、そのようなことはない。かくして、今日は夕食をとらないという決意は、将来いつの日か行われる消費活動を準備するための事業を促進することなく、今日の夕食を用意する事業を不振に陥れることになる。貯蓄は現在の消費需要を将来の消費需要に振り替えることではない。それはこのような需要を全体として減少させてしまうことなのだ。そのうえ、将来の消費に関する期待は大部分が現在の消費体験をもとにして形成されるから、現在の消費が減少すると将来の消費も抑制されることになりかねない。その結果、貯蓄行為は消費財価格を引き下げるのみで現存する資本の限界効率には影響を与えないということにはならず、現実には資本の限界効率をも低下させる可能性がある。

このような場合には、貯蓄は現在の消費需要とともに現在の投資需要をも減少させることになろう。

消費を手控えるだけでなく、同時に将来の消費を指定して注文することが貯蓄だとしたならば、なるほど結果は違ったものになるであろう。なぜなら、その場合には、投資の生み出す将来収益の期待は改善され、現在の消費への備えから解放された諸資源は将来の消費を準備するのに〔すなわち投資に〕まわすことができるだろうから。といっても、この場合でさえそれらは解放された資源に必ずしも量的に等しいというわけではない。なぜなら、ある期間、消費を先延べすることが望ましいといっても、そのためには厄介なくらい「迂回的」な生産方法が必要となるかもしれず、そのため〔資本の限界〕効率が利子率をかなり下回ることもありえよう。その結果、消費に対する先物注文が雇用に好ましい影響を及ぼすとしても、その効果は直ちに表れるのではなく、しばらく間をおいてから表れることになる。だとしたら、貯蓄の直接的効果はやはり雇用に対して逆行的だということになろう。しかしいずれにせよ、人々の貯蓄の決意は実際には消費の先物注文を随伴するわけではなく、単に現在の注文を取り消すだけのことである。かくして、消費注文の期待が雇用の唯一の存在理由である以上、消費性向の低下は他の条件が一定なら雇用に抑圧的効果をもたらすと結論づけても、そこにはなんら逆説的なところはない。

それゆえ災いのもとは、貯蓄という行為が将来のある指定された追加的消費――この追加的消費を準備するためには、仮に貯蓄相当額が現在消費されるとしたらそのために必要とされたはずの経済活動とちょうど同じだけの経済活動が、いま〔投資財生産のために〕必要とされることになろう――を現在の消費に代替することではなく、まさしくそれが「富」それ自体への欲求だということ、つまり不特定の品物を不特定の時期に消費する潜在的可能性への欲求だというところにある。人々の貯蓄行為は消費行為と同じくらい有効需要に資するという、ばかげてはいるがほとんど普遍的となっている考えは、次のような謬見――この謬見は、そこから導かれる結論に比べれば、はるかにもっともらしい外見を備えている――すなわち、富を保有しようとする欲求が強まることは投資財を保有しようとする欲求が増大することと全く同じだから、富を保有しようとする欲求が強まれば投資財への需要が高まり、よって生産が刺激されるに相違ないという謬見によって助長されてきた。もしそれが事実なら、人々が貯蓄を行うと、当期の投資は現在の消費が減少したぶん増加することになる。

目を開かせようとしてもなかなかそうはいかないのがこの謬見である。このような誤りは富の所有者が欲するのは資本資産それ自体だと考えるところから来ている。しかるに彼が本当に欲しているのは資本資産の期待収益なのだ。そして期待収益はというと、将来の有効需要に関する期待と将来の供給条件とのかね合いに全面的に依存している。それゆえ、もし貯蓄行為によって期待収益に少しも改善がないとすれば、投資を刺激することなど全くありえない。しかも個々の貯蓄者が富の所有という所期の目的を達成するためには、彼を満足させるための新しい資本資産が生産される必要はない。一人の人間の貯蓄行為は先に示したとおり二面的なものであって、それはただ他の誰かを強いて、新旧いずれにしろ、ある形態の富を貯蓄者に移転せしめるだけである。どのような貯蓄行為も貯蓄する者への富の「強制的」移転を不可避とする。その彼もまた、こんどは攻守ところを変えて、他人の貯蓄によって移転を強制されることになるかもしれないのである。このような富の移転には新たな富の創造は必要とされない。それどころか、すでに見たように、新たな富の創造を抑止するかもしれない。新たな富の創造は、その期待収益が現行の利子率によって定められるところの標準に達するか否かに全面的に依存している。限界新投資の期待収益は誰かが自分の富を増やそうとする欲求をもっているからといって増加するものではない。なぜなら、限界新投資の期待収益は、特定の期日に特定品目への需要がどれほどあるかについての期待に依存しているからである。

　こういう議論もあろう。富の所有者が欲するのはある与えられた期待収益ではなく、手にすることができるかぎりでの最上の期待収益なのであり、したがって富を所有しようとする欲求が強まると新投資物件の生産者が満足しなければならない期待収益は引き下げられる、と。だがこのような議論をもってしても上の結論は覆らない。というのは、このような議論は実物資本資産にはいつも代替的な資産、すなわち貨幣や債権が存在していることを看過しているからである。このような資産があればこそ、新投資物件の生産者が満足しなければならない期待収益は現行利子率が定める標準を下回ることはできないのである。そして現行の利子率は、すでに見たように、富を保有しようとする欲求の強度によって決まるのではなく、それを流動的形態と非流動的形態のそれぞれの形態で保有したいという欲求とそれらそれぞれの富の相対的な供給量とによって決定される。こう言ってもまだ呑み込めない読者は、じっと胸に手を当て、貨幣量に変わりがないとしたら、なぜ新たな貯蓄行為は、現行利子率の下では、流動的形態で保持したほうがいいと思う総額を減少させるのか、自問してみるといい。

その理由をもっと深く突き詰めていこうとするとさらに大きな難問に突き当たるが、この点は次章で考えることにしよう。

二

資本のことを資本は生産的だなどと言うが、それよりは、資本はその耐用期間全体を通して初期費用を超過する収益を生んでいるという言い方をしたほうがはるかに好ましい。というのは、ある資産がその耐用期間を通して、全体としては初期の供給価格よりも大きな価値をもつ用役〔収益〕を生み出すと期待されるのは、ただひとえに、それが希少だからである。そしてそれが希少性を保持するのは、貨幣に対する利子率との相対関係においてである。資本の希少性が低減するならば、超過収益は、生産性の低下、少なくとも物理的意味における生産性の低下がなくても、減少するであろう。

私が古典派以前の学説に共感を覚える理由はここにある。それによれば、すべてのものは労働によって生産される。すべてが、昔は技芸《アート》と呼ばれいまでは技術と呼ばれているもの、希少・豊富の違いによって有償・無償の差がある自然資源、そしてこれまた希少・豊富の違いによって対価が変わる資産という過去の労働の所産、これらの助けを借りて労働が生産したものなのだ。労働、もちろん企業者や彼の補助員たちの人的用役も含めて、労働こそは、技術、自然資源、資本装備、および有効需要といった所定の環境の中ではたらく唯一の生産要素と見なすべきである。労働が唯一の生産要素だということは、なぜわれわれが貨幣単位と時間単位〔という非物的単位〕に加えて労働単位をわれわれの経済体系に必要とされる唯一の物的単位として用いてきたか、その理由の一端を示すものである。

たしかに、長々とした、あるいは迂回的な生産過程の中には物理的効率性をもつものがある。しかし短い生産過程の中にも同じようなものはある。長い生産過程は長いというただそれだけの理由で物理的効率性をもつわけではない。長い生産過程の中にも物理的にはきわめて非効率的なものもある。おそらくたいていのものはそうであろう。時間の経過とともに、毀損や消耗といったものが生じるからである[1]。労働力が与えられたとき、迂回的な過程に組み入れて有利に用いることのできる労働量には画然とした限界がある。他の事情を不問に付せば、機械を生産するのに用いられる労働量と機械を使用するのに用いられる労働量とのあいだにはある適切な比率があるに違いない。採用される過程が迂回に迂回を重ねていったとき、最終的な価値量もそれにともなって増えていくかといえば、たとえ物理的効率性はなお上昇を続けたとしても、最終的な価値量のほうは雇用される労働量に比例していつまでも増加するということはないだろう。ただ消費を先延ばしにしようとする欲求があまりにも強く、そのため完全雇用を実現するには資本の限界効率が負となるくらいの大々的な投資が必要であるといった状況が出来《しゅったい》している場合にかぎり、生産過程もそれがただ長いというだけで有利にはたらくことはあろう。このような場合には、物理的には非効率的な長々とした過程も、〔出荷の〕先延ばしから得られる利益がその非効率性〔による損失〕をしのぐほどであるならば、採用すべきである。実際には、短い生産過程のほうが十分希少に保たれ、その物理的効率性が生産物を早々に出荷することの不利益を上回るくらいがいい、というのがわれわれのおかれている状況である。ことほどさように、正しい理論というものは、資本の限界効率が正の利子率に直面している場合でも負の利子率に直面している場合でも、場合によらずそれに対応できる融通性をもたなければならない。そしてこのことをなしうるのは、これまで概説した希少理論だけであろう。

（1）ボェーム＝バヴェルクについてのマーシャルの注（『原理』五八三ページ）を参照。

さらに、なぜさまざまの用役や便益が希少性をもち、それに関与する労働量に比べて割高であるのか、この点についてはいろんな理由が考えられる。たとえば、悪臭のする生産過程の報酬は高いが、その理由はそうしないとこのような過程を引き受ける者がいないからである。危険な生産過程についても同じ。しかし、悪臭のする生産過程あるいは危険な生産過程そのものについての生産力理論なるものをわれわれは考え出すことはできない。要するに、すべての労働が同程度に好ましい付帯状況〔生産過程の物理的側面ではなく、それを取り巻く状況や環境〕の下で行われているわけではなく、そのため均衡条件は、それほど好ましくない付帯状況（悪臭、危険、生産過程の長さ《ラプス・オヴ・タイム》などが特徴）

で生産される商品は十分希少に保たれて高価格をとることを要求するのである。しかし生産過程の長さもそれが変じて好ましい付帯状況となるなら——その可能性はきわめて高いし、すでに多くの個人についてそのとおりになっている——そのときには上述したように、*十分希少でなければならないのは短い生産過程のほうである。

最適な迂回度が与えられれば、もちろんわれわれは〔それに応じて〕最も効率的な迂回過程を採択するであろう。このような過程は必要とされる集計水準に応じて見つけ出すことができる。だが最適迂回度そのものは消費者が先延べしたいと思っている需要部分をちょうどその時期に準備してやるものでなくてはならない。つまり生産を最も効率的な形で組織するといっても、最適状態での組織化は、消費者の需要が有効になると期待される時期に出荷が行われるという条件を満たしていなければならないのである。それとは異なる時期の出荷を目処に生産を行っても、たとえ出荷の時期を変更することにより物的生産物が増加したとしても、なんの役にも立たない。言うなればもっとたくさんの食事がとれるという見込によって消費者が夕食の時間を早めるか先延ばしするかしないかぎりは。夕食の時間をあれこれ変えたときにどのような食事がとれるか、その委細を聞いたうえで、消費者は八時を選ぶものとしよう。時間にかかわらず絶対的に最上の夕食を作ることが料理人の唯一の仕事であったとしたら、彼のちょうどいい頃合いは七時半かもしれないし、あるいは八時、あるいは八時半かもしれない。だがここではそんなことは無関係である。消費者が選んだ時間のために腕によりをかけて最上の夕食を整えること、それが、彼、料理人の仕事である。ある社会的局面においては、時間をふだんより遅くすることによって物理的にはもっと良い夕食をとることができるかもしれないし、同様に、時間を早めたほうが良い夕食をとれるという場合もある。先に述べたように、われわれの理論はいずれの事態に直面しても適用できるようなものでなくてはならないのである。

利子率がゼロであれば、どの商品についても、投入の平均的な時期と消費の時期とのあいだにある最適な期間が存在し、労働費用はその期間で最小になっているであろう。生産期間がそれより短いと技術的効率性は低くなるし、長ければ長いで、貯蔵費用や質の劣化による効率性の低下が避けられない。けれどももし利子率がゼロを超えたとしたら、新たな費用要素〔利子費用〕が入り込み、この費用は生産過程が長くなるにつれて増大する。したがって最適期間は〔利子率ゼロの場合に比べると〕短縮され、来るべき商品の出荷を準備するための当期投入量は、期待価格が〔プラスの〕利子負担と短縮された生産方法の効率性低下の双方によって増大する費用を償うに足るほどの高さになるまで、削減されざるをえないだろう*。一方、利子率がゼロ以下に下落すると（このようなことが形式的には可能だとして〕反対のことが起こる。〔しかしこれは時と場合によりけりであって〕予想される消費需要が所与だとしたら、今日の当期投入量は後日投入を開始するという選択肢といってみれば張り合わなければならない。その結果、いま生産するほうが得になるのは、生産をいままでなく後日行うことによる費用の低廉化〔という利益〕――技術的効率性の向上や期待される価格変化による――が、〔生産を後日行うことによる〕負の利子から得られる収入の減少〔という損失〕を相殺するほどではないという場合に限られることになろう。大多数の商品においては、投入開始の時期を、予想される消費〔の時期〕からあまりに早めてしまうと、大きな技術的非効率性をともなうことになろう。こうして、たとえ利子率がゼロであっても、期待消費需要のうち前もって準備を開始しておいたほうが利益になる部分の割合には画然とした限界がある。そして利子率が上昇していくと、今日生産したほうが得になる期待消費需要〔すなわち今日生産される投資財〕の割合はそれとともにゼロに収縮していく。

三

資本は、長期的には、その耐用期間に等しい期間において限界効率が少なくとも利子率――それは心理的・制度的条件によって決まる――と同等になるくらい、十分希少に保たれなければならないことを見てきた。このことは、次のような社会ではどのようなことを意味するだろうか。すなわちこの社会たるや、資本の限界効率はゼロ、追加投資を行うと負になるほどに資本が十二分に装備された社会であるが、貨幣の「持ち」がよく、その貯蔵費用と保管費用がほとんどゼロであるような通貨システムをもっているおかげで、利子〔率〕は現実には負になることはありえない、そして完全雇用状態にあり、貯蓄意欲にも欠けていない、そんな社会なのである。

状態がこうで、完全雇用の地点から出発するとしよう。この場合、現存する資本ストックのすべてを活用するほどの規模で雇用を提供し続けるなら、企業者は必ずや損失を被るだろう。だから資本ストックと雇用水準は、社会が貧困化して総貯蓄ゼロ、すなわちある人々あるいは集団の正の貯蓄が他の人々あるいは集団の負の貯蓄によって相殺されるまで、収縮せざるをえない。こうしてわれわれの想定している社会では、それが自由放任の状態にあるとしたら、均衡状態は貯蓄がゼロとなるくらい雇用水準が低く、生活水準も惨めな状態であろう。しかも大なる可能性で、この均衡点のまわりを振動する循環運動が起こるだろう。なぜなら、将来に関する不確実性の余地がなお存在している場合には、資本の限界効率は散発的にゼロ以上に上昇して「好況」をもたらし、その後に訪れる「不況」においては、資本ストックはしばらくのあいだ資本の限界効率を長期的にはゼロとする水準以下に低下するかもしれないからである。予見に過つことがなければ、資本の限界効率がゼロとなる均衡資本ストックはむろん利用可能労働量の完全雇用に対応するストックよりは小さい〔資本ストックは完全雇用に到達する以前に飽和する〕だろう。というのは、それはゼロ貯蓄をもたらす〔ほど低い所得、それゆえプラスの〕失業率に対応した資本装備だからである。

これに代わる均衡点があるとすれば、それはただ次のような状態だけであろう。すなわちそこでは、限界効率がゼロとなるほど大量の資本ストックが存在しており、しかもこのことは将来に備えようとする大衆の欲求が完全に飽和してしまうほど富が大量に存在していることを意味している。そのうえ完全雇用さえ成立し、利子という形態の特別報酬は得られない状態にある。だが、資本ストックがその限界効率がゼロとなる水準に達したまさにそのとき、完全雇用状態における貯蓄性向が飽和してしまうというのは、出来すぎた一致である。したがって、もしこのより好ましい可能性に出番があるとしたら、それは利子率がゼロとなる点ではなく、それ以前の、利子率がしだいに低下していく途中のどこかある点で、ということにおそらくなるであろう。

これまでは、利子率が負になるのを妨げる制度的要因があって、それは持越費用が無視しうるほど小さい貨幣の存在だと考えてきた。けれども実際には、利子率の起こり得べき低下に対して、〔ゼロどころか〕ゼロよりははるかに高い水準で限界を画す制度的・心理的要因が存在している。とりわけ、先に検討を加えた、借り手と貸し手を引き合わせる費用や利子率の将来に関する不確実性がそうであって、これらによって画される下限は現状ではおそらく、長期で二ないし二・五パーセント程度であろう。もしこれが正しいとしたら、利子率は自由放任の下ではこれ以下に下がりようがないのだから、富のストックが過剰になるという厄介な可能性はすぐに現実のものとなるかもしれない。さらに、利子率の下がりうる最低水準がゼロをかなり上回っている場合には、利子率が最低水準に到達する以前に富を蓄積しようとする欲求が飽和してしまう可能性はもっと高くなる。*

実際、戦後のイギリスと合衆国の経験は、自由放任を基調とする状態の下で、富の蓄積がいかにして適度の雇用水準の達成を妨げ、そしてまた生産の技術的諸条件が与えうる生活水準を達成するうえで妨げとなりうるか、その実例を与えてくれる。その蓄積の規模たるや実に大きなもので、そのため限界効率は、広く行き渡っている制度的・心理的要因の下で利子率が低下しうるよりも、もっと急速に低下したのである

したがって、同一の技術をもつが資本ストックにおいては差がある二つの社会のうち、資本ストックの少ないほうの社会が資本ストックに富む社会よりも当面は高い生活水準

を享受できるということになるかもしれない。とはいえ、貧しいほうの社会が豊かな社会に追いついたときには——おそらく、やがてそうなるであろう——両者はともにミダス王*の運命をたどることになろう。この穏やかならぬ結論は、むろん、消費性向と投資率が社会的利益の観点から計画的に管理されず、もっぱら自由放任の力に委ねられるという想定に依存している。

完全雇用状態にあって、資本の限界効率に等しい利子率で社会が貯蓄を行い、その貯蓄量に見合った率で〔資本〕蓄積が進むと、それに応じて資本の限界効率はしだいに低下していく。このとき、理由は何にせよ、もし利子率が資本の限界効率と歩調をそろえて低下することができないとしたら、その場合には富を保有しようとする欲求を経済的収益を全く生まない資産に振り向けるだけでも、経済的厚生は増進するだろう。大富豪が、この世の住処《すみか》として豪壮な邸宅を構え、死後の安息所としてピラミッドを建設するといったことに満足を見出したり、あるいはまた生前の罪滅ぼしのために大聖堂を造営したり修道院や海外布教団に寄進したりするならば、そのかぎりで、豊富な資本が豊富な生産物と齟齬を来《きた》す日が来るのを先延ばしできるかもしれない。貯蓄を用いて「地中に穴を掘ること」にお金を費やすなら、雇用を増加させるばかりか、有用な財・サーヴィスからなる実質国民分配分をも増加させるであろう。だが、ひとたび有効需要を左右する要因をわがものとした日には、分別ある社会が場当たり的でしばしば浪費的でさえあるこのような緩和策に甘んじて依存し続ける理由はない。

四

さまざまな手段を講じることにより、利子率を完全雇用に対応する投資率に見合うようにすることが可能だとしよう。さらに、国家が平衡化要因として介入し、資本装備を飽和点に近づけるよう増加させるが、その率は現世代の生活水準に不相応の負担をかけるようなものではないとしよう。

このような想定にもとづけば、現代的な技術資源を装備し人口増加が急ではない適切に運営されている社会なら、一世代のうちに資本の限界効率をゼロにまで低下させることができるはずである。そして、われわれは準定常的な社会に立ち至るであろう。そこでは、変化と進歩は技術、嗜好、人口、制度の変化だけによって起こり、資本の生産物は、資本費用がわずかしか含まれていない消費財価格を支配するのと同じ原理により、生産物に体化された労働その他に比例した価格で販売される。

資本の限界効率がゼロとなるほど資本財を潤沢ならしめるのは比較的たやすいという私の想定が正しければ、それ〔を実行に移すの〕は資本主義の好ましからざる特徴の多くを少しずつ取り除いていくための最も思慮ある行き方だと言えるかもしれない。というのも、蓄積された富の収穫率が徐々に消滅していくことで社会にいかに大きな社会変革がもたらされるか、少し考えてみれば明らかだからである。人は相変わらず稼いだ所得を後日それを使うために自由に蓄積することができる。しかし彼の蓄積は増えることはない。彼の立場はポープ*の父親と似通ったものであって、この父親は事業から身を引くと、ギニー金貨のいっぱい詰まった箱を携えてトウィッケナムの別荘に隠棲し、生活用の出費はそのつど箱のお金で充てたのだった。

金利生活者は絶えていなくなるであろうが、意見が分かれることもありうる期待収益を予想する企業活動や技量には、なお存在の余地があるだろう。というのは、上述した事柄は主として危険その他への手当を除外した純粋利子率に関わるものであって、危険報酬を含む資産の粗収益に関するものではないからである。かくして、純粋利子率が負の値にとどまるのでないかぎり、期待収益が不確かな個々の資産に対する熟達した投資にはやはり正の収益が帰属するだろう。もし危険を引き受けることに多少なりとも抵抗があるとしたら、このような資産を全体としてみた場合には、そこからある期間にわたって〔危険報酬を加味した〕正の純収益が得られることもあろう。しかし同じ状況の下で、不確かな投資から収益を得ようといくら頑張ってみても、総体としては負の純収益しか得られないこともありえないわけではない。

第一七章　利子と貨幣の本質的特性

一

これまでのことからわかるのは、貨幣に対する利子率は雇用水準を制限するのに特有の役割を演じているらしいということである。というのも、それは資本資産を新しく生産しようとするならその限界効率が到達しなければならない基準を与えるからである。どうしてそのようなことになるのか、一見したところではたいそう不思議に思われる。〔このような疑問に答えるためには〕他の諸資産とは異なる貨幣の特性がどこにあるのか、利子率をもつのは貨幣だけなのか、そして非貨幣経済ではどのようなことが起こるのか、こういったことを問い質してみるのが筋である。これらの疑問に解答を与えるまでは、われわれの理論の全体的意義は明らかにならないであろう。

貨幣‐利子率とは、貨幣の先渡契約額、たとえば一年後先渡契約額の、いわば「現物」あるいは現金価格とでも言うべきものに対する超過率にほかならないことを思い起こしていただきたい。そうだとしたら、どのような種類の資本資産についても貨幣に対する利子率との類比でそれぞれの利子率が存在するに違いない。たとえば、今日「現物」渡しされる(たとえば)小麦一〇〇クォーターにはそれと同じ交換価値をもつ一年後に先渡しされる小麦のある確定量が存在する。この量が一〇五クォーターだとすると、このとき小麦‐利子率は年率五パーセント、もしそれが九五クォーターだとしたら、小麦‐利子率は年率マイナス五パーセントだと言ってよい。ことほどさように、どの耐久商品を取ってもそれぞれに自己表示の利子率が存在する。小麦‐利子率、銅‐利子率、家屋‐利子率、あるいは製鋼所‐利子率でさえもが。

市場で相場が付けられる小麦なら小麦という商品の「先物」契約〔価格〕と「現物」契約〔価格〕との開きは、その利子率――小麦‐利子率と一定の関係をもっている。だが先物契約は先渡しの貨幣で相場が付けられ、現物渡しの小麦で相場が付けられるわけではないから、小麦の先物契約にも貨幣‐利子率が入り込んで来る。その正確な関係は次のとおりである。

小麦の現物価格を小麦一〇〇クォーターにつき一〇〇ポンド、一年先に受け渡しされる小麦の先物契約価格を一〇〇クォーターにつき一〇七ポンド、そして貨幣‐利子率を五パーセントとしよう。このとき小麦‐利子率はどうなるか。一〇〇ポンド〔という貨幣〕の現物は先渡しの〔貨幣〕一〇五ポンドを買い、先渡し一〇五ポンド〔の貨幣〕は先渡

しの小麦 $\frac{105}{107}\times 100(=98)$ クォーターを買うことができる。一方、一〇〇ポンドの現物〔貨幣〕は一〇〇クォーターの現物渡し小麦を買うことができる。よって一〇〇クォーターの現物渡し小麦は先渡し小麦九八クォーターを買うことができる。したがって、小*麦‐利子率は年率マイナス二パーセントということになる。(1)

（1）この関係はスラッファ氏**によって最初に指摘された。『エコノミック・ジャーナル』一九三二年三月、五〇ページ。

それゆえ、商品利子率が商品の如何にかかわらず同じになる理由は全くない、小麦‐利子率が銅‐利子率と同一になるいわれは何もないのである。市場で相場が付けられる「現物」契約と「先物」契約との関係は、周知のとおり、商品ごとに異なっている。やがてわかるように、これこそはわれわれの探し求めている糸口となるものである。というのは、全体を支配する《ルール・ザ・ルースト》のは自己利子率(own-rates of interest)(と呼ぶことにしよう)の中で最大のものかもしれず(なぜなら、資本資産を新たに生産しようとする場合、その限界効率が到達しなければならないのはこれらのうちの最大のものだから)、そしてその最大値を与えるのは往々にして貨幣‐利子率であることにはそれなりの理由があるかもしれない(後で見るように、貨幣の場合には、他の資産のように自己利子率を低下させるある種の力がはたらかない)からである。

付言すれば、いかなるときにも異なる商品利子率が存在するのと同様、利子率は二つの異なる貨幣、たとえばポンドとドルで表示したときに必ずしも同じになるとは言えないことは、為替仲買人がよく知っている。すなわちここでもまた、ポンドで表示された外国通貨の「現物」契約〔価格〕と「先物」契約〔価格〕の開きは、一般には、通貨が違うと異なるのである。

ところで、これらの商品標準はどれをとっても、資本の限界効率を測る貨幣と同様の便宜を提供する。すなわち、まずどれでもいいから一つの商品、たとえば小麦を選ぶ。次に資本資産の期待収益の小麦価値を計算する。そうすると、この小麦年金系列の現在価値を小麦で測った資産の現在の供給価格と一致させる割引率が小麦で測った資産の限界効率となる。もしも二つの代替的な標準の相対価値になんの変化もないと期待されるならば、そのときには資本資産の限界効率は二つの標準のどちらで測っても同じになるであろう。なぜなら、資本の限界効率を求めるための分数の分子と分母は同じ割合で変化するからである。けれども二標準の一方が他方表示の価値を変化させると期待される場合、資本資産の限界効率はそれをいずれの標準で測るかによって違ってくるが、その差は〔一方の標準で測った他方の〕標準の変化率と同じになろう。このことを例証するために、二つの標準の一方である小麦が貨幣で測って年率 a パーセントの定率で値上がりすると期待される、最も単純な場合を考えてみると、このときの資産の限界効率は、*貨幣表示でxパーセントだとしたら、小麦表示では$x-a$パーセントになるだろう。あらゆる資本資産の限界効率が同じ量だけ変化するから、それらの大小関係は選ばれる標準の如何にかかわらず、同一であろう。

何か複合商品のようなものが存在し、それを厳密な意味での〔諸商品の〕代表と見なすことができるなら、この〔複合〕商品で測った利子率を、ある意味で一なる、代表的利子率(*the* rate of interest)、同じく資本の限界効率を代表的な資本の限界効率(*the* marginal efficiency of capital)と見なすことができるだろう。しかしこのようなやり方には、唯一の価値標準を構築する場合と同様の障害があることは言うを俟たない。

それゆえこれまでのところは、貨幣‐利子率は他の利子率にない特徴をもっているわけではない、拠って立つところは全く同じである。だとしたら、これまでの諸章ですぐれて現実的重要性をもつとした貨幣‐利子率の、その特性はいったいどこにあるのだろうか。なにゆえに、産出量や雇用量は小麦‐利子率や家屋‐利子率よりは、貨幣‐利子率にもっと強く縛られるのであろうか。

二

資産の種類が異なるとき、それぞれの商品利子率が、(たとえば)一年という期間をとってみた場合、どのようになるかを考えてみることにしよう。各商品を順繰り標準にとろうというのであるから、それぞれの商品に対する収穫はここではそれ自身で測られたものと見なさなければならない。

タイプの異なる資産が異なる程度にもつ三つの属性がある。すなわち、

(一)　資産によっては、なんらかの生産過程の手助けをしたり消費者に用役を提供したりすることによって、収益もしくは生産物qを生み出すものがある。

(二)　貨幣を除くたいていの資産は、収益を生むのに用いられる用いられないに関わらず、時間が経過しただけで(相対価値の変化は別にして)いくばくかの損耗を被ったり、なにがしかの費用を要したりする。すなわち、それらは自己自身で測った持越費用cを要するのである。当面の目的のためには、qを計算するさいに控除する費用とcに含める費用とのあいだに厳格な線引きをする必要はない。なぜなら、以下でわれわれがもっぱら関心を寄せるのは$q-c$[*]だからである。

(三)　最後に、期間中の資産の処分力がある。資産そのものは等しい初期価値をもっていたとしても、その処分力は資産の種類ごとに異なっており、〔高い〕処分力は潜在的な便宜や安全性を与えるかもしれない。処分力によって得られるものは、期末の生産物

という形では、いわば無である。しかしそれは人々がそのためになにがしかを支払うことをいとわない何物かである。（資産の収益や持越費用とは別に）この処分力の与える便宜や安全性に対して彼らが喜んで支払う（それ自身で測られた）額を、資産の流動性プレミアム l と呼ぶことにしよう。

以上から、ある資産を一期間にわたって所有することから得られると期待される全収穫は資産の収益マイナス持越費用プラス流動性プレミアム、すなわち、$q-c+l$ ということになる。換言すれば、$q-c+l$ こそは——ただし q、c、l はみずからを標準として測られている——どのような商品ももつところの自己利子率にほかならない。

使用中の道具的資本（たとえば機械）や消費用資本（たとえば家屋）に特徴的なのは、その収益がふつうは持越費用を超過しているのに比べて、流動性プレミアムはおそらくは無視しうる程度だということである。流動財〔在庫〕や余って使われていない道具的資本と消費用資本のストックの場合には、持越費用——それ自身で測った——は要するのにそれを埋め合わせるだけの収益を生まないのが特徴である。ここでは流動性プレミアムも、なるほど特殊な状況では重要になることもあるが、ふつうはストックが適度の水準を超えたとたん、無視しうる程度となる。さらに貨幣について言えば、その特徴は収益はゼロ、持越費用も無視できる程度だが、流動性プレミアムはかなりのものだということである。たしかに商品が異なるとそれらの流動性プレミアムもさまざまだし，貨幣も，たとえば保管のために，若干の持越費用を要するかもしれない。けれども貨幣と他のすべての（あるいはたいていの）資産との根本的な相違は，貨幣の場合には流動性プレミアムが持越費用をはるかにしのいでいるのに対し，他の資産の場合には持越費用が流動性プレミアムを大きく上回っていることである。例示のために次のように仮定しよう。家屋には収益 q_1 が帰属するが，持越費用と流動性プレミアムは無視できるとし，小麦については持越費用は c_2 だが，収益と流動性プレミアムはほぼゼロ，貨幣は流動性プレミアムが l_3 で，収益と持越費用は無視できるものとする。換言すれば，q_1 は家屋‐利子率，$-c_2$ は小麦‐利子率，l_3 は貨幣‐利子率である。

異なるタイプの資産の期待収穫〔率〕が均衡状態ではどのような関係にあるか，その関係を確定するためには，さらに，その年の相対価値の期待変化率がわかっていなければならない。貨幣を測定標準にとったときの（ここでは単なる計算貨幣であればいいのであって，小麦をとってもいっこうにかまわない）家屋と小麦の期待価格上昇（下落）率をそれぞれ a_1，a_2 としよう。われわれは q_1，$-c_2$，l_3 をそれぞれ，自己を価値標準にとって表示された，家屋，小麦，および貨幣の自己利子率と呼んだのであった。つまり q_1 は家屋表示の家屋‐利子率，$-c_2$ は小麦表示の小麦‐利子率，l_3 は貨幣表示の貨幣‐利子率である。価値標準としての貨幣に換算した自己利子率を表す，a_1+q_1，a_2-c_2，l_3は，それぞれ，貨幣表示の家屋‐利子率，貨幣表示の小麦‐利子率，貨幣表示の貨幣‐利子率と呼ぶのもいいだろう。このような記号表記を用いると，富の所有者の需要が，a_1+q_1，a_2-c_2，l_3のうちどれが最大であるかに従って，家屋，小麦，貨幣のいずれかに向けられることはすぐにわかる。こうして均衡状態では，貨幣表示の家屋と小麦の需要価格はいずれをとっても，利益の点では全く優劣がないことになろう。すなわち，a_1+q_1，a_2-c_2，l_3は等しくなる。このことは価値標準に何を選ぼうが同じことである。なぜなら，価値標準をあるものから別のものに変更しても，すべての項が同じだけ，すなわち旧標準で測った新標準の期待増価(減価)率に等しい量だけ変化するにすぎないからである。

ところで，正常な供給価格が需要価格を下回っている資産は新規に生産されるであろう。(正常な供給価格を基礎にした)限界効率が利子率を上回っているのは(いずれも同一の価値標準によって測られているが，何を価値標準とするかは随意である)まさしくこのような資産である。資産のストックが，限界効率が少なくとも利子率に等しいところから出発して，しだいに増大していくと，それとともにそれらの限界効率は(すでに述べた明々白々の理由によって)低下していく傾向をもつ。こうして，それらをこれ以上生産しても、利子率が歩調をそろえて低下するのでないかぎりは、もはや採算が取れないというところまで来るであろう。利子率に届く限界効率をもつ資産が一つも存在しなくなったとき、資本資産のこれ以上の生産は止むに至る。

ここで、その〔自己〕利子率が変わらない(か、あるいは産出量が増えても、他の利子率に比べてみると低下が緩やかである)なんらかの資産(たとえば貨幣)が存在すると仮定してみよう(この段階ではあくまでも議論のための仮定である)。このとき、調整の模様はどのようになるであろうか。a_1+q_1、a_2-c_2、l_3は〔均衡状態では〕必ず等しくなり、l_3は仮定より不変かまたはq_1あるいは$-c_2$よりも緩やかにしか低下しないから、a_1とa_2は必ず増加していなければならないことになる。言い換えれば、貨幣以外のどの商品の現在貨幣価格もその期待将来価格に比べれば相対的に低下する傾きをもつということである。したがって、もしもq_1と$-c_2$が低下を続けるとしたならば、生産費が将来いつの日か現在の費用を超えて上昇する〔したがってa_1とa_2が増大する〕――その上昇額は、現在生産されたストックを価格が上昇すると期待される期日まで持ち越す費用を償うものでなければならない――と期待されるのでないかぎり、いかなる商品を生産してももはや利益にはならない時がやがてやって来るだろう。

以前、産出率に限界を画すのは貨幣-利子率だという趣旨のことを述べたが、これはむろん厳密に言えば正しくない。正確には、他の諸資産の有利な生産を一つまた一つとしだいに締め出していくのは——現在の生産費と期待される将来の生産費とのあいだにたったいま述べたような特殊な関係がたまたま存在する場合〔a_1とa_2が増大する場合〕を別とすれば——ストックの全般的増加にともなう自己利子率の低下がいちばん緩やかな資産の利子率だと言うべきであった。産出量が増加するにつれて自己利子率は水準を下げていき、諸資産の自己利子率は一つまた一つと有利な生産の基準を下回っていく。そして最後には、一つ二つの自己利子率だけがどんな資産の限界効率をも上回る水準にとどまるのである。

もし貨幣なる語を価値標準の意味で用いるなら、災いのもと必ずしも貨幣‐利子率でないことは明らかである。（ある人々の言うように）金や*スターリングの代わりに小麦や家屋を価値標準にすると定めても、その程度では苦境から脱することはできない。なぜなら、何であれ、自己利子率がなかなか下がろうとしない資産がいやしくも存在し続けるなら、同じ困難が後を継ぎそうに思われるからである。たとえば、不換紙幣標準に移行した国では金がこの役回りを演じ続けるかもしれない。

三

だからわれわれは、貨幣‐利子率に格別の重要性を付与したさいに、われわれの慣れ親しんでいる貨幣はある特別な性格をもち、そのために自己自身を標準として測ったその自己利子率は、産出量が増加しても他の資産の自己自身で測った自己利子率のように簡単には低下しない、と内々に想定したのであった。はたして、このような想定は正当化されるであろうか。按ずるに、われわれの貨幣がふつうにもっている以下の諸特性を見れば、それも正当化しうるように思われる。確立された価値標準がこれらの特性をもつかぎり、重要な利子率は貨幣‐利子率である、と言い切っても間違いないだろう。

（一）　上の結論へと向かわせる貨幣の第一の特性は、貨幣生産の弾力性は、通貨当局ならいざ知らず、民間企業の能力に関するかぎりでは、長期的にも短期的にもゼロ、あるいはとにかくきわめて小さいという事実である。生産の弾力性[1]というのは、ここでは、貨幣一単位が支配する労働量の増加に対して、貨幣を生産するために投入される労働量がどれくらい反応するか、ということである。要するに、貨幣はたやすく生産することができないということだ。貨幣の賃金単位で測った価格が上昇したとき、貨幣の生産量を増やすために企業者が労働を貨幣の生産に振り向けても、思いのままに生産量を増やすことはできない。兌換不能の管理通貨の場合にはこの条件は厳格に満たされている。だが金本位通貨の場合にもこのことは近似的には妥当するのであって、金採掘を現に主要産業としている国を除くと、金生産に雇用される労働量の最大追加率はごくわずかである。

（1）第二〇章を参照。

ところで、生産の弾力性が高い資産の場合、自己利子率が低下するのは、産出量が高率で増える結果、そのストックが増加するからである。しかし貨幣の場合には——賃金単位の下落や通貨当局による供給の人為的増加の影響はしばらく考えないでおく——供給は固定されている。こうして、貨幣は労働によって簡単に生産することはできないという特性は、ただちに、その自己利子率が比較的低下しにくいという見解を支持する明白な論拠を与える。しかるに、もし貨幣が穀物や自動車のような工業製品のように増産することができるとしたら、不況は回避ないしは緩和することができるであろう。なぜなら、他の資産の貨幣表示価格が低下する傾向にあるときには、いっそう多くの労働が貨幣の生産に振り向けられるであろうから。金採掘国の場合にはまさしくそのようなことが起こる。もっとも世界全体としてみると、このような形で労働を振り替えようとしても、その規模は最大限見積もってもほとんど無視しうる程度であろうが。

（二）　けれども上述した条件を満たすのは明らかに貨幣だけではない、その生産が完全に非弾力的なすべての準地代要素もまたその条件を満たすのである。それゆえ貨幣を他の地代要素から区別する第二の条件が必要となる。

貨幣の第二の特性はその代替の弾力性がゼロか、またはほとんどゼロに等しいということである。このことは要するに、貨幣の交換価値が上昇しても、何か他の要素を貨幣に代替する傾向が存在しないということにほかならない。貨幣商品が製造業や工芸などにおいても用いられている場合には若干の代替も起ころうが、たぶんそれは取るに足りない程度にすぎない。なぜこのようなことが起こるかというと、貨幣の効用はひとえにその交換価値から導かれ、それゆえ二つは同時に上がり下がりするから、貨幣の交換価値が上昇しても、地代要素の場合とは異なり、他のなんらかの要素を貨幣に代替する動機あるいは傾向が存在しない、そうした特性を貨幣はもっているからである。

こうして、貨幣の労働価格〔賃金単位で測った価格〕が上昇しても貨幣の生産のためにもっと多くの労働を振り向けることができないばかりか、貨幣に対する需要が増大したときには貨幣は購買力を吸い込む底なし沼ともなる。なぜなら、貨幣には、他の地代要素の場合とは異なり、需要があるところまで来ると他に振り替えられ他の資産に需要があふれ出てしまうような閾値はなんら存在しないからである。

ただし、貨幣価値が上昇してもその持続性に関して不確実性を生ぜしめている場合は別である。このときには a_1 と a_2 は上昇するから貨幣表示の商品利子率が上昇したのと同じことになり、それゆえ他の資産の生産を刺激することになる。

(三)　第三に、これらの結論が、貨幣量は労働をその生産に振り向けることによって増加させることはできなくても、貨幣の実質的な供給が厳格に固定されているとまではいえないという事実によって覆されるものか、考えてみなければならない。ことに、賃金単位の切り下げは流動性動機を満たすべく現金を他の使途から解放するし、これに加えて、〔他の資産の〕貨幣価値が低下すると、それにともなって貨幣ストックの社会の富全体に占める割合は高まっていくであろう。

この影響がひょっとしたら貨幣‐利子率を十分に低下させることがあるかもしれないという点については、これを純理論的地平で論じることは不可能である。けれども、なぜわれわれが慣れ親しんでいるタイプの経済では貨幣‐利子率が十分に下がる見込がたいていの場合ほとんどないのか、その理由ならいくつかのものが考えられる。それらが打って一丸となれば、強い説得力をもつだろう。

(イ)　何よりもまず、賃金単位の下落が貨幣で測った他の資産の限界効率に与える影響を考慮に入れなければならない。というのも、われわれが関心を寄せるのはこれら限界効率と貨幣‐利子率との差だからである。もしも賃金単位の下落がこれから賃金単位はふたたび上昇に転じるという期待を生むならば、結果は全面的に好ましいものとなろう。反対に、賃金単位はこれからいっそう下落するという期待を生むなら、資本の限界効率への〔負の〕影響は利子率の低下を相殺するかもしれない(1)。

(1) この問題は以下、第一九章で、もっと詳しく検討される。

(ロ) 貨幣表示の賃金は粘着的になる傾向をもち、貨幣賃金は実質賃金よりも安定的であるという事実は、貨幣表示の賃金単位がすぐに低下することへの制約となりがちである。さらにいえば、このようなことがなかったとしたら、事態は改善されるどころか、むしろますます悪化するであろう。なぜなら、貨幣賃金がたやすく低下するとしたら、貨幣賃金の低下はそれがますます低下するという期待をしばしば生みがちで、資本の限界効率に好ましくない影響を及ぼすであろうから。さらに、もしも賃金が何か他の商品、たとえば小麦で固定されていたとしたら、賃金が粘着性を持続させるとはとても思われない。賃金は貨幣で取り決められるときに粘着的になる傾向をもつというのは、貨幣のもつ他の特性、とりわけ貨幣に流動性を与える特性のゆえである(1)。

(1) もしも賃金(と契約)が小麦表示で固定されているとしたら、小麦は貨幣のもつ流動性プレミアムのいくばくかを獲得するであろう。この問題には以下の第四節で立ち返る。

(ハ) 第三、ここに至ってわれわれは、この文脈では最も根本的な事柄、すなわち流動性選好を満足させる貨幣のあの特性に到達する。なぜ〔この特性が根本的〕かといえば、よくあることだが、ある状態に陥ってしまうと、貨幣が他の形態の富に比べて相当量増えたとしても、この特性のせいで利子率は、とりわけある水準を下回ると(1)、それに反応しなくなるからである。換言すれば、他の資産であれば数量が同じくらい増加すれば収益はそれに応じて低下するのに、貨幣の流動性から得られる収益は、それがある点を超えると、貨幣量がいくら増加しても他の資産に近いところまでは低下しなくなる、ということである。

(1)　上述二三九ページを参照。

この点に関連して言えば、貨幣の持越費用が低い(あるいは無視しうる程度である)ことが重要な役割を演じている。というのは、もしその持越費用がかなりのものだとしたら、その費用は将来の期日における貨幣の見込価値に関する期待の影響を相殺してしまうだろう。大衆が比較的小さな刺激にも反応を見せて、いとも簡単に彼らの貨幣ストックを増加させようとするのは、時とともに急上昇していく持越費用という形の対抗的な相殺要因をもたない流動性(実体的なものであれ、想像上のものであれ)という便益のためである。貨幣以外の商品の場合には、適度のストックならばその使用者になにがしかの便宜を与えるであろう。しかしストックが増加すると、たとえそれが安定した価値をもつ富の貯蔵手段としての魅力をもっていたとしても、この魅力は貯蔵〔費用〕や損耗などの形をとった持越費用によって相殺されてしまうだろう。それゆえある点を超えてしまうと、多量のストックを保有することには必ず損失がともなうのである。けれどもこれまで見てきたように、貨幣の場合にはこのようなことは起こらない。大衆に貨幣をすぐれて「流動的」だと評価させるさまざまな理由があるためである。だから、法定通貨は引き続きそれを貨幣として用いるためには定期的に所定額の印紙を貼ることを要すといった類の工夫を凝らし、人為的に貨幣の持越費用を創り出す試みに〔不況を〕救済する途を見出そうとした改革者たちの考えは間違っていなかったのであり、彼らの提言がもつ実践的価値は熟考するに値する。

貨幣‐利子率の重要性はそれゆえ貨幣のもつ次のような特性の組み合わせから生じる。すなわち、この利子率は、貨幣量の貨幣表示の他形態の富に対する割合が変化しても、流動性動機の作用のせいでこの変化に対していくぶん非感応的かもしれないこと、そして貨幣は生産、代替いずれの弾力性もともにゼロ(もしくは無視しうる程度)である(かもしれない)こと、これである。第一の条件は〔富に対する〕需要は圧倒的に貨幣に向けられることを意味し、第二の〔生産の弾力性についての〕条件は、その場合、労働を用いて貨幣の生産量を増やそうとしても無駄であることを、そして第三の〔代替の弾力性についての〕条件は、貨幣以外のなんらかの要素が十分に安価であるなら、それが〔貨幣に代替されて〕、貨幣の仕事を貨幣と同じくらい立派に果たすことができ、そのおかげで〔不況が〕緩和される、といった可能性が全く存在しないことを、それぞれ意味している。唯一救済策*があるとすれば、それは――資本の限界効率を変化させることを別にすれば――（流動性に対する性向に変わりがないかぎり）貨幣量を増やすか、あるいは、形式的には同じことだが、貨幣価値を上昇させ、所与の貨幣量にもっと多くの貨幣用役を提供させること、ただそれだけである。

こうして、貨幣-利子率が上昇しても貨幣の生産量を刺激することはなく（貨幣の生産は完全に非弾力的だと想定されている）、その上昇は生産が弾力的なあらゆる生産物の産出量を抑止する。貨幣-利子率は他のすべての商品利子率のペース・メーカーとなることで、貨幣を生産するための投資を刺激することなく――貨幣は生産不可能だと想定されている――これら他の諸商品の生産に対する投資を抑止する。しかも流動的現金に対する需要は債権**に対して弾力的であることから、この需要を支配する条件が多少変化しても、貨幣-利子率にそれほどの変化はなく、一方、貨幣の生産は非弾力的であるため、（公的行動ならともかく）自然の力が供給側に影響を及ぼして貨幣-利子率を低下させるということも考えられない。通常の商品の場合には、その流動的ストックに対する需要は非弾力的だから、需要側にわずかでも変化があればその利子率は急激に上昇あるいは下落し、他方、その供給は弾力的だから、現物の先物に対するプレミアムもなかなか高くなりえない。こうして貨幣以外の商品の場合には、放っておいても、「自然の力」、すなわち通常の市場の力がはたらき、完全雇用が出現して商品全体の供給が非弾力的になるまで――この供給の非弾力性こそはわれわれが貨幣の通常の特性と見なしたものである――その利子率は低下する傾きをもつ。要するに、貨幣が存在せず、しかも貨幣的属性をもつ商品が他に全く存在しないとしたら――当然このような仮定も設けなければならない――さまざまな利子率は完全雇用状態でのみ均衡に到達することになる。

喩えて言えば、失業が深刻になるのは人々が月を欲するからである。欲求の対象(貨幣)が生産しえぬものであり、その需要が容易には尽きせぬものであるとき、人々が雇用の口を見つけるのは不可能である。*月も生チーズも大差ないことを大衆に納得してもらい、チーズ工場(中央銀行)を公的管理のもとにおく、それ以外に苦境を脱出する途はない。

興味深いことに、伝統的に金を価値標準として特に適格ならしめると見なされてきた特性、すなわちその供給の非弾力性は、実は災いの根底にある特性にほかならなかったのである。

結論を最も一般的な形で述べると（消費性向は所与とする）次のようになる。すなわち、あらゆる利用可能な資産の、それ自身で測った自己利子率（own-rates of own-interest）のうち最大のものが、全資産の限界効率――それ自身で測った自己利子率が最大となる資産によって測られている――のうち最大のものに等しくなったとき、投資率はもはやこれ以上増加しえないということ、これである。

完全雇用状態ではこの条件は必ず満たされている。しかし、生産と代替の弾力性がゼロ[1]の（あるいは相対的に小さい）資産が存在して、産出量の増加にともなうその利子率の低下が、その資産で測った〔他の〕資本資産の限界効率の低下よりももっと緩やかである場合には、完全雇用に到達する以前にこの条件が満たされてしまうこともあるかもしれない。

（1）ゼロ弾力性は必ずしも必要ではなく、もっと緩やかな条件でもかまわない。

四

以上、ある商品が価値標準であることはその商品の利子率が枢要な利子率になることの十分条件とはならないことを示した。ただ、われわれの知っている貨幣がもつ特性、貨幣-利子率を枢要な利子率となすその特性が、ふつうは貨幣が債務や賃金を定める標準となっていることとどの程度までかかわりをもっているか、考えてみるのも一興である。

第一に、契約が貨幣で取り決められ、そして貨幣で表示された賃金がふつうはなにほどか安定しているという事実は、貨幣にきわめて高い流動性プレミアムを与えるのに間違いなく大きな役割を果たしている。資産を、将来満期を迎える債務の契約条件を定めるのと同じ標準、あるいは将来の生計費がそれで測って相対的に安定していると期待される標準で保有することの便宜は明白である。しかるに、もしも価値標準が生産の弾力性が高い商品だったとしたら、将来の名目生産費が相対的に安定しているとは到底期待できないだろう。さらに、われわれの知っている貨幣はその持越費用が低いことも、高い流動性プレミアム同様、貨幣-利子率を枢要な利子率とするうえできわめて大きな役割を演じている。なぜかといえば、重要なのは流動性プレミアムと持越費用との差だからである。金、銀、銀行券といった資産以外のたいていの商品の場合には、持越費用は契約や賃金がそれによって定められる標準が通常もっている流動性プレミアムと少なくとも同じくらいには高く、それゆえ、たとえいま(たとえば)ポンド貨幣がもっている流動性プレミアムを(たとえば)小麦に移転したとしても、小麦-利子率はやはりゼロ以上に上昇することはないだろう。したがって、契約と賃金が貨幣で定められているという事実は貨幣-利子率の重要性をかなり高めはするけれども、こうした事情はそれだけで貨幣-利子率の経験的に知られた特性を生み出すにはおそらく不十分だというのは依然として正しい。

考えるべき第二の点はもっと微妙である。生産物の価値は貨幣で測るほうが他のどのような商品で測るよりも安定しているという通常の期待は、むろん、賃金が貨幣で取り決められるということよりは、むしろ賃金が貨幣で測ると相対的に粘着的だということに依存している。それでは、賃金は貨幣それ自身で測るよりも貨幣以外のどれか一つあるいはそれ以上の数の商品で測ったほうがより粘着的(安定的)になると期待されるとしたら、事態はどのようなものになるだろうか。このような期待が抱かれるためには、(価値標準として選ばれた)当該商品の(生産)費用が賃金単位で測ったときに生産量の多寡によらず短期的にも長期的にも相対的に安定していると期待されるだけでなく、この費用価格において現在の需要を超過するいかなる余剰も費用をかけずに在庫に組み入れることができる、すなわちその流動性プレミアムが持越費用を上回っていることも必須となる(そうでないと、価格の上昇によって利益を得る見込は全くないわけだから、在庫を持ち越せば必ず損失を被ることになる)。もしこれらの条件を満たす商品が見出されるとしたら、その商品は間違いなく貨幣の競争相手にのし上がるだろう。このように、生産物の価値が貨幣で測るよりもそれで測ったほうがもっと安定的になると期待される商品があると考えるのは理屈のうえでは不可能ではない。しかし現実にこのような商品が存在するとはとても思われない。

したがって結論を言えば、賃金がそれで測って最も粘着的になると期待される商品は生産の弾力性が最小で持越費用の流動性プレミアムを上回る程度が最も小さい商品を措いて他にはない。換言すれば、賃金は貨幣で測ると相対的に粘着的になるという期待は、流動性プレミアムの持越費用に対する超過という点で貨幣は他のどのような資産をも凌駕していることの当然の結果である。

このようにして、〔貨幣がもつ〕さまざまな特性――それらは相俟って貨幣-利子率を枢要な利子率とする――は互いに他を強める形で相互に作用を及ぼし合っていることがわかる。貨幣の生産と代替の弾力性は低く持越費用も低いという事実は、貨幣賃金は相対的に安定しているという期待を高める。そしてこの期待は貨幣の流動性プレミアムを高め、貨幣-利子率が他資産の限界効率とともに変動するかすかな可能性を断ち切ることになる。かりそめにもこのような連動がありうるとしたら、それは貨幣-利子率からその棘を抜き取ることになるであろうように。

ピグー教授（と他の人たち）は貨幣賃金よりも実質賃金のほうが安定的だと推定するに足る理由があると考えるのが常であった。しかし、このことが妥当するのは、わずかに雇用が安定していると考えられる場合だけである。そのうえ、賃金財の持越費用は高いという問題点もある。実際、賃金を賃金財で定めて実質賃金を安定化させようとするなんらかの試みがなされたとしたら、その結果起こるのはただ名目的な物価の激しい変動だけであろう。なぜなら、消費性向や投資誘因がほんのわずかでも変動したら、名目物価はそのつどゼロと無限大のあいだを乱高下するであろうから。貨幣賃金が実質賃金よりも安定的であるのは、体系が安定性を内蔵するための条件である。

このように、相対的安定性は実質賃金の側にあるとするのは単に事実や経験の点から見て誤っているだけではない。問題にしている体系の安定性を消費性向や投資誘因が少々変化した程度では諸価格に激しい影響を及ぼすことはないという意味に解するなら、それはまた論理的にも誤っている。

五

上述したことへの補足として、先に既述したこと、すなわち「流動性」にしろ「持越費用」にしろ、それらはいずれも〔相対的な〕程度問題であること、そして「貨幣」の特性はひとえに前者が後者に比べて相対的に高いことに存することは、あらためて強調しておいてもいい。

たとえば、流動性プレミアムが常に持越費用を凌駕している資産が一つも存在しない経済を考えてみよう。このような経済は、いわゆる「非貨幣経済」なるものについて私の下しうる最上の定義である。すなわち〔この非貨幣経済では〕、個々の消費財と個々の資本装備――この資本装備は長短さまざまな期間にわたってそれらが生み出す、あるいは生み出す手助けをする消費財の性格によって多少なりとも分化している――以外には何も存在せず、そしてそれらはすべて、ストックとして保有する場合には、現金とは異なって価値の低下を被るかあるいは〔価値を維持するための〕出費を要し、その額はそれらがもっているかもしれない流動性プレミアムを凌駕している。

このような経済では〔各種の〕資本装備が互いに他から区別されるのは次の点においてであろう。(イ)それらの手助けによって生産することができる消費財*の種類、(ロ)その生産物の価値の安定性(パンの価値は流行の服の価値よりも時を通じて安定しているというような意味)、(ハ)資本装備に具体化されている富をすばやく「流動」化しうるその容易さ。ここで〔資本装備に具体化されている富が〕「流動**」的であるとは、その生産物の売上収入を望むならまったく異なった形〔の資本装備もしくは消費財〕に〔容易に〕再具体化することができるという意味である。

そうすると富の所有者は、富を保有する手段としての各種資本装備の先述した意味における「流動性」の欠如と、それら資本装備が生む期待収益——危険《リスク》は斟酌済み——の、考えうる最善の保険数学的評価とを比較考量するであろう。流動性プレミアムは一面では危険プレミアムに似ているが、一面では異なっていることがわかるだろう。この相違はわれわれの推定しうる最善の確率とその確率を推定するさいの確信との相違に対応している。(1) 前の諸章で期待収益の推定について論じたさい、この推定がどのようにして形成されるのか、その委細には立ち入らなかったし、議論をむやみと錯綜させないために、流動性の差異と危険《リスク》そのものの差異とを区別しなかった。けれども、自己利子率を計算するさいには両者をともに考慮に入れなければならないのはむろんである。

(1)　上述二〇三ページへの注(1)を参照。

はっきり言って「流動性」には絶対的尺度は存在しない。ただ流動性の大小、すなわち、相異なる形態の富のうちどれを保有するのが比較的に有利かを判断するさいに、利用収益と持越費用に加えて考慮に入れられなければならない、さまざまな度合いのプレミアムが存在するのみである。「流動性」を生む要因というものはある程度までは漠然としたものであり、時代により、また社会の慣習や制度により変化するものである。だが富の所有者の心中においては〔流動性に対する〕選好順序――どのようなときにも流動性についての彼らの感情はこの選好順序に表明される――は確固としており、経済体系の運行を分析しようとするわれわれの目的にとっては、選好順序が与えられておればそれで十分である。

ある歴史的環境にあっては、土地保有は富の保有者の意識では高い流動性プレミアム〔の保有〕にほかならなかったであろう。土地は生産と代替の弾力性がきわめて低い[1]点で貨幣と似ている。そうであれば、利子率を高止まりさせる点で現代の貨幣が演じているのと同じ役回りを、歴史のうえでは土地保有に対する欲求が演じたこともあったのではないかと思われる。この〔土地保有欲求の高利子率に対する〕影響を数量的に跡づけるのは、金銭債権に対する利子率にまさに匹敵する、*土地のそれ自身で測った先物価格〔についてのデータ〕が欠如しているために、困難である。とはいうものの、それときわめて類似した性格をもつこともあった**抵当貸付に対する高利子率という形〔のデータ〕ならわれわれはもっている[2]。土地抵当貸付に対する高利子率は多くの農業経済に見られるよく知られた特徴であり、それはしばしば土地の耕作から得られる見込純収益をしのぐほどであった。高利禁止法は主としてこのような特徴をもつ抵当貸付に向けられたものであったが、なるほどそれも当然であった。というのも現代的意味での長期債権が存在していなかった昔の社会組織においては、抵当貸付利子率の引き上げ競争は、ちょうど現代の長期債権に対する高利子率がそうであるように、新たに生産された資本資産への当期の投資によってもたらされる富の成長を妨げる作用を及ぼしたに相違ないからである。

（1）「流動性」という属性は決してこれら二つの特性の存在から独立ではない。なぜなら、たやすく供給を増やすことのできる資産、あるいは相対価格の変化によって簡単に欲求が他に移ってしまうような資産が、富の保有者の心中に「流動性」の属性を喚起するとは思われないからである。貨幣といえども、その将来の供給が大きく変化すると期待されるなら、「流動性」という属性を急速に失うだろう。

（2）抵当貸付とそれに対する利子はなるほど貨幣表示で約定される。しかし、抵当権設定者〔債務者〕は債務を履行するさい、土地それ自体を引渡すこともある——実際、要求金額を用意することができない場合には、土地を引渡さざるをえない——という事実は、抵当貸付制度を時として土地の現物と先物の取引契約に近似したものとした。土地が借地人〔ここでは、借地人が債権者〕に、彼らが設定した抵当権と引き換えに売られることもあったが、これなどは、実際、このような性格の取引にきわめて近い。

数千年ものあいだ人々がこつこつ貯蓄を続けてきたその挙げ句が、うずたかく積み上げられた資本資産の中の貧しい世界だというのは、思うに、人間の浪費性向のせいでもなければ、戦争による破壊のせいでさえなく、ひとえに高い流動性プレミアム、かつては土地所有に、現代では貨幣に付着しているところの高い流動性プレミアムのためである。この点で私は、マーシャルが『経済学原理』五八一ページで彼らしからぬ独断的口調で表現した古い見解とは考えを異にしている。

誰もが知っているように、富の蓄積が阻害され利子率がかくも高水準を維持するのは、もとはといえば人々の大多数が先延ばしされた満足よりも現在を選好する、言い換えれば「待つ」ことに我慢できないからである。

六

私は『貨幣論』において、唯一無二の利子率というつもりで、自然利子率なるものを定義した。『貨幣論』の言い方では、貯蓄率（そこで定義された意味での）と投資率との均等を維持する利子率、それが自然利子率であった。この概念はヴィクセルの「自然利子率」――彼によれば、ある物価水準、必ずしも明確な規定がなされているわけではないが、ある物価水準の安定を持続させるような利子率である――を発展させ洗練したものだと思っている。

けれども私は、この定義で行けば、どんな社会においても、雇用水準を任意に変えていくと、それぞれの雇用水準に対して相異なる自然利子率が存在する、という事実を見過ごしていた。同様にして、どのような利子率に対しても、その率が「自然」率となるような雇用水準が存在する。〔雇用水準を適当にとると〕その利子率と雇用水準の下で体系は均衡状態にとどまりうるからである。としたら、唯一の自然利子率(*the* natural rate of interest)について云々するのは間違いであった。上の定義で行くと雇用水準の如何にかかわらず〔自然〕利子率の唯一の値が存在することになるが、そんなことはないのである。当時の私は、体系は完全雇用に満たなくても均衡状態にとどまりうる場合のあることがわかっていなかった。

「自然」利子率なる概念は以前の私には大いに有望な概念にも思われたが、いまの私には、分析に役立つ有用性なり重要性なりがこの概念にあるとはもはや考えられない。それは単に現状を維持する利子率であるにすぎない。それにわれわれは、現状そのものにはそもそもそれほど関心をもってはいないのである。

特有かつ意味ある利子率があるとしたら、それは中立利子率[1]とも呼べるもの、すなわち上述した意味での自然率で、しかも体系の他のパラメータを所与としたときに完全雇用と両立する率でなければならない。もっともこのような利子率は最適利子率とでも呼んだほうがおそらくもっと的確であろうが。

（1）この定義は、最近の論者が与えている中立貨幣のさまざまな定義のどれにも対応しない。もっとも、これらの論者が念頭においている目的とはおそらく若干の関連性をもつであろうが。

中立利子率をもっと厳密に定義すれば、それは、雇用の弾力性が全体としてゼロとなる水準に産出量と雇用があるような、そのような均衡状態において成立している利子率ということになる。(1)

（1）以下、第二〇章を参照。

以上の事柄は、いま一度、古典派の利子率理論を了とするためには背後にどのような仮定をおかなければならないかという問いに対する解答を与える。この理論は現実の利子率はたったいま定義した意味での中立利子率に常に等しくなると想定しているか、さもなくば現実の利子率は雇用をある特定水準に一定に保つ利子率に常に等しくなると想定しているかのいずれかである。伝統的理論をこのように解釈するならば、その実践的結論にわれわれが異を唱える必要のあるものはほとんど、あるいは全くない。古典派理論においては、市場利子率は銀行当局あるいは自然の力によって上記二条件のいずれか一方を満たすと想定されており、そのような想定に立って古典派は、社会が有する生産資源の使用と報酬を支配する法則を探求する。このような限定が有効であれば、産出量を決めるのはひとえに、現在の装備と技術の下で決まるはずの不変の雇用水準ということになり、かくてわれわれはリカードの世界に安心して身をおくことができることになる。

第一八章　雇用の一般理論——再論

一

いまや議論の糸を一本に撚り合わせることのできる地点に到達した。まず最初に、経済体系のどの要素を通常は所与とするのか、われわれの体系のどれが独立変数でどれが従属変数か、この点を明確にしておくのが有用であろう。

われわれが所与とするのは、利用可能な労働の現時点での熟練と量、利用可能な装備の現時点での質と量、現在の技術、競争の状態、消費者の嗜好と習慣、労働強度が違うときの不効用および監督や組織活動の不効用、それからもちろん国民所得の分配を決める諸力——以下に示す変数を除く——を始めとする社会構造。といっても、これらの要因を一定と仮定しているわけではなく、単に、この場所この文脈ではそれらが変化した場合の影響や帰結は考えない、あるいは考慮に入れない、というにすぎない。

独立変数は何よりもまず、消費性向、資本の限界効率表、それに利子率。もっともこれらは、すでに見たように、さらにいっそうの分析を可能にするのであるが。

従属変数は雇用量と賃金単位で測った国民所得(あるいは国民分配分)である。

所与とされた諸要因は独立変数に影響を及ぼすが、それらを完全に決定してしまうことはない。たとえば資本の限界効率表は一部は所与の要因の一つである装備の現存量に依存するけれども、一部は所与の要因からは推し量ることのできない長期期待の状態にも依存している。だが、所与の要因が完全に決定してしまう要素も中にはあって、これらの派生的な要素はそれ自身、所与として取り扱うことができる。たとえば、所与の諸要因は、所定の雇用水準に賃金単位で測った国民所得のいかなる水準が対応するかを推測するのを可能にし、ゆえに、われわれが所与とした経済の枠組みの中では、国民所得は雇用量すなわち現在生産に充てられている努力の量に、両者のあいだには一意の相関関係があるという意味で、依存している[1]。さらに、所与とされた諸要因は生産物の種別ごとの供給の物理的条件を具現した総供給関数の形状――すなわち、賃金単位で測った有効需要水準が任意に与えられたとき、その水準の生産を行うために振り向けられる雇用量――を推定するのを可能にする。最後に、所与の諸要因は労働(努力)の供給関数を与える。したがってそれらは、なかんずく、どの点で労働全体の雇用関数[2]が弾力性を失うかを教えてくれる。

(1)　この段階では、関連した雇用の範囲では生産物が異なれば雇用関数の曲率も異なるということから生じるいくらかの込み入った事情は、これを無視している。以下、第二〇章を参照。

（2）以下、第二〇章で定義される。

けれども資本の限界効率表は一部は所与の諸要因に、一部は各種資本資産の期待収益に依存している。利子率はどうかというと、一部は流動性選好の状態（すなわち流動性関数）に、一部は賃金単位で測った貨幣量に依存している。というわけで、究極の独立変数を次のものから成ると見なしてもあながち的はずれではあるまい。（一）三つの基本的な心理的要因、すなわち心理的な消費性向、流動性に対する心理的態度、および資本資産の将来収益に関する心理的期待、（二）雇用者と被用者の協定によって取り決められた賃金単位、（三）中央銀行の活動によって決定された貨幣量。したがって、先に列挙した諸要因を所与とするなら、これらの変数は国民所得（国民分配分）と雇用量を決定する。しかし再度断っておくと、これらはさらにいっそうの分析を可能にするのであり、いわば原子のような究極の独立要素ではないのである。

経済体系の決定因を所与の要因と独立変数との二群に分類するのは、何か絶対不変の見地のようなものから見ればむろんきわめて恣意的である。だが分類というものは〔絶対不変の見地でなく〕すべからく経験をもとにして行わなければならない。そうすれば、一方に、変化がきわめて緩慢かあるいはほとんど重要性をもたないと考えられるために、われわれの問題にはごくわずか、あるいは短期的には相対的に無視しうる程度の影響しか及ぼさない諸要因が属し、他方には、われわれの問題に実際抜き差しならない影響を及ぼすと思われる諸要因が属する〔という形に分類してもあながち恣意的とは言えない〕。われわれの目下の目的は、任意の時点における所与の経済体系の国民所得および(ほとんど同じことだが)その雇用量を決定する要因を見出すことである。要因といっても、経済学のように複雑な学問、正確な一般化を完全に成し遂げることの期しがたい学問においては、それは〔完全な決定因といったものではありえず、せいぜい〕その変化が主因となってわれわれの問題〔国民所得と雇用の水準〕を決定するといった程度の意味である。われわれの最終的な仕事は、われわれが現実に生活している体系において中央当局が人為的に統制あるいは管理することのできる変数を選び出すことにあると言ってよい。

二

ここでこれまでの諸章の議論を要約しておくことにしよう。ただし、〔これまで論じてきた〕諸要因をそれらを導入したのとは逆の順序で取り上げることにする。〔投資を増やしていくにつれて〕各タイプの資本資産の供給価格は押し上げられ、期待収益の低下と相俟って、ついに資本全般の限界効率は利子率にほぼ等しくなる——このように両者が等しくなる点まで新規投資率を推し進める誘因が存在する。言い換えれば、資本財産業の物的な供給条件、期待収益に関する確信の状態、流動性に対する心理的態度、そして貨幣量(賃金単位で測るのがいい)が相俟って新規投資率を決定する。

だが、投資率が増加(減少)すると、それにともなって〔所得率と〕消費率も増加(減少)する。なぜなら、所得が増加(減少)していなければ所得と消費の開きを広げよう(狭めよう)とはしないのが大衆の一般的な行動様式だからである。ということはつまり、消費率は一般には所得率の変化と同一方向に(額は所得の増加ほど大きくない)変化するということである。そのさい〔所得の増加と〕一定額の貯蓄の増加をともなう消費の増加との関係は限界消費性向によって与えられる。賃金単位で測った投資の増加分と同じく賃金単位で測ったそれに対応する総所得の増加分との比率はこのようにして決まるが、その比率は投資乗数によって与えられる。

最後に、(一次近似として)雇用乗数が投資乗数に等しいと仮定すれば、乗数を最初に述べた要因〔資本の限界効率と利子率の関係〕の引き起こす投資率の増加(減少)に適用することにより、雇用の増加を推定することができる。

けれども雇用の増加(減少)は流動性選好表を引き上げ(引き下げ)かねない。それは雇用の増加が貨幣需要を増加させる傾きをもつからだが、その道筋は三様である。すなわち、雇用が増加すると、賃金単位と(賃金単位で測った)物価に変化がなくとも、生産物価値は増大する。しかしそれだけでなく、雇用の改善とともに賃金単位それ自体が上昇する傾向をもつし、産出量が増加すると短期的には費用が増大するから、産出量の増加につれて(賃金単位で測った)物価も上昇する。

このように、均衡状態はあれやこれやの影響を受けるし、他にもこうした影響は存在している。そのうえ、上記諸要因にしても、たいした前触れもなく変化しがちであり、しかも相当の変化を被ることも一再ではない。ことほどさように、現実の出来事の成り行きは極度に込み入っている。それにもかかわらず、これらの要因は切り離して考察するのが有用でもあれば便宜でもあると思われる。何か現実の問題を以上の図式に沿って検討しようとするなら、そうしたやり方を採ったほうがずっと扱いやすいと知れるだろうし、われわれの実践的直感(それは一般原理の扱えるものよりはもっと錯綜した複合体に対処することができる)に対してもっと作業しやすい素材を提供してくれることにもなろう。

三

以上が一般理論の要約である。とはいっても、経済体系の実際は、消費性向、資本の限界効率表および利子率に付随するところのある特殊な特性によっても彩られている。それらについては経験をもとに難なく一般化を図ることができるが、論理的に不可欠というほどのものではない。

とりわけ〔言っておくべきは〕、われわれの住んでいる経済体系の際立った特徴は、産出量や雇用は激しい変動を被るにもかかわらず、体系そのものはそれほど不安定ではないということである。実際、経済体系は相当長い期間にわたって、〔完全な〕回復と完全な崩壊のいずれか一方に偏る明白な傾向をもつこともなく、慢性的な準正常の活動状態に停留しうるように見える。しかも経験の示すところによれば、完全雇用はもちろん、近似的な完全雇用でさえ、希にしか起こらない、〔起こったとしても〕持続性に欠ける短命の出来事なのである。変動は、調子よく始まって、たいした極端に至らないうちに萎えしぼんでしまう。絶望するほどではないが満足のいくようなものでもない、その中間的状態こそがわれわれの正常な運命なのである。変動は極端に至る前に減衰しやがて向きを反転させがちであるという事実——この事実の上に規則正しい局面をもつ景気循環の理論が構築されてきた。同じことは物価についても言えるのであって、物価は端緒となる攪乱因に反応して〔最初は急激な変化を見せるが、その後〕しばらくのあいだはほどほどの安定を保つ水準を見出すことができるように思われる。

ところで、こうした経験的事実は論理的必然性をもって起こるものではない。だとしたら、現代世界の環境や心理的性向がこれらの帰結を生む特徴をもっていると考えざるをえない。どのような心理的性向があれば、体系に安定がもたらされるのか、現代の人間性に関するわれわれの一般的知識をもとにしたとき、これらの性向がわれわれの生活している世界に起因していると考えていいのかどうか、こうしたことに考えをめぐらせてみるのは有益なことである。

これまでの分析の示唆するところでは、観察された結果を説明することのできる安定性の条件は次のようなものである。

(一)　以前より多くの(少ない)雇用が資本装備にあてがわれて社会の産出量が増加(減少)したとき、これら二つの量を関係づける乗数は一より大きいが、極端に大きくはないという特性を限界消費性向がもつこと。

(二)　資本の期待収益もしくは利子率の変化がほどほどであった場合、投資は変化するけれども、新たな投資は資本の限界効率表の変化の割には大きく変化しないという特性を資本の限界効率表がもつこと。

(三)　雇用が変化すると貨幣賃金も同じ方向に変化しがちだが、雇用の変化の割には大きく変化しない、すなわち、雇用がある程度変化しても貨幣賃金が大きく変化することはない。これは雇用の安定性というよりは物価の安定性の条件である。

（四）　以上の諸条件に四番目の条件を付け加えてもいい。これは体系に安定性を与えるというより、ある方向への変動にやがてその方向を反転させる傾向を与えるものである。すなわち、以前に比べて高くなった（低くなった）投資率は、それが数年も続くと、やがて資本の限界効率に不利な（有利な）影響を及ぼし始める、という条件である。

（一）　安定性の第一の条件、すなわち乗数は一より大きいが、極端に大きいということはないという条件は、人間という存在の心理的特性としては至極妥当な条件である。実質所得が増加するにつれて、喫緊の必要〔を満たす〕という圧力は減退し、それとともに確立した生活標準を上回る残差は拡大する。実質所得が減少する場合は逆である。このように、雇用が増加すると当期の消費も増加するが、実質所得の増加分まるまる増加するわけではなく、雇用が減少すると消費は減少するけれども、実質所得の減少分まるまる減少するわけではないと考えるのは、少なくとも社会全体を均してみると、自然である。しかも個々人の平均について言えることは、政府についてもまた妥当しそうである。失業がしだいに増大し、国がふつう借入資金でもって失業救済事業を行わざるをえなくなる時代にはとりわけそうである。

この心理法則は先験的に妥当する法則であるとも言えるしそうでないとも言える。読者の印象もさまざまであろう。だが一つ確かなことは、われわれの経験する世界はこの法則が成り立たなかった場合とはおよそかけ離れているということである。というのはその場合には、投資が少しでも増加すると有効需要は完全雇用状態に至るまで一方的に増加を続け、他方、投資が減少すると、有効需要はもはや誰一人として雇用される者がいなくなるまで一方的に減少を続けるであろうから。しかるに経験の示すところによれば、われわれは概してその中間的状態にある。なるほど、ある範囲の中では、不安定性が実際に一般的現象だということも考えられないわけではない。しかしそうだとしても、その範囲はおそらく狭小なものであり、その外部では〔上下〕いずれの方向においても、われわれの心理法則は疑いもなく成立しているに違いない。さらに、乗数は、一を超えるといっても、通常の状態ではさほど大きくないことも明白である。なぜなら、乗数が一よりかなり大きければ、投資率がある量変化すると、それにともなって消費率が大きく変化する（限界を画すのはわずかに完全雇用とゼロ雇用のみ）ことになるからである。

（二）　投資率が多少変化してもそれにともなって消費財への需要がいつまでも大きく変化することはないというのが第一の条件だとしたら、第二の条件は、資本資産の期待収益あるいは利子率に若干の変化があってもそれにともなって投資率がいつまでも大きく変化することはない、というものである。このような傾向が生じるのは現存の装備で生産量を大幅に拡大すると費用が逓増するためである。実際、資本資産を生産するための資源に非常に大きな余剰がある状態から出発するとしたら、ある範囲で相当の不安定性が見られるだろう。しかしこの余剰が大方使いつくされてしまうが早いか、こうしたことはもはや妥当しなくなるであろう。そのうえこの条件は、事業心理の激しい変動や画期的な発明による資本資産の期待収益の急激な変化に起因する不安定性に限界を画する——おそらく、下方よりも上方の変化に対して、なおさらそうであろう。

(三)　三番目の条件は人間性に関するわれわれの経験とも合致している。たしかに、貨幣賃金をめぐる闘争は、以前指摘したように、本質的には高い相対賃金を維持しようとする〔防御的な〕闘争であるとはいえ、個々の場合について見ると、この闘争は雇用が増えるにつれて激化することも考えられないわけではない。労働者の交渉上の地位は高まるし、同時に、賃金の限界効用が低下することおよび労働者の懐具合がよくなることの双方の理由によって、労働者は以前よりは平然と危険を冒すようになるからである。しかし全く同様に、このような動機がはたらくのは一定の限界の中においてであって、〔その限界の外では〕労働者は、雇用が改善されると、さらに高い貨幣賃金をこれ以上求めようとはしないし、あるいは〔雇用が悪化したとき〕職を失うくらいなら大きな賃金削減を受諾してもかまわないと思うこともないだろう。

だがここでもまた、この結論が先験的に妥当するか否かはともかく、経験はこのような心理法則のごときものが現実に成り立っていることを示している。というのも、もし失業労働者間の競争がいつも貨幣賃金の大幅な削減を帰結するとしたら、物価水準には激しい不安定性が見られるだろうから。しかも、完全雇用と両立する状態にある場合を除くと、安定均衡状態は存在しないことになるだろう。なぜなら、ふんだんに存在する賃金単位表示の貨幣が利子率に作用して完全雇用水準を回復させるに足る地点に到達するまで、*賃金単位の低落は止むことがないからである。その地点以外に、賃金単位の休息所は存在しないのである[1]。

（1）　賃金単位の変化の影響は第一九章で詳細に考察される。

（四）　第四の条件は安定性というよりは景気の後退と回復が交互に起こることについての条件であって、それは、資本資産はさまざまな年齢のものから成っていて、時が経つにつれて〔順次〕損耗していく、つまり全部が全部、長寿命だとは限らないという、ただそれだけの想定にもとづいている。この場合には、投資率がある最低水準以下に下落すると、そのうち資本の限界効率が十分に上昇して、投資がこの最低水準を上回る率を回復するのは、（他の要因に大きな変動がなければ）単に時間の問題である。もちろん同じ伝で、投資が以前より高い水準に上昇した場合には、やがて資本の限界効率が十分に低下し、他の要因にそれを相殺する変化がないかぎり、景気後退を引き起こすのはただ時間の問題である。

この理由により、他の〔三つの〕安定化条件が画する限界内で生起しうる程度の回復と後退でさえ〔一方向に進行するのではなく〕、それらが十分に長い時間持続し、他の諸要因の変化によって妨げられない場合には、やがて反対方向への逆転運動を引き起こし、この運動は前と同じ力がはたらいて方向を再度逆転させるまで続くだろう。

こうして、四つの条件をひとまとめにすれば、われわれが現実に経験する事態の際立った特徴、すなわち、雇用と物価が〔上下〕いずれの方向にも極端に変動することなく、経済は中間的状態――完全雇用をかなり下回りはするが、それ以下に落ち込むと人間の生存さえ危うくなるような最低水準はかなり上回っている、そうした中間状態のまわりを振動するという事態の十分な説明になる。

しかし、このように、「自然の」諸傾向によって定まる中間状態、すなわちことさらの矯正策が採られるのでないかぎりいつまでも変わらない根強い諸傾向によって定まる中間的状態は、だから必然の法則によって打ち立てられたものだ、と結論づけてはならない。上述した諸条件の有無を言わさぬ支配は、現在のあるいはこれまでの世界に関する観察された事実であって、絶対不変の必然的原理ではないのである。

訳注

序文

xvi頁　**R・F・カーン**　一五七ページ訳注を参照。

xvi　**ジョーン・ロビンソン**　Joan Violet Robinson（一九〇三―八三）、一九二五年にケンブリッジ大学を卒業後、助講師、講師を経て、一九六五年から七一年まで教授。同じくケンブリッジ大学教授を務めたオースティン・ロビンソンは彼女の夫。カーンとともに「ケインズ・サーカス」を主導し、ケインズを助けた。彼女自身も経済学の広範な分野で多くの貢献をなし、『不完全競争の経済学』、『資本蓄積論』などの著作を遺した。

xvi　**R・G・ホートレー**　Ralph George Hawtrey（一八七九―一九七五）、イートン校からケンブリッジ大学へ進み、大学では数学を専攻。ケンブリッジ在学中、「使徒会」会員に選ばれ、後にブルームズベリー・グループの一員となる。一九〇四年、大蔵省に入り、金融調査局のエコノミストとして活躍、『通貨と信用』、『商業と信用』、『中央銀行の政策技法』など、多数の書物を著した。景気循環における商業と消費の役割を重視した点で、設備投資と公共事業の役割を重視したケインズとは異なる。すなわちケインズが設備投資と公共事業の拡大に景気回復の鍵を見出す（設備投資を改善させるものは、長期利子率の低下と企業者の確信状態の回復である）のに対して、ホートレーは、信用拡大による短期利子率の低下が消費支出と流通業者の在庫投資の増大をもたらし、そして企業の生産を活性化させることを強調した。

R・F・ハロッド　Roy Forbes Harrod（一九〇〇―七八）、オックスフォード大学で古典文学、古代史、哲学を専攻。卒業後、同大学で経済学の講義を担当することになったが、経済学を学んだことのなかった彼は二学期を他大学での勉強に充てることを許された。そのうち一学期はケンブリッジ大学で過ごし、ここでケインズの講義を受けたことが、ハロッドの大きな転機になった。以後、オックスフォードの学者ながらケインズやケンブリッジの若い経済学者たちとの交流を深め、『一般理論』の形成にも貢献した。オックスフォードでエッジワースの薫陶を受けた彼は、ケインズの古典派への攻撃を和らげることに腐心し、ケインズ理論と古典派理論は必ずしも水と油の関係ではないことをケインズに説いた。本書第一四章に掲げられている資金市場の図は、ハロッドがケインズに提示したもので、ハロッドによれば、「古典派とケインズの調和を意図したもの」である。経済学における彼の研究領域は景気循環論、経済成長理論、国際経済理論からミクロ経済理論に至るまで多岐にわたり、経済学以外では方法論に関する哲学的著作も遺している。主著は『国際経済学』、『景気循環論』、『経済動学序説』、『ケインズ伝』など。

D・M・ベンスザン＝バット　David Miles Bensusan-Butt（一九一四―九四）、イギリスの文官、エコノミスト。ケンブリッジ大学キングズ・カレッジにおいてケインズに学ぶ。卒業後、内閣府、大蔵省などに勤務し、退職後はオーストラリア国立大学で経済学を講じた。

第二章

二 **ピグー** Arthur Cecil Pigou（一八七七―一九五九）、ケンブリッジ大学におけるマーシャルの後継者。一九〇八年、マーシャルの後を襲って経済学教授に就任。マーシャルとの師弟関係でいえば、ピグーはケインズの兄弟子にあたる。にもかかわらずケインズが古典派の代表者として最も批判したのはピグーであり、本書第一九章への付論には、抑制されているとはいえ棘のある批判が展開されている。これにピグーも応酬し、『エコノミカ』における『一般理論』の書評論文では、ケインズの表現力と語句の迫真性が彼を『デーリー・メール』紙の貴重な寄稿者に仕立て上げ、『確率論』を素人でも読めるような書物にすることを可能にした、と皮肉っている。ケインズとピグーのやり取り、そして両者の信頼関係がふたたび取り戻されていく経緯はカーンの『ケインズ『一般理論』の形成』に詳しい。

三 **労働供給が実質賃金のみの関数ではないとしたら……** 古典派の労働供給関数は実質賃金を唯一の変数とする（実質賃金のみが有意の変数である）から、貨幣賃金が変化しても物価が変化しても実質賃金の変化が同率であれば、労働供給の変化は同じ、つまり労働供給は一つの労働供給曲線上を移動するだけである。しかしケインズによれば、同率の実質賃金の変化でも、貨幣賃金の変化による場合と物価の変化による場合とでは、労働供給に及ぼす影響は異なる。たとえば貨幣賃金が一パーセント下落した結果として実質賃金が一パーセント下落する場合には労働供給は減少するのに対し、物価が一パーセント上昇して実質賃金が一パーセント下落する場合には労働供給に変化はない。つまり実質賃金を変数とする古典派の労働供給関数は貨幣賃金が変化して実質賃金が変化する場合にのみ右上がりの曲線となるのであって、物価の変化によって実質賃金が変化する場合にはこの曲線が水平方向に曲線ごと移動する。

一五 **すなわち、貨幣賃金が上昇しているときには……**　貨幣賃金がある率上昇すると物価はそれ以上上昇し、反対に貨幣賃金がある率低下すると物価はそれ以上に下落する、つまり貨幣賃金の変化と実質賃金の変化は方向を逆にするというのがケインズの主張であり、彼はこのことを統計的事実であるとしている。しかしJ・G・ダンロップがこれに反論し(『エコノミック・ジャーナル』一九三八年九月)、一八六〇年から一九三七年に至るまでの統計はケインズの主張を支持しない、と論じた。この論文に応答する形で書かれたのがケインズの「実質賃金と産出量の相関的変動」(『エコノミック・ジャーナル』一九三九年三月)であり、この論文において彼は、自説の論拠とした統計的事実とは実はなまのデータでなく、当時イギリスの経済学者によって抱かれていた一般的信念だと弁明し、一定の留保付きでダンロップの主張に譲歩した。同時に彼はこの事実によって自説を放棄する必要はなく、修正で足りる、という意味のことを述べている。

一五 **では同じ状況の下で実質賃金のほうはどうかといえば……**　古典派においては、失業が増大しているときには貨幣賃金が切り下げられて実質賃金が下落し、その結果、雇用はふたたび増大する。しかしケインズの場合には、貨幣賃金が切り下げられると総需要が減少する(消費が減退するとともに、デフレ期待が強まることによって投資需要も減退する)から物価も下落し、しかもその下落率は貨幣賃金の下落率より大きい(とケインズは考える)ために、実質賃金はかえって上昇する。ここから貨幣賃金の切り下げは失業をいっそう悪化させることになる。

一六　**なぜなら、現行貨幣賃金下の……**　これは後に見るように(二三ページ)ケインズの非自発的失業の定義である。この定義については次の二三ページの訳注を参照。

二三　**賃金財価格が……〔非自発的失業の定義〕**　古典派においては、第一公準が労働需要曲線、第二公準が労働供給曲線を与える。縦軸に実質賃金、横軸に労働量をとって図を描くと、前者は右下がり、後者は右上がりの曲線となり、両曲線の交点で均衡実質賃金と完全雇用量が与えられる。現行実質賃金が均衡水準を上回っている場合には失業が存在するが、この失業は市場が均衡に至る過程での一時的な摩擦的失業か、さもなくば労働者の頑固さに起因する自発的失業かのいずれかということになる。

これに対するケインズの見解は次のとおりである。現実の雇用量はいつも労働供給曲線(労働の限界不効用を表す)上にあるわけではない。失業が存在するときには、雇用量と実質賃金の組み合わせは労働供給曲線の上方に位置する、つまり実質賃金>労働の限界不効用の関係が成り立っている。したがって物価が少々上昇しても、現在雇用されている労働者は労働を引き揚げることはしない。

もっともこのことは古典派の労働市場において実質賃金が均衡実質賃金より高い場合にも言えることである。現実の雇用量=労働需要量<労働供給量という不均衡状態はケインズの非自発的失業の定義を満たすのである。ケインズの非自発的失業と古典派の自発的失業とのあいだ

に大きな違いはなく、貨幣賃金の切り下げに抵抗するケインズの労働者と貨幣賃金の切り下げを拒む古典派の「頑な」な労働者(一〇ページ)とを区別するのは困難である。

ケインズと古典派の大きな違いは失業の定義ではなく、むしろ労働市場の位置づけ方にある。古典派理論においては、企業と労働者は均衡貨幣賃金、したがって均衡実質賃金を決める力をもっている。物価水準を所与とするかぎり、雇用量は労働市場で決定され、この完全雇用量は産出量を決める。財市場に不均衡があれば(この不均衡は投資と貯蓄の不均等となって表れる)、この不均衡は利子率が変化することにより是正される。これに対しケインズ理論においては、企業と労働者は実質賃金を決定する力をもたない。貨幣賃金を切り下げることができないわけではないが、貨幣賃金切り下げの影響は財市場に及び、物価を変化させる。貨幣賃金を切り下げると実質賃金が切り下げられるかといえば、物価がそれ以上の率で低下し、実質賃金は逆に上昇する、というのがケインズの見解である。つまりケインズにおいては、実質賃金を決定するのは財市場なのであり、財市場の状態を好転させることなくしては雇用の改善はありえない。これこそが古典派とケインズの決定的な相違点である。

二七 **しかし第二公準を棄却してしまうと……** 前の段落で述べられているように、第一公準を容認するかぎり、雇用の増加(減少)と実質賃金の低下(上昇)とは不可分である。だから雇用の減少は実質賃金の上昇なくしては起こりえない。しかし実質賃金が上昇するのは必ずしも労働者が実質賃金の引き上げを(ということは貨幣賃金の物価水準に対する引き上げを)「要求する」結果ではない。労働者が実質賃金の引き上げに固執しなくても、物価水準が低下すれば実質賃金は上昇する。その結果雇用は減少し、この雇用量においては実質賃金＞労働の限界不効用となるが、第二公準の意味するところとは違って、この事態は労働者の容認するところとなる。他方、労働者が貨幣賃金切り下げを受容することが必ずしも失業救済につながらないのは、物価がそれ以上に低下して実質賃金がかえって上昇する可能性があるからであり、第二公準を棄却するならば、この場合の失業は非自発的失業となる。

二七　**供給はそれみずからの需要を創り出す**　俗に「セーの法則」と呼ばれているものであり、リカード、ミル、マーシャル等の古典派経済学者も多かれ少なかれこのような考えをとっている。もっともセー自身はみずからの見解をこのようなフレーズで表現しているわけではない。セーのもともとの言葉は「生産物は生産物によって支払われる」(A)である。これが転じて「総需要は総供給に等しい」(B)となり、ケインズはこれをさらに「供給はそれみずからの需要を創り出す」(C)と言い換えた。命題Aは物々交換経済、あるいは消費者と生産者が同一の「ロビンソン・クルーソー経済」では厳密に妥当し、命題Bはさらに貨幣が交換手段としてのみ用いられる交換経済についても、貨幣需要=貨幣供給が満たされるならば、妥当する。命題Cの意味についてケインズの説明は揺れているが、この点については三八ページ訳注「*N*が……」を参照。なお、セー(Jean Baptiste Say)(一七六七―一八三二)はフランスの経済学者、アダム・スミスの『国富論』をフランスに紹介した古典派経済学の啓蒙家として知られる。

二八　**マーシャル**　Alfred Marshall(一八四二―一九二四)、一九世紀から二〇世紀にかけてのイギリスを代表する経済学者。ケンブリッジ大学で数学を専攻するが、経済学に転身した。ロンドン貧民窟の悲惨な現状を目の当たりにして経済学の道に進んだという有名な逸話がある。ケンブリッジの慈父的存在で、親密な環境の中でピグーやケインズを育てた。イギリスのポリティカル・エコノミーの伝統を継ぎ、現実的問題を常に念頭におきながら、経済学の理論化に努めた。『国内価値の純粋理論』(正確には『外国貿易の純粋理論/国内価値の純粋理論』)は一八七九年刊行、同年、妻メアリーとの共著として『産業の経済学』が刊行された。主著は『経済学原理』(初版、一八九〇年)、当初計画していた二巻構成の第一巻で、第二巻はついに実現しなかった。

二八 **エッジワース** Francis Ysidro Edgeworth(一八四五―一九二六)、イギリスの経済学者、オックスフォード大学教授。ジェヴォンズ、マーシャルとともに、一九世紀後半のイギリスにおける代表的な新古典派経済学者、数理経済学の創始者の一人。ケインズは『人物評伝』中のエッジワース伝の中で、「マーシャルの興味は知的かつ道徳的であり、エッジワースのそれは知的かつ審美的であった」と述べている。経済理論に対して大きな貢献をなし、いわゆる「エッジワースの箱」、「契約曲線」などの分析用具は今日でも用いられている。主著は『数理心理学』。彼の主要な論文は『政治経済学論文集』(全三巻)に収められている。

二九 **貨幣は摩擦が生じた場合を除くと……** ミルの『経済学原理』に次のような一節がある。「経済において、時間と労働を節約する手段であることを除けば、貨幣ほど重要でないものは存在しない。貨幣というものはそれがなくてもやれることを――貨幣があるときほどではないが――迅速かつ簡便に行うための機械であり、他の多くの機械と同様、貨幣が貨幣ならではのはたらきをするのは、装置に狂いが生じたときだけである」(第三篇第七章三)。

二九 **「実物」交換**　ケインズは「実物交換経済(real exchange economy)」を「貨幣が用いられはするが、物や実物資産の取引における中立的媒体として用いられるのみで、人々の動機や決意に入り込むことのない経済」(「貨幣的生産理論」、一九三三年、『ケインズ全集』第一三巻)だと定義している。実物交換経済に対置されるのが「貨幣経済(monetary economy)」であり、こちらは「貨幣がそれ特有の役割を演じ人々の動機や決意に影響を及ぼすような経済、簡単にいえば、貨幣が状況を左右する要因の一つとなっている経済であり、それゆえ出来事の推移は、長期的にも短期的にも、その出来事の初期段階と最終段階とのあいだの貨幣の動向を知ることなしには予測することができない」(同上)経済、だと定義されている。

第三章

三〇 **他方、所定量の雇用が……〔総供給関数の定義〕**　この箇所の原文は On the other hand, the aggregate supply price of the output of a given amount of employment is the expectation of proceeds which will just make it worth the while of the entrepreneurs to give that employment.である。任意のNに対して総供給価格Zが対応するわけであるが、Nを変化させるのは実質賃金の変化である。実質賃金(貨幣賃金が所与の場合には価格もしくは物価)が与えられると利潤極大雇用量したがって利潤極大産出量が決まる。この産出量を先の価格で評価したものが総供給価格である。Nから出発する場合にはNを利潤極大雇用量とする実質賃金を求め、この実質賃金を用いてNが生産する産出量を評価する。

三七　**DがZよりも大きい場合には……**　DがZよりも大きいというただそれだけの理由で企業は雇用量を増やすわけではない。$D>Z$が物価を上昇させ、その結果実質賃金が下落することによって、企業は雇用量を増加させる。

三八　**Nがどのような値をとっても……**　これは「供給はそれみずからの需要を創り出す」という、いわゆるセーの法則の帰結であるが、この法則を合理的に解釈するためには、貯蓄主体と投資主体が同一であると考えざるをえない。たとえば、農家が小麦で所得を得、その一部を貯蓄に回せば、貯蓄した小麦は種子として用いられるから、貯蓄は自動的に投資に等しくなるであろう。しかし貯蓄主体と投資主体が異なる場合には一般にはセーの法則は成り立たない。このときの古典派体系は次のようになるだろう。雇用量は労働市場で決定され(雇用量は完全雇用水準になっている)、同時に実質賃金水準も決まる。この雇用量Nに対して、総供給価格(Z)と総需要価格(D)が決まるが、$Z>D$なら、その差額は貯蓄(S)の投資(I)に対する超過分である。古典派によればSとIは利子率(r)の関数であり、$S(r)>I(r)$のときには、利子率rが下落して、投資は増える(貯蓄は減少)。投資が増加すると総需要関数はそのぶん上方にシフトし、ZとDの開きは縮小する。そして$S(r)=I(r)$となったとき、ZとDは完全雇用水準Nで交わる。このようにして、市場のはたらきによって、自動的に完全雇用が達成されることになる。

ZとDの差をDのシフトによって埋めるという調整プロセスは、実を言えば、雇用が完全雇用状態にないときでも起こることは直ちにわかる。総供給関数と総需要関数は一致しなくとも、Nの任意の水準でZとDはDの上下移動によって一致する。この意味でならセーの法則が成り立つことになる。

三八　**これが事実なら……**　ケインズは企業者間の競争によって雇用が拡大し完全雇用水準に至ると考えているが、これはおかしい。常に$D=Z$ならNがいかなる水準にあっても、それを変化させる誘因は存在しないからである。財市場ではNの任意の値について$Z=D$となり、そうであればNを変化させる誘因は生じない。Nが完全雇用水準を下回っている場合には、雇用量の調整は労働市場において行われると考えるべきである。

四六　**神聖異端審問**　キリスト教会に設置された異端摘発と処罰のための裁判制度。スペインでは一五世紀末に改宗ユダヤ人に対する審問機関として設置され、大審問官トルケマダの下で、過酷な異端の審問・処罰が行われた。

四八　**カンディード**　ヴォルテール(一六九四―一七七八)の同名の小説――奇想天外な風刺小説――の主人公。この世は最善に出来上がっており、いかなる不幸も因果連関によって善の原因になっていると説く、オプティミズム(予定調和・最善説)の哲学教師パングロスの教えの信奉者。数奇な運命のままに、最後はパングロスや他の登場人物ともども、コンスタンチノープルの小さな農場に安住の地を見つける。ここでの生活も世界の連環の一環だと説くパングロスに対し、「おっしゃるとおりです。何はともあれ、私たちの畑を耕さねばなりません」というカンディードの言葉で幕を閉じる。

第四章

六三　**通常の供給曲線**　$O=\Psi(N)$(ここではすべて添え字 r は省くことにする)は物的生産関数である。いま費用は要素費用と使用費用のみとし要素費用は WN、使用費用は uO で表すことができるとすれば、利潤極大条件は $\Psi'=\frac{W}{p-u}$ となる。総供給価格は利潤極大条件を織り込んだ $(p-u)Q$ であるから、$Z=W\times\frac{\Psi}{\Psi'}$ となる。因みに賃金単位表示の総供給価格は $Z_w=\frac{\Psi}{\Psi'}$ である。なお、本文の「通常の供給曲線」と呼ばれている式は総供給関数の定義式にすぎず、Q を p の関数として表すためには利潤極大条件から $N=N(p)$ を求めなければならない。Z を p の関数として表す場合も同様である。

第五章

六七　**一方、長期期待の変化が良い方向への変化である場合……**　長期期待に変化があった場合、労働投入が新長期水準より高くなるかもしれないことの理由は六八ページに与えられている。

七一　**ホートレー氏の主張**　ケインズはごく最近(たとえば前期)の産出量を次期に外挿して今期の投入量を決めると考え、ホートレーは在庫の累積が今期の投入を決めると考える。前期の売上収入実績と在庫の累積とは表裏である以上、両者の考えは一致する、というのがケインズの言わんとするところだと思われる。ところで訳文の末尾は「可能性はきわめて低い」となっているが原文では most likely である。もし原注の意味が上述のようだとしたら、ここは most unlikely（可能性がきわめて低い）でなければならない。

第六章

七三　**この資本装備という言葉……**　ケインズは『貨幣論』において、企業の資本（capital）を「固定資本（fixed capital）」、「経営資本（working capital）」（半完成財の在庫）、「流動資本（liquid capital）」（完成財の在庫）に分けている。本書で頻繁に用いられている「資本装備（capital equipment）」という言葉はこれらの総称。なお、『貨幣論』のケインズは半完成財の在庫と完成（最終）財の在庫を区別し、前者にはstock、後者にはhoardを当てている。『一般理論』のケインズは二種の在庫を区別せずにstockという言葉を当てているが、この意味での在庫（stock）が近年inventoryと呼ばれているという指摘が第二二章に見られる。

七四　**使用費用**　使用費用とは生産にともなう資本装備（固定資本＋諸在庫＋新規購入分）の損耗のことである。期首の資本装備をG_0とすれば、G_0+A_1-Gは理由を問わず、期間中に損耗した資本装備額、一方、B'を支出した後の自然損耗分はG_0-G'である。ゆえに、使用費用Uは、$U=(G_0+A_1-G)-(G_0-G')-B'=(G'-B')-(G-A_1)$となる。

七五　**所得の集計額は$A-U$に等しくなる**　$A-(U+F)+F=A-U$となる。

七六　**産業統合が大いに進んで……**　次の段落で述べられているように、総投資は$\sum(A_1-U)$。統合されている産業では$\sum A_1=0$だから、総投資が正であれば$\sum U$は負になる。

七六　***U*は個々の企業者の負の投資**　ケインズは、たとえばUが一〇〇のとき、負の投資は一〇〇、

(正の)投資はマイナス一〇〇という言い方をしている。ふつうは、負の投資がマイナス一〇〇、(正の)投資が一〇〇という言い方をする。

七七 **有効需要** 本段落には二カ所(一行目と四行目)に「有効需要」という言葉が出て来るが、その意味が揺れているように思われる。「有効需要」は第三章(三七ページ)において「総需要関数と総供給関数の交点」と定義されており、おそらくこれがケインズの不動の定義だと思われる。現に本段落四行目の「有効需要」もたぶんこのような意味で用いられている。しかし段落一行目における「有効需要」は、単に所得に裏づけられた総需要というほどの意味である(そうでなければ、「彼らの決めた当期雇用量」は総需要関数と総供給関数の交点で与えられる雇用量ということになるが、それではあまりにも窮屈すぎる)。企業者が雇用量を決めると、それによってある額の所得が、したがってある額の需要=有効需要が発生すると期待される。有効需要をこのような意味にとると、第三章で定義された有効需要は自己実現性が高いとはいえ、有効需要の特殊事例ということになる。だがこのときには総需要関数上のすべての点が有効需要ということになり、数行先の記述(「有効需要はその総需要関数上の特定の一点」)と矛盾することになる。

七七 **売上収入** 三五ページで定義されたように売上高から使用費用を差し引いたもので、生産要素への支払と利潤の合計に等しい。

七七 **有効需要はその総需要関数上の特定の一点で……** 総需要曲線は雇用量がNのとき、そこから得られると期待される売上収入のことであった。一方、総供給曲線はNを与えたときの総供給価格であるが、Nを与えるといっても、Nは実質賃金W/pと対になっている。つまり実質賃金がW/pのとき利潤を最大にする雇用量がNと解するか、あるいは雇用量Nを任意にとった場合には、Nが利潤最大雇用量であるためには実質賃金はW/pになっていなければならないと解するか、いずれか一方の仕方で解釈しなければならない。したがって総供給曲線上の点はどの点をとっても利潤を最大にしているのであり、このことは交点である有効需要の点だけに限られない。

七六　**原注(2)**　この注には錯誤が見られる。ここでケインズが用いている「総供給関数」は最適化操作をほどこす以前のいわば素の「総供給関数」であり、この素の「総供給関数」を用いて、限界売上収入＝限界要素費用の均衡条件を導出している。$\phi(N)$を本来の意味に解し、かつ六二ページ訳注で用いた使用費用に関する単純化をここでも用いると、$Z_w=\phi(N)=\frac{\varphi(N)}{\varphi'(N)}$となる(ただし$\varphi$は物的生産関数)。$\phi'$と$\phi''$の大きさは関数$\varphi$に依存するが、収穫逓減を仮定するならば、必ず$\phi'(N)>1$となる。しかし$\phi''(N)$の正負は一概には言えない。

七八　**マーシャルの補足費用の定義**　マーシャルは彼の『経済学原理』第五篇第四章において、「補足費用」を、耐久設備の固定費用、幹部職員の給与などの一般的経費(間接費)として定義している。

七九　**企業者の純所得と純利潤**　ケインズのさまざまな費用概念と所得や利潤との関係は次ページの表にまとめることができる。なおこの表は宮崎義一・伊東光晴『ケインズ・一般理論』(日本評論社)をもとに、若干の修正を施して作成したものである。

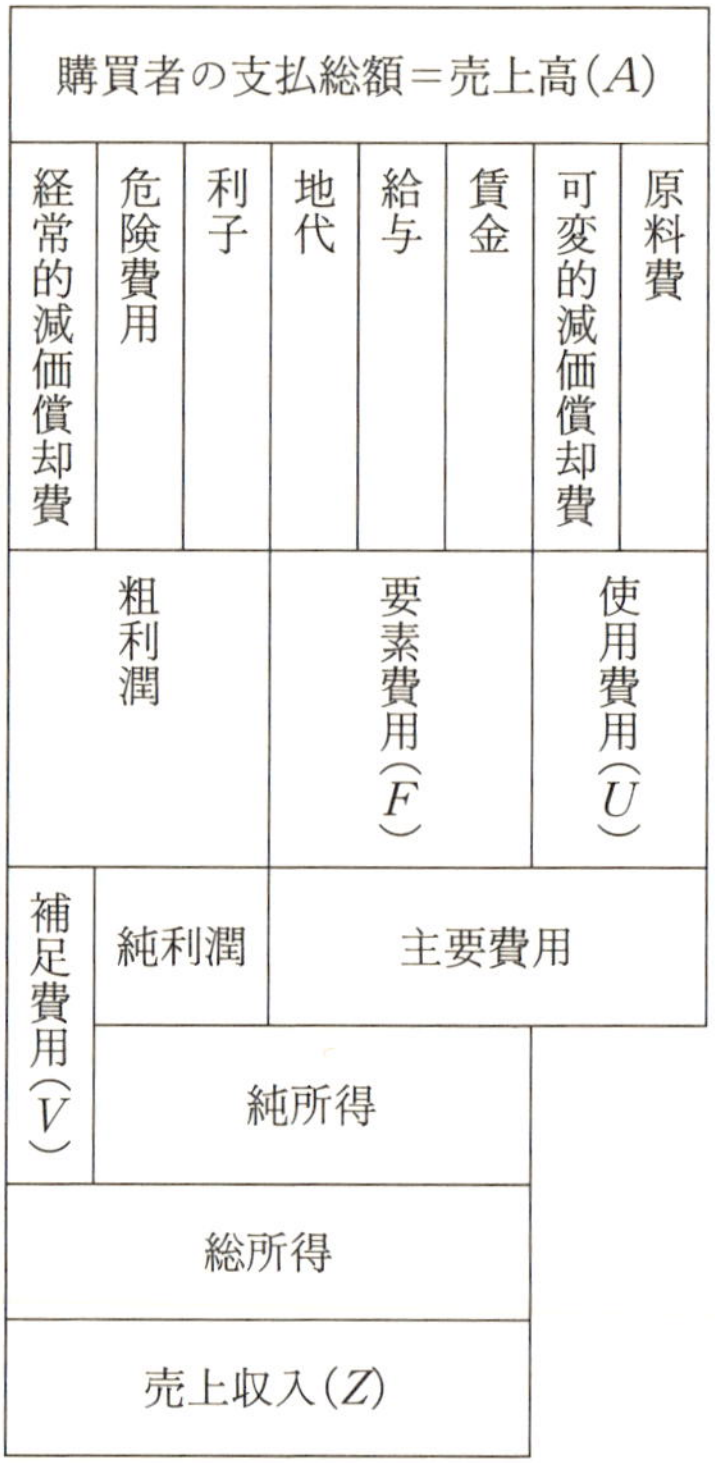

八一 **補足費用の変化は粗利潤の変化と……** 企業者にとって補足費用の増大は粗利潤の減少と同じ効果をもち、この意味で、補足費用の変化と粗利潤の変化は彼に同等の影響を及ぼす。しかし意外の損失または利得は、ケインズによれば資本勘定の上での変化であり、消費に影響を及ぼすとしても、補足費用とは影響の経路を異にする。

八二 **内国税歳入庁** 日本の国税庁に相当する官庁。

八三 **しかし……〔補足費用の評価法〕** 資本装備の全損耗は七四ページ訳注で説明したように、G_0+A_1-G である。これはUとVとW（Wは意外の損失）とB'の和であるが、U'、V'、Wのそれぞれの境界は必ずしも明確ではなく、とりわけVとWの境界はそうである。ケインズはこの段落でVの二つの評価法を紹介している。(イ)$U+V$をあらかじめ$(U+V)^*$に設定しておき、これと実際のUとの差をVとする。この場合には$(U+V)^*=U+V$となり、UとVの境界を問題にしなくてもすむ。ケインズはこのとき意外の損失・利得はゼロになると言っているが、必ずしもそうはならない。(ロ)Vを期間ごとに再評価する。(ロ)に関連して、ケインズは基礎的補足費用と当期補足費用とを区別することを推奨しているが、Vは当期補足費用であり、基礎的補足費用にどのような意味があるのか、よくわからない。

〔八三〕**所得税審判委員会**　所得税に関する納税者の不服を聴聞し審査する行政機関。一七九九年、イギリスに所得税が導入されたのを機に設置される。当初は所得税の算定・徴収も行っていたが、一九四六年の財政法により、納税者と歳入庁のあいだに立って不服の審査のみを行う、純然たる行政審査機関となった。日本にも類似の機関として国税不服審判所がある。

〔八五〕**この定義で行くと……**　『貨幣論』のケインズは「利潤」を『一般理論』で言う「意外の利得」の意味で用い、企業活動に対する正常の報酬である「正常利潤」と区別している。さらに「正常利潤」は賃金と同様、所得と見るのに反し、「利潤」は所得から除外し、むしろ資本勘定における資本の増価と見なすべきだとしている。したがって「利潤」からの消費は負の貯蓄となり、貯蓄と投資のあいだに乖離が生じることもある。売上収入、所得、「利潤」をそれぞれ、Z、Y、Pとし、消費、投資、貯蓄をそれぞれ、C、I、Sとすると、$Z=Y+P=C+I$。これと$Y-C=S$より、$I-S=P$。よって「利潤」の正負に応じて、$I>S$あるいは$I<S$となる。

八六　**消費支出は$\Sigma(A-A_1)$とまぎれなく定義することができる**　消費をこのように定義すると、消費者による家屋の購入も消費に入ることになる。

八八　**生産物価値**　使用費用は差し引いてある。

第六章への付論

九二　**要素費用を……割り振らなくてもすむという利点**　企業が当期に生産した財は完成財と半完成財に分けられ、完成財はさらにその期に販売された部分と売れ残った部分(意図的に留保する場合もある)とに分けられる。半完成財と未販売完成財は資本ストックとなって次期に繰り越される。企業の当期利潤は当期の売上収入から販売された財の生産に要した費用を差し引いた額であって、未完成財と未販売完成財の生産のために要した費用は当期の費用には含めない。したがって、使用費用と要素費用は販売された財の生産に要したものにかぎって当期の費用としなければならない。

いま売上収入をA、販売された財の生産に要した使用費用(厳密な意味での使用費用ではなく、むしろ素材費用とでもいうべきもの)と要素費用とをそれぞれU_A、F_Aとすると、当期の企業利潤は$A-(U_A+F_A)$となる。ところがケインズによると、当期の企業利潤は$A-(U+F)$であり(七五ページ)、費用が販売された財と未販売財(半完成財を含む)とのあいだに分割されていない。したがってケインズの利潤は本来の利潤より少ないように見える。だが二つの利潤は同じになる、だからUとFのそれぞれを販売された財と資本ストックとなる財とのあいだに分割する必要がない、というのがケインズの主張なのである。要するに、ケインズは$U+F=U_A+F_A$を主張していることになる。そしてこれが正しいことは次のようにして示すことができる。

　使用費用Uはケインズの定義によれば、$U=A_1+(G'-B')-G$である。Gは期末の資本装備であり、この中には上に述べた半完成財と未販売完成財が含まれている。価値的に見ると、Gはこれら未販売財の生産に要した要素費用F_Iと全装備の素材価値Mの和である。つまり販売されなかった財の生産に用いられた要素費用はGを構成し、残余が素材価値である。$G=M+F_I$と上式とから、$U+F=A_1+(G'-B')-M+(F-F_I)$となる。$A_1+(G'-B')-M$は販売された財を生産するために要した使用費用($U_A$)、そして$F-F_I$は$F_A$に等しいから、$U+F=U_A+F_A$となる。

　U_AがUをF_Iだけ上回るというのは一見すると奇妙な結論である。しかし使用費用の定義式を見れば明らかなように、使用費用とはもともと販売された財の生産に要した費用(これだけだとM)なのであり、しかも未販売財の生産に要した要素費用の価値分F_Iをそこから控除している。なぜなら当期の生産活動は資本装備を消耗させると同時に、F_Iの価値を装備に付け加えたからである。

九五　**「純粋」利子率**　危険が存在しないときの利子率。

九六　**仮に、物理的理由により……**　資本装備の維持はもっぱら要素費用となる活動によって行われ、外部からの補充は考えないというのであるから、$U+V=0$となる。簡単にいえば資本装備の全減価額が要素費用に転嫁され、結果的には資本装備には全く減価がないのと同じことになる。

九六 **長期均衡においては……** 長期均衡においては、限界主要費用－平均主要費用＝〔平均〕補足費用＋〔平均〕危険・利子費用であるから、限界要素費用＝（平均使用費用＋平均補足費用）＋平均要素費用－限界使用費用＋平均危険・利子費用。目下の事例では、使用費用＋補足費用＝0となるから、平均使用費用＋平均補足費用＝0かつ限界使用費用＋限界補足費用＝0。ところで補足費用は定義上、生産量には依存しないから、限界補足費用はゼロ、したがって限界使用費用もゼロとなる。よって、限界要素費用は平均要素費用を平均危険・利子費用のぶんだけ上回る。

九七 **装備価値の減価のある部分** 可変的減価償却費のこと。

九七 **この総使用費用は……一様な関係をもたない** 各産出量水準に対してある総使用費用が一意に対応するとしても、総使用費用関数は連続関数でないかもしれず、連続関数であっても限界使用費用関数には不連続点があるかもしれない。$U=uO$ のような関数であれば総使用費用と限界使用費用のあいだには一様な関係があるといっていいが、このような関係が存在しないということであろう。

九八 **使用費用の額を決めるのは……** 原材料を当期に市場で購入して当期の生産に使用する場合には、その費用（使用費用）は市場価格によって評価すればいい。しかしすでに保有している資本装備を使用する場合には機会費用をもって費用とし、限界収入と限界機会費用とを比較して、当期に装備を使用するか否かを決定する。限界収入>限界機会費用のときは装備一単位をいま使用するのが有利であり、逆の場合には使用を延期したほうがいい。ところで何をもって機会費用とするかであるが、ケインズは三通りの定義を与えている。(一)現在装備を使用することによって犠牲にされる将来収益の期待額(九八ページ)、(二)将来のすべての期日における潜在的期待収益の割引価値の最大のもの(九九ページ、原注(1))、(三)〔装備〕更新延期現在機会価値(九九ページ)。

九九　**更新延期の現在機会価値**　原語は the present value of the opportunity to postpone replacement である。装備(固定設備または原材料在庫)を今期使った場合の耐用年数をτとすると、装備を今期使わなかった場合には耐用年数がτから$\tau+\varDelta\tau$に延びる。τ期における装備の更新費用をp_τ、$\tau+\varDelta\tau$期におけるそれを$p_{\tau+\varDelta\tau}$とすると、更新延期の現在機会価値は、$\frac{p_\tau}{(1+r)^\tau}-\frac{p_{\tau+\varDelta\tau}}{(1+r)^{\tau+\varDelta\tau}}$と表すことができる(ただし$r$は市場利子率)。更新される装備が同一で価格に変化がない場合には、更新延期の現在機会価値は割り引く期間が$\varDelta\tau$延びたことただそれだけによる利益となる。今期使用しない装備を将来使用することによる期待収益は当然この利益額を上回っているはずだ、というのがケインズの言わんとするところであろう。

九九　**余剰すなわち使うあてのないストックが存在せず……**　装備が原材料の場合には、限界使用費用は装備価値の減少であり、この減少分はただちに更新される必要がある。したがって限界使用費用は装備の更新費用そのもの、すなわち原材料の当期購入額となる。一方、装備が機械などの耐久設備の場合には、今期にそれを用いて生産を行うと能率が低下し、耐用年数も短縮されるかもしれない。限界使用費用はこれらにともなって発生する費用である。

九九 **余剰装備が存在するとしたら……** 余剰装備が存在するときには、余剰(の全部またはその一部)を今期に使用するか、それとも来期以降に使用するかの選択の余地が生じる。装備が原材料の場合には、使用費用は、装備を来期以降のある時期に使用したときの期待収益の割引価値の最大値となる。ただし原材料のストックを将来にまで持ち越すと品質の劣化が起こることも考えられる。その場合には、期待収益を計算するさい、使用される時期に至るまでの補足費用(当期補足費用)を粗収益から差し引く。余剰装備が耐久設備の場合も、基本的には同じである。

一〇〇 **たとえば銅のような原料に……** 要素費用がゼロということは、銅を原料として使用する製造業ではなく、銅の卸売り業のような企業を考えているのであろう。実際、『貨幣論』第二巻第二九章ではそのような企業が考えられ、銅の過剰在庫の問題が考察されている。銅の卸売り業者の場合には、収益はもっぱら銅価格の変動から得られる。

一〇〇 **しかし問題となっている装備が……** 新装備の価格比で見た能率が旧装備に比べて高ければ、旧装備の使用費用は新装備のそれに比べて相対的に大きくなる。したがってこのときには、早期に新装備に更新するような策をとったほうが有利になる。

一〇一 **読者が肝に銘じておくべきは……** 過剰在庫があるときには在庫の期待正常価格(正常価格は余剰在庫が存在しないときの価格)が高くなっており、過剰在庫を吸収するためには正常価格が引き下げられなければならない。現実の価格と正常価格との開きが大きい(正常価格が現実の価格をはるかに上回っている)ときには期待収入は持越費用を償って余りあるほどの大きさであるから、在庫が吸収されるまでの期間は長くなりがちである。正常価格と現実の価格が引き下げられていくうちに、やがて余剰在庫が吸収され、余剰在庫がなくなると現実の価格は下げ止まり、こんどは上昇する傾向すら出てくる。本文中の、毎年かなりの装備更新が行われている事態の下では限界使用費用は大きく低下することはないという記述は、在庫吸収の後期過程を言っているのであろう。なお、景気変動と在庫吸収の関係については、『貨幣論』第二巻第二九章を参照。

一〇一　**全般的不況の場合……**　不況が長引くと予想される場合には持越費用(あるいは当期補足費用)が増大し期待収益は減少するから、限界使用費用は低下する。

一〇二　**というのは、この廃棄政策は……**　余剰がなくなる期日が早まるから利子費用や当期補足費用などが小さくなり、装備を現在使用することの機会費用(使用費用)が高くなる。

一〇二　**補足費用が大きい場合……**　期待収益を減少させ装備の機会費用を引き下げるから、限界使用費用は小さくなる。余剰の銅がある場合のケインズの説明(一〇〇ページ)を参照。

一〇二　**余剰装備が存在するために企業は純損失……**　限界主要費用は平均主要費用を大きく上回ることがないとしたら、粗利潤は小さい。一方、純利潤は粗利潤マイナス補足費用で、補足費用は大きいと仮定されているから、純利潤は負になる公算が大きい。

一〇三　**マーシャルの『経済学原理』……**　ここに言う使用費用の一部とは七九ページの訳注「企業者の……」の表に示した可変的減価償却費のこと。ここでは特に固定設備の可変的減価償却費を指す。

一〇三 **限界的な生産物に起因する装備の限界的負投資**　生産物を一単位増やしたときに要する限界的な負の投資、すなわち可変的減価償却費のこと。

一〇三 **遊休設備《プラント》の維持費用は……**　一〇二ページの訳注「補足費用が……」を参照。

第七章

一一二 **D・H・ロバートソン**　Dennis Holme Robertson（一八九〇—一九六三）、イギリスの経済学者。ケンブリッジ大学を卒業後、同大学講師、ロンドン大学教授を経て、一九四四年にケンブリッジ大学に戻り、五七年まで経済学教授を務める。貨幣・金融論の専門家で、期間分析を取り入れた景気循環論の創始者の一人としても知られる。『一般理論』の形成過程では大きな役割を果たしたが、次第にケインズとの亀裂が深まり、ケンブリッジを去ることを余儀なくされた（後に和解）。『一般理論』序文に彼の名がないことをカーンは、ケインズの「悲しい決意」と表現している。

一一二 **すなわちこの定義で行くと……**　ロバートソンによれば、所得、消費、投資のあいだには $Y_t = C_{t-1} + I_{t-1}$ という関係がある。この式と貯蓄の定義 $S_t = Y_t - C_t$ より、$S_t = (C_{t-1} - C_t) + I_{t-1}$。これをケインズの所得概念（$\hat{Y}$ はケインズの意味での所得を表す）を用いて書くと、$S_t = \hat{Y}_{t-1} - C_t = \hat{Y}_{t-1} - (\hat{Y}_t - I_t)$。ゆえに $S_t - I_t = \hat{Y}_{t-1} - \hat{Y}_t$ となり、貯蓄は投資を、（ケインズの意味での）昨日の所得と今日の所得の差だけ上回る。

一一三 **ハイエク**　Friedrich August von Hayek（一八九九—一九九二）、オーストリア生まれの経済学者、社会哲学者。ウィーン大学に学び、オーストリア経済研究所の所長を務めたのち、ロンドン大学に招かれる。戦後はイギリスに留まることを潔しとせず、アメリカに渡ってシカゴ大学教授、晩年はフライブルク、ザルツブルクの両大学で研究を続ける。ケインズの有力な批判者で、両者のあいだで多くの論争が行われた。『貨幣論』へのハイエクの論評に端を発した『エコノミカ』誌上の論争は特に有名で、ケインズはハイエクの『価格と生産』を評して、「誤謬から出発しながら罪悪感をもたない論理学者がどうしたら精神病院にたどり着くことができるかを示す特異な例の一つ」と述べた。

一三　**ロビンズ**　Lionel Charles Robbins(一八九八—一九八四)、ロンドン大学政治経済学部(LSE)で学び、同大学教授を三〇年以上にわたって務める。自由主義的経済学者で、『経済学の本質と意義』に見られるように、経済学方法論に関しては強固なまでの個人主義を貫いている。ハイエクをロンドン大学に招聘したのは彼だと言われているが、ロビンズは張本人はベヴァリッジだと述べている。

一八　**〔強制貯蓄は〕不可能**　この段落では投資が先か、貯蓄が先かという問題が論じられている。信用の追加供与によって投資を増やそうとすれば(つまり無から有を生み出そうとすれば)、そのぶん消費が圧縮されざるをえず、したがって信用供与額に等しい「強制貯蓄」が起こる(無から有を生み出すことはできない)、というのが「強制貯蓄」論である。このような考えに立つと、最初に自発的な貯蓄の増加がないかぎり、投資の増加(たとえば信用供与による)は強制貯蓄を不可避とする。このような議論は完全雇用状態ならいざ知らず、不完全雇用状態では成り立たないことをケインズは問題にしているわけである。不完全雇用状態では信用の追加供与による投資の増加は所得を増加させ、そして貯蓄を増加させる(この貯蓄増加は自発的なものである)。この貯蓄の増加によって最初の借入れによる投資が自己実現する。つまり、信用の追加供与による投資→所得・貯蓄→投資の自己実現、という因果関係によって、いわば無から有を生み出すことが可能になるのである。これに対して、「投資がどのみち起こったはずの他の企業者の投資の肩代わりである場合」とはおそらく、投資が定型的・日常的な投資である場合であり、このときには貯蓄がすでに積まれていて、それが投資の資金源になる、というのであろう。このときには新規の貯蓄が生み出される以前に、投資が自己実現することになる。この場合には、単に有(貯蓄)が有(投資)を生み出すにすぎない。

二九 **投資がなくとも貯蓄はありうる……** 強制貯蓄説は投資があっても貯蓄が足りないことを出発点としている、つまり投資と貯蓄の不均等の可能性を主張しているが、貯蓄は必ず投資をともなうという「旧来の見解」は順序は逆だとはいえ、まだ投資と貯蓄の均等を主張している。

三〇 **貨幣理論の根本命題** 貨幣残高の需要と供給は証券価格、したがって利子率の変化により均等化されるということ。

第八章

三八 **彼の実質所得は……賃金単位で測られた所得に比例して上昇することはない** 物的生産関数を $Q=\varphi(N)$ とし、使用費用が産出量に比例すると仮定すれば、実質所得 $\dfrac{(p-u)\times Q}{p}$ と賃金単

位表示所得 $\dfrac{(p-u)\times Q}{W}$ の比率は、利潤極大条件を考慮すると、W/p すなわち φ' となる。

一三三　**負の貯蓄**　「正の貯蓄」の誤りであろう。

一三四　**合成関数**　portmanteau function をこのように訳した。$y=f(g(x))$ のような合成関数ではない。

一三六　**しかし貯蓄割合が大きくなろうがなるまいが**　限界消費性向は限界貯蓄性向が0と1のあいだにあるかぎり1より小さい。

一三八　**減価償却費**　企業が資産を購入すると資産の耐用年数を推定して、毎期、減価償却費を所得勘定において費用として計上する。この減価償却費を資本勘定(貸借対照表)に反映させるやり方として、直接法と間接法の二通りのやり方がある。前者は減価償却費に相当する金額が実際に損耗したと考え、資産価値をそのぶん減じて記載する。後者は資産価値はそのままにして、別途、減価償却費を積み立てるものであり、資本勘定には各期の減価償却費の累計額が記載され、この累計額を減価償却引当金という。ケインズの本文では、この減価償却に関連した言葉として、allowance for wastage, depreciation allowance, allowance for depreciation and depletion などという言葉が用いられていて、辞書では depreciation allowance には「減価償却引当金」という訳語が当てられている。だがケインズがこの言葉を先の間接法における「減価償却引当金」を意識して用いているとは思われない。したがって、ここでは allowance for wastage, depreciation allowance, allowance for depreciation and depletion は区別なく「減価償却費」と訳しておいた。

一三九　**金融的準備**　financial provisions の訳である。一三八ページ訳注における減価償却引当金がこれにあたる。ここではもっと一般的な訳語が適当と考えて、「金融的準備」を当てた。

一三九　**償還基金**　政府や企業が一定期日後に償還されるべき負債（公債、社債、借入金、償還株式など）に対し、定期的に積んでおく資金。

一四一　**住宅金融組合**　預金者の預金を原資として住宅建設のための抵当融資を行う住宅信用組合。アメリカの貯蓄貸付組合に相当する。

一四三　**コーリン・クラーク**　Colin Grant Clark（一九〇五―八九）、イギリスの経済学者。オックスフォード大学で化学を学び、卒業後、経済学に関心をもち、ロンドン大学政治経済学部などの大学で学ぶ。国民経済統計の先駆者の一人。

一四三　**クズネッツ**　Simon Smith Kuznets（一九〇一―八五）、アメリカの経済学者・統計学者。ロシアに生まれ、一九二二年、アメリカに移住し、コロンビア大学で学ぶ。一九二七年から六一年までナショナル・ビューロー・オヴ・エコノミック・リサーチ研究員。この前後、ペンシルヴェニア大学、ジョンズ・ホプキンス大学、ハーヴァード大学で教鞭をとる。計量経済学の開拓者の一人で、国民所得統計の整備にも貢献した。これらの業績で一九七一年、ノーベル経済学賞受賞。

一四六　**前もって備えをしておく〔将来の〕消費**　投資のこと。投資が増えると資本の限界効率（第一一章参照）は逓減し、なおいっそうの投資は困難になる。

第一〇章

一五七　**R・F・カーン**　Richard Ferdinand Kahn（一九〇五―八九）、イギリスの経済学者。ケンブリッジ大学キングス・カレッジでケインズとショウヴ（G. F. Shove）の指導を受ける。一九三〇年、フェロー、五一年から七二年までケンブリッジ大学経済学部教授。フェロー論文「短期の経済学」に始まる不完全競争理論への関心はJ・ロビンソンとの共同研究へと発展し、彼自身は一書を著すことはなかったものの、ロビンソンの『不完全競争の経済学』にはカーンの貢献が特記されている。ケインズ『一般理論』の形成にさいして、カーン、J・ロビンソン、A・ロビンソン、J・ミード、P・スラッファら、いわゆるケインズ・サーカス（あるいはケンブリッジ・サーカス）と呼ばれる若手経済学者のグループが果たした役割はよく知られているが、中でもカーンはその中心的な存在であった。なお、彼の乗数理論がケインズの『ロイド・ジョージはそれをなしうるか？』に示唆を受けたことは、彼の『ケインズ『一般理論』の形成』で触れられている。

一五八　**賃金単位で測った所得は……**　本文一二八ページ（および訳注）では、実質所得は賃金単位表示所得ほどには増えないことが示された。しかし賃金単位表示所得が雇用量以上の割合で増加するとは必ずしも言えないし、実質所得と雇用量との関係についても同じである。

一五九　**さてこのとき……**　ここでは所得と雇用量が比例的であると仮定されており、所得の単位を適当に取れば、所得を雇用量で表すことができる。$50+n$（単位一〇万人）が雇用されているとき

の限界消費性向は $\frac{100-n}{100}$ だから、限界的な乗数は $\frac{100}{n}$ となる。またこのときの貯蓄(=投資)は $0+\frac{1}{100}+\frac{2}{100}+\cdots+\frac{n}{100}=\frac{n(n+1)}{2\times100}$(単位一〇万人)となる。因みにこれが意味するのは、国民所得が五〇〇万人のとき、投資が $\frac{n(n+1)}{2\times100}$(単位一〇万人)増加すると、国民所得は $50+n$(単位一〇万人)になる、すなわち国民所得は $n\times10$ 万人増加する、ということである。よって

$$\frac{\text{投資}}{\text{国民所得}}\times100=\frac{\frac{n(n+1)}{2\times100}}{50+n}\times100=\frac{n(n+1)}{2\times(50+n)}\ \text{パーセント}$$

となる。

一七四 **九〇〇万人が雇用されているときには……** 雇用(雇用量で表した国民所得)が九〇〇万人のときには $n=40$ だから、このときの投資は一七三ページの訳注で見たように $\frac{n(n+1)}{200}=8.2$(単位一〇万人)である。投資が三分の二減少すると投資は $\frac{1}{3}\times8.2$(単位一〇万人)となり、このときの国民所得 $50+x$(単位一〇万人)は $\frac{x(x+1)}{200}=\frac{1}{3}\times8.2$ を解いて求めることができる。$x=23$ となるから、国民所得は七三〇万人、それゆえ、国民所得の減少は一七〇万人、減少率は一九パーセントである。ケインズの六九〇万人は七三〇万人に、二三パーセントは一九パーセントに正さなければならない(全集版では六九〇万人はそのままで、二三パーセントのみが一九パーセントに訂正されている)。

第一一章

一六五 **取替原価** 原語は replacement cost である。この語はこれまでは「更新費用」と訳してきたが、ここでは会計用語の「取替原価(再調達原価とも言う)」を当てるべきであろう。特定の現存資産を時価評価する一つの方法が取替原価による方法であり、その資産を同型資産で取り替えるとしたらどれくらいの費用がかかるか、その費用を当該資産の時価とする方法である。ケインズは投資費用として資本資産の市場価格ではなくその「供給価格」(これは取替原価を意味するとされている)を考えている。なぜか。ケインズは不完全競争市場を考えているからだというのが一般的解釈であるが、不完全競争の仮定は古典派の第一公準(ケインズは第一公準は容認する)に内在している完全競争の仮定とは矛盾する。したがって、ケインズの所説を一貫させようとすれば、完全競争下で単位投資量あたりの費用が逓増する(一八六ページ)理由を考えなければならない。ケインズが市場価格ではなく取替原価で考えているのはこのことと関係していると思われる。

企業は投資によって生産能力すなわち資本を拡大していく。しかし資産の購入が直ちに生産能力あるいは資本の拡大につながるわけではない。前者と後者のあいだには資産を資本に据え付け組み入れる活動がある。ケインズは本書においてこの活動を install または set up という言葉で表現している(因みに、パソコンにソフトを組み込むこともこのような言葉で表現される)。装備を据え付けるにはたとえば一定のスペースが必要だし、配電をかえることも必要となるかもしれない。このためには費用がかかり、しかもこの費用は企業ごとに異なるし、同じ企業でも設備の現在の規模・状態によって変わって来よう。要するに、投資には資産の購入費用と据え付け費用の二種の費用がかかるのであり、一台目の機械と五台目の機械とでは当然、投資費用は違って来ることになる。完全競争を仮定するかぎり、逓増するのは資産価格ではなく、資産の設置にともなう輸送費用や設置費用などの諸費用だと考えなければならない。実際、会計学上の取替原価にはこのような費用が含まれるのである。

一八六 **資本の限界効率**　ケインズの言う「資本」の限界効率は厳密には「投資」の限界効率と言うべきである。資本と投資は次元を異にする概念であり、$\Delta K = I$となるのではない。つまりΔKを市場で購入することはできず、ΔKは投資の活動、すなわち装備を市場で購入しそれを企業に据え付ける(一八五ページ訳注を参照)活動を通じてはじめて実現するものである。ΔKとIとのあいだには、一般には$\Delta K = \phi(I)$あるいは$I = \varphi(\Delta K)$の関係があり、Iを増加させるとKが変化し、それが期待収益を変化させる。こうして投資が変化すると「投資」の限界効率もそれに応じて変化するのである。

一九四 **これ以上の価格低下に耐えられなくなるところまで**　この箇所の原文は、until the price of its output has fallen to the lower figure with which it is content である。ここにおける the lower は the lowest の誤記だと思われる。訂正して、本文のように訳出した。

一九五 **「価値騰貴と利子」**　Irving Fisher, "Appreciation and Interest", *Publications of the American Economic Association*, Vol. IV, No. 4, August, 1896 を指す。

一九五　**予見できる場合には**　貨幣価値の変化が予見できるとは、すべての人が貨幣価値の変化を予見することができるということである。この場合には諸価格が即座に変化して貨幣や財の実際の移動は起こらない。たとえばすべての人が貨幣価値の上昇を期待するとしたら、すべての人が財から貨幣への転換を図ろうとするから即座に財価格が低下し、貨幣へ転換する利益を相殺してしまう。また貨幣価値上昇の期待によってすべての人が貨幣への転換を図ろうとすれば利子率が即座に上昇するから、利子率の変化による利益も相殺してしまうことになる。なお、二七七ページにも同様の記述が見られる。

一九六　**人的担保**　債務者以外の人を保証人や連帯保証人に立てることによる債務の担保。

一九六　**担保余力**　担保物件の評価額と担保貸付額との差。たとえば、八〇〇〇万円の貸付を受けるにあたって評価額一億円の土地を担保にする場合、この土地の担保余力は二〇〇〇万円である。なお、貸付額の担保評価額に対する比率を掛け目という(上の数値例では、掛け目は〇・八)。同一担保であれば、掛け目が小さいほど担保余力が大きいことになる。

一九九　**二度加算されることになる**　純粋利子率に貸し手の危険(借り手の危険の一部が含まれている)を加えたものが貸出利子率であり、貸出利子率に企業＝借り手の危険を加えたものが投資を誘発するに必要な最低期待収益を与える。したがって、最低期待収益を得るさいには、純粋利子率に借り手の危険の一部が重複して加算されている。

第一二章

二〇三 **不確実な** ケインズの確率論は人間の行う推論の確からしさを主題とする確率論である。前提となる証拠(evidence) h をもとに結論命題 p を導くのが推論であり、h と p の二項関係、すなわち h をもとにしたときの p の蓋然性 (p/h と表記される) が、ケインズの言う確率である。p に不利な証拠が増すと p の確率は減少する (improbable になる) が、p に関する確実性 (certainty) は高くなる。なぜなら、以前にも増して、強い「確信」をもって p が偽であることを言いうるからである。この確信の状態を表すのが「推論の重み」であり、p に関連した証拠が増すと、p/h は増加する場合もあれば減少する場合もあるが、推論の重みは必ず増す。

二〇九 **同等確率** ケインズの確率論にとって、確率1とは当該命題が完全に真、確率0は完全に偽ということであり、両者とも「確実」であることを意味する。その中間の確率1/2は最も不確実な状態である。たとえば、「明日の天気は晴れである」という命題は、天気予報に関連する情報が皆無だとし、かつ天気が晴れと雨の二種類しかないとしたら、確率は1/2になる。同様に、「明日の天気は雨である」という命題の確率も1/2となる。

二一三 **英国鉄道網** 戦争のため一時国有化されていたイギリスの鉄道網は一九二一年にふたたび民営化され、ビッグ・フォーと呼ばれる四社、すなわちロンドン・ミッドランド&スコティッシュ鉄道(LMS)、グレート・ウエスタン鉄道(GWR)、ロンドン&ノースイースタン鉄道(LNER)、サザン鉄道(SR)に分割された。

二三三　**それ以外に選択の余地を与えない**　この箇所は原文では、allow the individual no choice between A and B という形になっている。そのまま訳すと、「AとBとのあいだに選択を認めない」ということになって、この後に続く文章と不整合になる。したがってここでは原文を、allow the individual no other choice than that between A and B の意にとり、本文のように訳した。

第一三章

二三三　$\boldsymbol{M = L(r)}$　これは均衡式ではない。

二三五　**さまざまな** $\boldsymbol{{}_1d_r}$　さまざまな ${}_nd_r$ の間違いであろう。

二三七　**ここでは利子率の所得水準への影響は考えない**　つまり、利子率の変化→所得の変化→取引・予備的動機にもとづく貨幣需要の変化、という連関は別として、ということ。

第一四章

二四八　**そのとき所得水準は……となるに違いない**　所得Yが与えられると資本の需要曲線Iと資本の供給曲線Sが決まる。この関係をYをパラメータとして、$I(r; Y)$、$S(r; Y)$と書くことにしよう。市場均衡式$I(r; Y) = S(r; Y)$から$r = r(Y)$となり、rとYのこの関係から、rが与えられれば、市場を均衡させるYが一意に決まる。その前の文章はYが与えられればrが一意に決まることを言っている。

二五四 **「野鴨はまっしぐらに……」** イプセンの戯曲『野鴨』の一節。狩りで羽根を撃たれた野鴨が湖に潜っていく様子を描いたもの。

第一四章への付論

二六〇 **三三年間の収益に相当するとして** 資産(資本、土地)の年収益をa、年利rとしたとき、収益を資本還元するとは、ふつう、aをrで割り、a/rを求めることを言う。同様の結果は年収益aを$1/r$倍することによっても得られる。このようなやり方を、「$1/r$年間の収益に相当するとして」(at $1/r$ years' purchase)資本還元する、という。

二六六 **貨幣に対する……** この『原理』からの引用は正確ではない。「五パーセント、三パーセント、二パーセント」はリカードの原書では「五パーセント、四パーセント、三パーセント」となっている。また、「銀行」はケインズの引用ではすべてthe Bankとなっているが、原書では、「銀行が一〇〇万貸そうが……」という文章の「銀行」だけはa Bankとなっている。いずれもイングランド銀行を指すと思われる。イングランド銀行が民間企業・民間商人に貸出しを行うとは奇妙だが、『原理』の引用文に後続する文章からもわかるように、民間銀行と同様の業務も行っていたようである。

二六七 **生産物表示の労働供給曲線** 原語はthe supply curve of labour in terms of productである。後半のin terms of productは、ここでは「実質賃金を変数とする」という意味であると思われる。

二六九　**フォン・ミーゼス**　Ludwig Edler von Mises（一八八一―一九七三）、オーストリア＝ハンガリー帝国下のレンベルク（現在のウクライナのリヴィウ）に生まれる。ウィーン大学では法律学を専攻したが、メンガーの『経済学原理』を読んで、経済学に開眼。卒業後、オーストリア商工会議所に勤務するとともにウィーン大学私講師を務める。ナチが台頭してくるとユダヤ人であった彼はスイスに逃れ、やがてアメリカに渡る。ニューヨーク大学で教授職を得、一九六九年まで在任。リバタリアン的自由主義者で、貨幣的景気循環論、計画経済批判、経済学方法論などの分野で、多くの著作を遺した。商工会議所時代に主宰していた私的セミナーの参加者にハイエクがいた。

第一五章

二七二　**貨幣の所得速度**　いわゆる貨幣の所得速度とは名目国民所得を実現させるための貨幣の回転数のことで、M、P、Oをそれぞれ、貨幣量、物価水準、実質国民所得としたとき、$MV=PO$を満たすVのことである。所得のうち現金でもとうとする割合は、それゆえ、所得速度の逆数であり、所得速度そのものではない。

二七五　**相対的費用**　いわゆる機会費用のこと。

二七五　**現金保有**　ここでの「現金」には預金も含まれていることに注意。

二七八　**欲求を相殺する**　投機的動機による貨幣需要を$L_2(r;E)$（Eは期待や状況を表すパラメータ）とすると、EがEからE'に変化し、rが変わらないかぎり、貨幣需要は$L_2(r;E)$から$L_2(r;$

E'）に変化する。しかしE'が全員に共有されているとしたら新需要 $L_2(r; E')$ が現実に充足される可能性は皆無である。なぜなら、債券市場は売り一色または買い一色となり債券の売買は成立しないからである。したがって、利子率は即座に r から r' に変化して $L_2(r; E')$ は $L_2(r'; E') = L_2(r; E)$ となる。このことを本文では「相殺する」と言っている。この新状態でも人々は同一の期待と状況の中にいるわけであるが、いやしくも取引が成立するとしたら、それは貨幣を保有することと手放すことに関して無差別の状態にあるからである。

二七九 **M_1とM_2**　ケインズはMを貨幣供給量、M_1とM_2を貨幣需要量の意味で用いている。

二八二 **第一に……**　利子率の「安全な」水準、あるいは「安全」利子率とは、人々が大いなる確信をもって将来成立すると期待する利子率（r^*）のことである。現行の市場利子率（r）が低下すれば、r^*-r は増大するが、特に $r<r^*$ の場合には、将来、r が上昇するという期待を生むから、非流動性（債券）を保有する危険は大きくなる。

二八三 **第二に……**　一単位の債券を保有することにより得られると期待される収益は確定利子（期間収益）と期待されるキャピタル・ゲインとの和である。市場利子率が上昇すると債券価格は低落してキャピタル・ゲインは減少する。以下で示すように、現在の市場利子率が $r\times100$ パーセントのときには、利子率が $r^2\times100$ パーセント上昇すると、確定利子がキャピタル・ロス（負のキャピタル・ゲイン）によってちょうど相殺される。本文（二八三ページ）では r^2 のことを「期間収益が相殺しうる利子率の上昇」と言っている。利子率が r_1 から r_2 に低下すると、キャピタル・ロスが期間収益をちょうど相殺する利子率の上昇率は r_1 では r_1^2、r_2 では r_2^2、したがっ

てその減少幅は $r_1^2 - r_2^2$ になる。

その詳細は次のとおりである。債券一単位の利子(期間収益)をi、市場価格をp、市場利子率をrとすると、i、p、rのあいだには、$p = \frac{i}{r}$ の関係が成立している。iは一定だから、Δr と Δp のあいだには $\Delta p \times r + p\Delta r = 0$ の関係が成り立つ。これより、キャピタル・ロスΔpは、$\Delta p = -p \times \frac{\Delta r}{r}$。利子とキャピタル・ロスがちょうど相殺しあう、すなわち$\Delta p + i = 0$のときには、$\frac{\Delta r}{r} = \frac{i}{p} = r$。つまり現行利子率が$r$のときには、利子率が$100r$パーセント上昇すれば利子とキャピタル・ロスの和はゼロになり、利子率の上昇率が$100r$パーセントを超えると、債券を手放したほうが有利になる。臨界値はrが四パーセントのときには $r^2 = 0.0016$、rが二パーセントのときには、$r^2 = 0.0004$ である。

二八二　**均衡利子率は完全雇用利子率を下回る水準にはありえない**　均衡利子率が完全雇用利子率を下回るとは、次の訳注の表記法を用いれば $r < \hat{r}$ のケースである。このときには真正インフレーションが起こり、実質利子率が低下する。

二八三　**完全雇用利子率を上回る水準にあるときには……**　これまでのケインズの議論には四種類の(長期)利子率が登場しており、それらの相対関係で利子率が高いあるいは低いと言われている。四種類の利子率とはすなわち、現行利子率(r)(均衡利子率、あるいは長期債券の市場利子率という意味で長期市場利子率とも呼ばれている)、人々の期待する利子率(r^*)(安全な利子率、あるいは後ほど、利子率の「正常値」とも呼ばれている)、完全雇用利子率($\hat{r}$)、それに下限利子率($\bar{r}$)の四つである。$\hat{r} < r$、すなわち現行利子率が完全雇用利子率より高いとき、通貨

当局はrを$\hat{r}$まで引き下げようとするが、ケインズによれば、そこには種々の障害がある。特に$\hat{r}<r<r^*$の関係があるとしたら、rは「危険な」利子率であり、利子率は早晩上昇するという期待を生むから、金融政策の効果は怪しくなる。この場合に鍵を握るのはr^*であることを、ケインズはここで論じている。金融政策によってrを下げると同時にr^*を下げること、そのためには確信を与えるための確固とした政策が必要であることが説かれている。

二八五 **その現実の値は……** 利子率の期待が利子率を決めるというこのような考え方を、ヒックスは利子率の「靴ひも理論(bootstrap theory)」と呼んで批判した。

二八五 **市場によって打ち立てられた水準** この箇所は原文では「慣習(convention)によって打ち立てられた水準」となっているが、文脈を考えて訳文のように訂正した。

二九〇 **流動財在庫** 未販売完成財の在庫のこと。

二九〇 **清算の危機** 流動性の低い債権資産が現金化できなくなること。

第一六章

三〇二 **十分希少でなければならないのは……** 本章でケインズは、消費の先延べとしての貯蓄と商品出荷の先延べとしての迂回的生産過程を平行させて論じている。有効需要拡大のために貯蓄を減らすことは生産過程の迂回度を下げることに対応するわけであり、短い生産過程を正当化するために、この段落では、生産過程の「希少性」を持ち出している。

三〇二 **必要とされる集計水準に応じて** 産業分類の水準(たとえば大分類、中分類、小分類というような)に応じて、ということであろう。

三〇三 **増大する費用**　生産期間が短くなると利子費用は軽減され、効率性低下による費用は増大する。利子負担が増大するというのはゼロ利子率の時に比べてという意味である。

三〇七 **可能性はもっと高くなる**　原文は less likelihood(可能性は乏しくなる)であるが、それでは理屈に合わない。よってここでは more likelihood と訂正して訳出した。

三〇八 **ミダス王**　ギリシア神話に出て来る小アジア、フリギアの王。ディオニュソスにより、触れるものすべてが黄金に変えられるという願いを叶えられたが、食べ物まで黄金となり、空腹を満たすことさえできなくなった。ケインズはこの話を「豊富の中の貧困」の喩えとして用いている。

三一〇 **ポープ**　Alexander Pope(一六八八―一七四四)、イギリスの詩人、批評家。父親は産をなしたリンネル商人で、ケインズの紹介しているエピソードはバジョット『ロンバード街』にマコーレーの話として出て来る。

第一七章

三一四 **小麦‐利子率**　ここにおける小麦‐利子率は、正確に言えば、小麦表示の貨幣‐利子率(money-rate of wheat-interest)である。ケインズは本章において、A-rate of B-interest をBで表示したAの利子率という意味で用いている。AとBが同じであるときには「自己表示の自己利子率」もしくは単に「自己利子率」と呼ばれる。貨幣‐利子率と小麦‐利子率との関係は

図1　貨幣-利子率

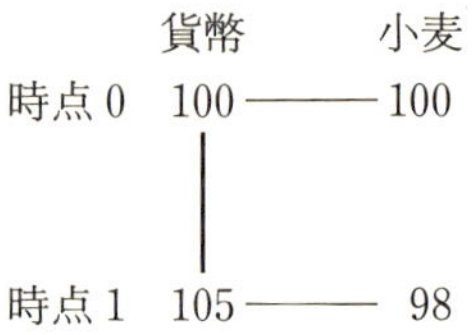

	貨幣	小麦
時点0	100	100
時点1	105	98

図2　小麦-利子率

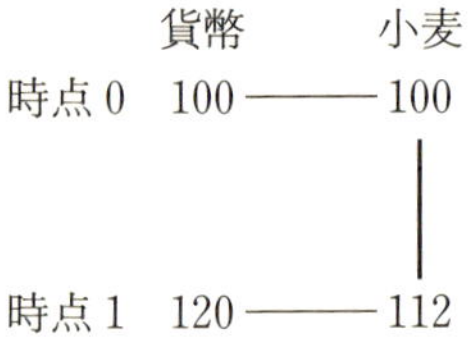

	貨幣	小麦
時点0	100	100
時点1	120	112

右の二つの図によって示すことができる。棒線で結ばれた二つの数値は市場で決まる交換比率を表す。図1では貨幣の貸付市場で五パーセントの貨幣-利子率（貨幣の自己利子率、もしくは貨幣表示の貨幣-利子率）が決まり、この貨幣-利子率と小麦の現物・先物市場で決まる二つの価格とから小麦表示の貨幣-利子率、マイナス二パーセントが決まる。同様にして、図2では、貨幣表示の小麦-利子率、二〇パーセントが決まる。

三四　**スラッファ**　Piero Sraffa（一八九八―一九八三）、イタリアのトリノに生まれる。ミラノ、ペルージャ、カリアリの諸大学で経済学教授を歴任。一九二六年に『エコノミック・ジャーナル』誌に発表した“The Laws of Returns under Competitive Conditions”（「競争的条件下の収益法則」）がケインズに認められ、ケンブリッジ大学に招聘される。言葉の問題で講義に難儀する彼を見てケインズは大学図書館のライブラリアンの席を与え、以後、その職に留まった。寡作家で、わずかな論文と一冊の書物（『商品による商品の生産』）しか著さなかったが、いずれも珠玉の著作、経済学に大きな影響を与えた。彼が編纂したリカード全集はその完璧さをもって知られ、またイタリアのコミュニスト、アントニオ・グラムシの親友であったことでも知られる。

二六　**このときの資産の限界効率は……**　$Q_t\,(t=1, 2, 3, \dots, T)$ を期間 t の貨幣表示の期待収益、S を資本資産の貨幣表示の取替原価とする。さらに小麦の単位を適当に取れば、小麦一単位の現時点における貨幣表示価格を一とすることができ、このとき資本資産の取替原価は小麦表示でも S となる。Q_t を小麦で表示すると $\frac{Q_t}{(1+a)^t}$ だから、小麦で測った資産の限界効率 m は、

$$S=\sum_{t=1}^{T}\frac{Q_t}{(1+m)^t(1+a)^t}\doteqdot\sum_{t=1}^{T}\frac{Q_t}{(1+m+a)^t}$$

を満たす。一方、x は貨幣で測った資産の限界効率であったから、x は、

$$S=\sum_{t=1}^{T}\frac{Q_t}{(1+x)^t}$$

を満たす。したがって、$x\doteqdot m+a$ すなわち $m\doteqdot x-a$ である。

二七　**資産の処分力**　原文は the power of disposal over an asset となっているが、over は of の誤りであろう。訂正の上、「資産の処分力」と訳した。

二九　**スターリング**　スターリング・ポンドの略。イギリス通貨ポンドの正式名称。

三〇　**唯一救済策があるとすれば……**　貨幣価値を上昇(物価水準を下落)させることによって、名目

貨幣量に変化がなくても実質貨幣量を増やすことができる。同じことは賃金単位を切り下げることによっても可能だが、それが多々問題をはらんでいることが本文の三二六―三二八ページ（イ）（ロ）（ハ）で論じられた。

三三〇 **債権に対して弾力的** この箇所の原文は、owing to the elasticity of demand for liquid cash in terms of debts である。貨幣の代替弾力性はほぼゼロに近いことをケインズは述べたが、これは実物資産に対してである。貨幣の債権（券）に対する代替弾力性が大きいと利子率を変数とする貨幣需要関数は水平に近い形状をもつ。つづく「この〔貨幣〕需要を支配する条件が多少変化しても、貨幣‐利子率にそれほどの変化はなく」というのはこのことを言っている。

三三一 **月も生チーズも大差ない** 「月は生チーズから出来ている」(The moon is made of green cheese)という諺を踏まえている。もとは「馬鹿げたことを信じる」の意で、John Heywood の *Proverbs* (1546)に見える。なお、green cheese は熟成していない豆腐状のチーズのこと。

三三七 **消費財** 「消費財もしくは資本装備」とすべきであろう。

三三七 **「流動的」であるとは……** （ハ）は資本装備の流動性の大小を言っていると思われるが、なぜ、資本装備それ自体の他形態の財への交換可能性ではなく、それが生み出す生産物の交換可能性のことを言っているのか、この間の事情はよくわからない。

三三九 **土地のそれ自身で測った先物価格** 土地のそれ自身で測った自己利子率のこと。

三三九 **抵当貸付に対する高利子率** 土地の流動性プレミアムが高いと土地抵当貸付の利子率は高くなり、逆に土地抵当貸付の利子率が高いと土地の流動性プレミアムは高くなる。つまりケインズは、土地抵当貸付の高利子率のデータから土地の流動性プレミアムが高かったことを推定しようとしているわけである。

第一八章

三五六 **賃金単位の低落は止むことがない**　貨幣賃金の下落による実質貨幣量の増大は、利子率を低下させるとしても資本の限界効率に不利な影響を与え、景気に対して逆行的であることが、第一七章第三節で論じられている。そうだとしたら、貨幣賃金（賃金単位）の切り下げは、景気のいっそうの悪化とそれにともなう貨幣賃金のさらなる切り下げ（労働者間の競争がそうさせると仮定して）を帰結するであろう。

雇用，利子および貨幣の一般理論（上）〔全2冊〕
ケインズ著　ワイド版岩波文庫 353

2012年8月17日　第1刷発行

訳　者　間《ま》宮《みや》陽《よう》介《すけ》

発行者　山口昭男

発行所　株式会社　岩波書店
〒101-8002 東京都千代田区一ツ橋 2-5-5

案内 03-5210-4000　販売部 03-5210-4111
文庫編集部 03-5210-4051
http://www.iwanami.co.jp/

印刷・精興社　カバー・半七印刷　製本・牧製本

ISBN 978-4-00-007353-0　Printed in Japan

読書子に寄す

——岩波文庫発刊に際して——

岩波茂雄

真理は万人によって求められることを自ら欲し、芸術は万人によって愛されることを自ら望む。かつては民を愚昧ならしめるために学芸が最も狭き堂宇に閉鎖されたことがあった。今や知識と美とを特権階級の独占より奪い返すことはつねに進取的なる民衆の切実なる要求である。岩波文庫はこの要求に応じそれに励まされて生まれた。それは生命ある不朽の書を少数者の書斎と研究室とより解放して街頭にくまなく立たしめ民衆に伍せしめるであろう。近時大量生産予約出版の流行を見る。その広告宣伝の狂態はしばらくおくも、後代にのこすと誇称する全集がその編集に万全の用意をなしたるか。千古の典籍の翻訳企図に敬虔の態度を欠かざりしか。さらに分売を許さず読者を繋縛して数十冊を強うるがごとき、はたしてその揚言する学芸解放のゆえんなりや。吾人は天下の名士の声に和してこれを推挙するに躊躇するものである。このときにあたって、岩波書店は自己の責務のいよいよ重大なるを思い、従来の方針の徹底を期するため、すでに十数年以前より志して来た計画を慎重審議この際断然実行することにした。吾人は範をかのレクラム文庫にとり、古今東西にわたって文芸・哲学・社会科学・自然科学等種類のいかんを問わず、いやしくも万人の必読すべき真に古典的価値ある書をきわめて簡易なる形式において逐次刊行し、あらゆる人間に須要なる生活向上の資料、生活批判の原理を提供せんと欲する。この文庫は予約出版の方法を排したるがゆえに、読者は自己の欲する時に自己の欲する書物を各個に自由に選択することができる。携帯に便にして価格の低きを最主とするがゆえに、外観を顧みざるも内容に至っては厳選最も力を尽くし、従来の岩波出版物の特色をますます発揮せしめようとする。この計画たるや世間の一時の投機的なるものと異なり、永遠の事業として吾人は微力を傾倒し、あらゆる犠牲を忍んで今後永久に継続発展せしめ、もって文庫の使命を遺憾なく果たさしめることを期する。芸術を愛し知識を求むる士の自ら進んでこの挙に参加し、希望と忠言とを寄せられることは吾人の熱望するところである。その性質上経済的には最も困難多きこの事業にあえて当たらんとする吾人の志を諒として、その達成のため世の読書子とのうるわしき共同を期待する。

昭和二年七月

ワイド版 岩波文庫

〈日本思想〉

風姿花伝　世阿弥／野上・西尾校訂
五輪書　宮本武蔵／渡辺一郎校注
学問のすゝめ　福沢諭吉
中江兆民 三酔人経綸問答　桑原武夫／島田虔次訳・校注
茶の本　岡倉覚三／村岡博訳
武士道　新渡戸稲造／矢内原忠雄訳
代表的日本人　内村鑑三／鈴木範久訳
後世への最大遺物 デンマルク国の話　内村鑑三
善の研究　西田幾多郎
遠野物語・山の人生　柳田国男
古寺巡礼　和辻哲郎
日本精神史研究　和辻哲郎
新版きけわだつみのこえ　日本戦没学生記念会編
新版第二集 きけわだつみのこえ　日本戦没学生記念会編
君たちはどう生きるか　吉野源三郎
忘れられた日本人　宮本常一
華国風味　青木正児
手仕事の日本　柳宗悦

2011.5. A

ワイド版 岩波文庫

〈東洋思想〉

易経（全二冊） 高田真治・後藤基巳訳

論語 金谷治訳注

荘子（全四冊） 金谷治訳注

新訂 孫子 金谷治訳注

大学・中庸 金谷治訳注

〈仏教〉

ブッダのことば 中村元訳

ブッダの真理のことば・感興のことば 中村元訳

ブッダ最後の旅 中村元訳

般若心経・金剛般若経 中村元・紀野一義訳註

法華経（全三冊） 坂本幸男・岩本裕訳注

浄土三部経（全二冊） 中村元・早島鏡正・紀野一義訳註

歎異抄 金子大栄校訂

親鸞和讃集 名畑應順校注

正法眼蔵随聞記 懐奘編・和辻哲郎校訂

禅林句集 足立大進編

〈歴史・地理〉

ヘロドトス 歴史（全三冊） 松平千秋訳

明治百話（全二冊） 篠田鉱造

2011. 5. B

ワイド版 岩波文庫

〈哲学・宗教・教育〉

ソクラテスの弁明・クリトン　プラトン 久保 勉訳
饗宴　プラトン 久保 勉訳
方法序説　デカルト 谷川多佳子訳
スピノザ エチカ（倫理学）（全二冊）　畠中尚志訳
エミール（全三冊）　ルソー 今野一雄訳
孤独な散歩者の夢想　ルソー 今野一雄訳
ヒルティ 幸福論（全三冊）　草間平作 大和邦太郎訳
ツァラトゥストラはこう言った（全二冊）　ニーチェ 氷上英廣訳
笑い　ベルクソン 林 達夫訳
聖アウグスティヌス 告白（全二冊）　服部英次郎訳

〈政治・経済・社会〉

プロテスタンティズムの倫理と資本主義の精神　マックス・ヴェーバー 大塚久雄訳
職業としての政治　マックス・ヴェーバー 脇 圭平訳

〈日本文学古典〉

古事記　倉野憲司校注
日本書紀（全五冊）　坂本・家永 井上・大野校注
万葉集（全二冊）　佐佐木信綱編
古今和歌集　佐伯梅友校注
源氏物語（全六冊）　山岸徳平校注

2011. 5. C